V&R

Günther Bittner

Das Leben bildet

Biographie, Individualität und die Bildung
des Proto-Subjekts

Vandenhoeck & Ruprecht

Für Inge

Bibliografische Informationen der Deutschen Nationalbibliothek

Die Deutsche Nationalbibliothek verzeichnet diese Publikation in der Deutschen Nationalbibliografie; detaillierte bibliografische Daten sind im Internet über http://dnd.d-nb.de abrufbar.

ISBN: 978-3-525-40173-6
ISBN: 978-3-647-40173-7 (E-Book)

Satz: Punkt für Punkt GmbH · Mediendesign, Düsseldorf
Druck und Bindung: Hubert & Co., Göttingen

Gedruckt auf alterungsbeständigem Papier.

Inhalt

Einleitung

Der Titel »Das Leben bildet« ist Pestalozzis »Schwanengesang« (1826/1976, S. 83) entnommen. In welchen Bedeutungskontexten der Satz bei Pestalozzi selbst stand, wird an späterer Stelle erörtert werden (Kap. 1.1). Hier dient er dazu, plakativ und prägnant die These einzuführen, die in diesem Buch vertreten werden soll: Das Leben selbst sei der eigentliche und grundlegende individuelle Bildungsprozess. Der Untertitel sucht sodann diese vielleicht allzu plakative Aussage auf ihre wesentlichen Implikate hin zu konkretisieren.

Das Leben ist hier weder Pestalozzis Elementarmethode, die vorgibt, dem Leben selbst abgelauscht zu sein, noch der Lebenszusammenhang, das überpersönliche Leben im Sinn der Lebensphilosophie, auch nicht *bios* im Sinn heutiger sogenannter »Lebenswissenschaften«, sondern *vita*: Der individuelle biographische Lebensverlauf, die Ereignisfolge eines je individuellen Lebens.

Vita indessen hat eine doppelte Bedeutung: Es bezeichnet den *biographischen Ablauf* selbst und auch *die Erzählung eines solchen*. Die sozialwissenschaftliche und speziell die pädagogische Biographieforschung, die in diesem Buch kritisch kommentiert werden soll, hat sich seit ihren Anfängen allzu einseitig für die Erzählung interessiert und dabei das Faktische und Inhaltliche der erzählten Lebensgeschichten vernachlässigt, gipfelnd in jenem von Frisch übernommenen Satz bei Henningsen: »Jeder erfindet eine Geschichte, die er für sein Leben hält« (zit. nach Henningsen, 1981, S. 42). Zu derart radikalem Konstruktivismus soll hier eine Gegenposition mit dem gebotenen Respekt vor dem Tatsächlichen erzählter Lebensgeschichten skizziert werden.

Individualität bezeichnet die Erfahrungstatsache, dass jeder Mensch einmalig ist, sich von anderen Menschen unterscheidet und dass auch dessen Bildungsprozesse seiner »Individuallage« (Pestalozzi) entsprechend individuell verlaufen. Der Begriff der Individualität, in der Deutschen Klassik ein pädagogischer Schlüsselbegriff (Nipkow, 1960), erscheint in der aktuellen Pädagogik, insbesondere

der Schulpädagogik, inflationiert und banalisiert: Alles, was da an
»individueller Förderung« etc. postuliert und projektiert wird, berührt doch kaum die wirkliche Individualität des Edukanden.

Diese Banalisierung von Individualität hat darüber hinaus auf
breiter Front die Sozialwissenschaften erreicht. Becks »Individua-
lisierungstheorem« dient heute zur Legitimation weitreichender
gesellschaftspolitischer Programmatik.

Eine jüngste Veröffentlichung unter Mitarbeit zahlreicher renommierter Wissenschaftler, noch dazu an politisch prominenter
Stelle (in der Beilage zur Wochenzeitung »Das Parlament«), mag
das belegen. Gesungen wird dort unisono das Hohelied der grenzenlosen Diversifizierung und Individualisierung von Lebensentwürfen: »Noch nie waren so viele verschiedene Lebensmodelle
möglich wie heute. Individualität und Wahlfreiheit erscheinen nahezu grenzenlos. [...] Auch die Rollenbilder sind längst nicht mehr
so starr wie noch vor wenigen Jahrzehnten« (Piepenbrink in Lebensentwürfe, 2009, S. 2). Also Fortschritt allenthalben; die einzige
Sorge ist: zu ermöglichen, dass möglichst breite Bevölkerungs-
schichten in den vollen Genuss dieser anscheinend grenzenlosen
Diversifizierungsmöglichkeiten gelangen.

In den hier vorgestellten Überlegungen ist die Frage nach Individualität und Individualisierung nicht politisch-programmatisch
gemeint, sondern auf ein simples Faktum bezogen: Lebensverläufe
sind *vor* all den scheinbar grenzenlosen Wahl- und Gestaltungs-
möglichkeiten ihrer Natur nach individuell; kein Lebensverlauf ist
mit dem anderen identisch. Insofern ist der Lebensverlauf selbst
das principium individuationis; d.h. jenes Agens, das die Menschen zu je individuellen Wesen gestaltet.

Ein zweites kommt allerdings hinzu: Menschliche Individualität ist im Unterschied zu rein biologisch-genetischer, die allen
Lebewesen zukommt, immer auch eine gefühlte, erlebte, wahrge-
nommene, im Sinn eines Satzes wiederum von Pestalozzi: »Kein
Mensch kan für mich fühlen ich bin« (1797/1938, S. 106).

Insofern ist das subjektive Erleben der Je-Einmaligkeit des individuell gelebten Lebens, wie es sich z. B. in der autobiographischen
Erzählung zum Ausdruck bringt, das gleichrangige zweite Prinzip

menschlicher Individualisierung, bis hin zum schmerzlichen Gefühl des Abgetrennt- und Abgeschiedenseins von aller Welt: Individualisierung nicht als der Fanfarenstoß für eine wundersame neue Welt der Beliebigkeit, des »anything goes« –, sondern als eine manchmal zutiefst *schmerzliche* Beigabe des Menschseins – wie beispielsweise Rousseau den letzten autobiographischen Text kurz vor seinem Tod mit den Sätzen beginnt: »So bin ich nun allein auf dieser Welt, habe keinen Bruder mehr, keinen Nächsten, keinen Freund, keine Gesellschaft außer mir selber« (Rousseau, 1782/2003, S. 7).

Diese konfliktreiche Innenperspektive der betroffenen Subjekte kommt in den aktuellen Lobpreisungen unbegrenzter Individualisierung nirgends zu Wort: Wie es den »neuen Vätern«, den Regenbogenfamilien, den »neuen Alten« usw. geht in ihrer Lebensführung: Fehlanzeige – d. h., zu Wort kommen sie schon, aber nicht in freier Erzählung, sondern nur als Antwortende in Expertenbefragungen, in denen nur die Fragen gestellt und damit nur die Antworten zugelassen werden, die in den Horizont der Befragenden passen. Die Deutungshoheit bleibt jedenfalls bei den Experten, die den Befragten ihre eigene Theorie unterschieben: »Jeder Lebenslauf ist ein Drehbuch, das man schreibt. [...] Das Selbst ist der dramatische Erwartungseffekt des Alltagstheaters. Man spielt die Rolle, man selbst zu sein, und diese Selbstdarstellung ist die Grundlage des sozialen Vertrauens. Das bedeutet, dass die Würde des Menschen [...] das Resultat einer gelungenen Selbstdarstellung ist« (Bolz in Lebensentwürfe, 2009).

Solches Schwadronieren über Lebensentwürfe und Lebensläufe, Theorien eilfertig darüber stülpen, anstatt auf das zu hören, was die Betroffenen – wohlgemerkt: in freier, nicht »abgefragter« Rede – über sich und ihr Leben zu sagen haben, das ist in den heutigen Sozialwissenschaften nur wenig angesagt. Daher kommt dem daneben bestehenden Autobiographieninteresse durchaus systematische Bedeutung im Sinn eines Korrektivs zu.

Mit anderen Worten: Wenn schon Individualisierung oder Individuation, dann wäre im gegenwärtigen Kontext eher Jung als Beck zu assoziieren: Die Erfahrung des »ich bin« als die eines Zurück-Verwiesen- und Zurück-Geworfen-Seins des Subjekts auf sich selbst.

Individuation im Sinn Jungs, suchte ich an früherer Stelle (2007) zu zeigen, stellt eine zeitgemäße Umschrift dessen dar, was ursprünglich (d. h. in der Deutschen Klassik) unter Bildung verstanden wurde.

Bildung schließlich ist heute, wie Böhm mit Recht sagt, »ein, wenn nicht *der* Grundbegriff der Pädagogik in Deutschland. Da sich in ihm das jeweilige Selbst- und Weltverständnis des Menschen widerspiegelt, kann er nicht zeitlos definiert, sondern nur in seiner historisch-systematisch-dynamischen Vielschichtigkeit erschlossen werden« (Böhm, 2005, S. 90). Für diesen deutschen Begriff gibt es »in anderen Sprachräumen kein Äquivalent«. Es zeigt sich schon heute, was sich daraus im Kontext zunehmender Globalisierung auch der Erziehungswissenschaft für Folgen ergeben: Solche Denktraditionen einzelner Sprachräume, die sich nicht umstandslos ins Englische transponieren lassen, haben kaum Überlebenschancen.

Schon vor mehr als dreißig Jahren hat Blankertz konstatiert, dass der Bildungsbegriff zu den am häufigsten benutzten der pädagogischen Fachsprache gehöre. Gerade weil er so viel benutzt werde, sei »eine Fülle unterschiedlicher, schwer miteinander verträglicher Bildungslehren« entstanden – ein Begriffswirrwarr, das dazu geführt habe, dass manche den unscharf und unklar gewordenen Begriff überhaupt vermeiden wollten. Das sei aber faktisch nicht gelungen; es sei auch aus prinzipiellen Gründen nicht sinnvoll (Blankertz, 1974, S. 65).

Blankertz selbst schrieb seinen Text in den gesellschaftskritischen 1970er Jahren. Diesem Zeithorizont entsprechend definiert er Bildung als die »Freiheit zu Urteil und Kritik«; Bildungstheorie müsse eine politische sein (S. 68). Heute, scheint mir, haben wir genau genommen zwei Bildungsbegriffe, die unverbunden nebeneinander stehen: einen philosophisch anspruchsvollen, aber praktisch folgenlosen, z. B. bei Böhm: Bildung sei »gerade das [...], was nicht verloren gehen darf, wenn Menschsein seinen humanen Charakter bewahren soll, die aller Planung und Machbarkeit entzogene Selbstbestimmung der Person« (Böhm, 2005, S. 91).

Im krassen Gegensatz dazu steht das alltägliche Verständnis des Begriffs, das über seine zahlreichen Komposita transportiert wird: Bildungsdefizit und Bildungschancen, Bildungsbarrieren,

Bildungsforschung, Bildungsökonomie usw. Was dort unter Bildung verstanden wird, reduziert sich auf Schulbildung, Schulabschlüsse, effizientes und in seinem Erfolg messt   - und kontrollierbares schulisches Lernen.

Was indessen in beiden genannten Bildungsbegriffen durch das Raster fällt, ist eben das, was den Inhalt dieses Buches ausmacht: der Lebenslauf als der eigentliche und grundlegende Bildungsprozess. Das Curriculum Vitae ist »das alle partikularen Curricula umfassende Curriculum des ganzen Lebens« (Loch, 1979, S. 38).

Die Biographie ist somit auch in meinem Verständnis der grundlegende Bildungsprozess in der oben bereits gestreiften doppelten Bedeutung des Wortes »Vita«: als das Leben, in dem sich ein Proto-Subjekt konstituiert, wie ich erläutern werde, und als die biographische Erzählung, in der das reflexive Subjekt sich seiner Bildungsprozesse sprachlich vergewissert. Der letztere Punkt ist der pädagogisch geläufigere; mir geht es mehr um den ersteren: um jenes Vorausliegende an gelebtem Leben, auf das hin die Reflexion reflektiert.

Ich habe seinerzeit die Definition versucht: »Bildung – das ist der Gang meines Lebens, meiner persönlichen Biographie, unter dem Gesichtspunkt betrachtet, was ich aus meinem Leben gemacht habe bzw. was mein Leben aus mir gemacht hat« (Bittner, 1996, S. 63 f.). Diese Bildungsprozesse, um die es dabei geht, füge ich heute hinzu, spielen sich überwiegend in einem vorsprachlichen Bereich ab: in den Frühphasen sowieso, in denen noch keine elaborierte Sprache zur Verfügung steht (vgl. Schäfer, 1995), aber auch im späteren Leben. Vieles Lebensentscheidende »bildet sich« während des gesamten Lebensverlaufs subliminal unterhalb der Schwelle sprachlicher Reflexion, zum Teil sogar der bewussten Wahrnehmung: z. B. Bilder von sich und der Welt, Arbeitsmodelle lebenspraktischen Handelns.

Eine Reihe wissenschaftlicher Zugänge zu diesen vorsprachlichen und vorbewussten biographischen Bildungsprozessen hat sich in den letzten Jahren konstelliert. Ich nenne an erster Stelle den »iconic turn« in der philosophischen und pädagogischen Anthropologie (Stenger, 2003). Vieles biographisch Bedeutsame kommt als bedeutungshaltiges, d. h. proto-symbolisches Bild (im

Unterschied zu »sekundärer« sprachlicher oder mathematischer Zeichen-Symbolik) auf uns zu.

Davon profitiert auch die Kindertherapie, die neuerdings wieder gern – und mit Recht! – auf das Deuten unbewusster Inhalte verzichtet. Der Spielkontakt zwischen Kind und Therapeut transportiert die biographisch bedeutsamen Botschaften.

Ein neunjähriger Junge aus einer zerbrochenen Familie will über viele Behandlungsstunden mit seiner übrigens zu dieser Zeit hochschwangeren Therapeutin das »Jimmy und Tommy«-Spiel spielen: Sie sind zwei Cowboys und bestehen miteinander viele gefahrvolle Abenteuer. Das Erleben, einen Kumpel zu haben, auf den er sich in den Abenteuern des Lebens verlassen kann – das war das Element von »Bildung« oder, wie die Therapeuten heute sagen, »Entwicklungsförderung«, das ihm zu diesem biographischen Zeitpunkt nottat (I. Bittner, 1981; Hurry, 2002).

Weiterhin stellt die *Neurowissenschaft* die neuronalen Korrelate vor, die einer differenzierteren Vorstellung von der Genese und Struktur menschlicher Subjekte den Weg bahnen könnten. Das Modell vom Funktionieren des Gehirns ist heute nicht mehr das traditionelle hierarchische, welches die Neurowissenschaft des 20. Jahrhunderts dominierte (»Über allen Lebensvorgängen thront der Cortex, die Hirnrinde, als der Sitz des Bewusstseins«), sondern eher ein multizentrisches, das Systeme unterscheidet, die in unterschiedlichen Hirnarealen angesiedelt sind, das vor allem eine fundamentale Zweiheit von corticalen und limbischen Verarbeitungen postuliert und das letztendlich darauf verweist, dass das Funktionieren des reifen Gehirns von mannigfachen Umwelteinflüssen in der Kindheits- und späteren Entwicklung mitbestimmt ist (Markowitsch und Welzer, 2005).

In alledem, muss freilich betont werden, sind lediglich neuronale Korrelate von Entwicklungs- und Bildungsprozessen beschrieben, nicht die Prozesse selbst. Hier klafft die große Lücke, die zu schließen dieses Buch beitragen will: Welches sind die Prozesse unterhalb der Schwelle von Bewusstheit und Reflexivität, in denen sich ein Lebensverlauf gestaltet – auch in der frühen Kindheit, aber längst nicht nur dort?

Schließlich ist die Frage nach dem Subjekt all dieser subliminalen Prozesse zu stellen, die Gegenstand einer neuen, freilich erst noch zu konzipierenden *Weiterentwicklung der Psychoanalyse* sein könnten.

Es geht dabei um eine Erweiterung des Subjekt-(bzw. Ich-)Begriffs. Seit ich mich mit Psychoanalyse beschäftigte, rieb ich mich an Freuds Persönlichkeitsmodell aus Es, Ich und Über-Ich, wie er es mit seiner bekannten Faust-Skizze veranschaulichte (Freud, 1923b, S. 351). Ich stellte mich dagegen, dass mein Ich nur eine Rindenschicht sein sollte, die etwas Un- und Überpersönliches umschließt: das Es mit seinen Trieben und frühen Fixierungen und Prägungen. Mein Einwand war: Was da in mir ist an sexuellen und aggressiven Antrieben, an Affekten, an Ängsten – das bin doch auch »ich«. So entwickelte sich bei mir die von Fachkollegen lange Zeit skeptisch beurteilte Vorstellung eines doppelten, eventuell sogar dissoziierten, mit sich selbst im Streit liegenden Ich, wie es schon im Römerbrief des Apostels Paulus heißt: »ich habe Lust an Gottes Gesetz nach dem inwendigen Menschen. Ich sehe aber ein ander Gesetz in meine Gliedern, das da widerstreitet dem Gesetz in meinem Gemüte« (Röm 7, 22–23).

Diese beiden Ich nannte ich das Alltags-Ich und das Grund-Ich. Eine solche Vorstellung war in den 1970er Jahren, als ich anfing, darüber zu schreiben, schwer zu vermitteln, weil die Freud'sche Nomenklatur allmächtig und allgegenwärtig war – obwohl es auch bei Freud Texte gab, auf die ich mich beziehen konnte: zum Beispiel der frühe Text über den »Gegenwillen« (Freud, 1892–1893a) und der späte über die »Ichspaltung im Abwehrvorgang« (Freud, 1940e).

In dieser Notlage wandte ich mich Unterstützung suchend an die damalige Neurowissenschaft, um mit ihr meine unakzeptablen Theorien zu untermauern. Ich ging historisch weit zurück, fand bei den Medizinern der romantischen Epoche zu Beginn des 19. Jahrhunderts eine Vorstellung von der Zweigeteiltheit des Nervensystems, die mich faszinierte: die Zweiheit von Cerebralsystem und Gangliensystem. Das Gangliensystem entspricht dem, was wir heute das vegetative Nervensystem nennen. Der Name »autonomes Nervensystem«, wie das Vegetativum auch heute noch, vor allem im Englischen, bezeichnet wird, stammt aus dieser Epoche. Dieses vegetative oder autonome Nervensystem wurde in der Neurowissenschaft der 1970er Jahre als der periphere Anteil eines neuronalen Systems interpretiert, das an den übergeordneten Steuerungszentren des Zwischenhirns und des limbischen Cortex hängt. Dieses limbische System galt als übergeordnetes, viscerales und emotionales Gehirn.

Im limbischen System meinte ich also damals das neuronale Pendant des von mir postulierten Grund-Ich zu finden. Daher ist die Schlüsselrolle, die das limbische System in den neueren neurowissenschaftlichen Modellvorstellungen gewonnen hat, für mich von besonderem Interesse. Nach Markowitsch und Welzer ist dieses limbische System »eine Ansammlung von Kernen (wie z. B. der Amygdala [Mandelkern]) und phylogenetisch alten oder sehr ursprünglichen Strukturen (wie dem Hippocampus)« (Markowitsch und Welzer, 2005, S. 68), zuständig für die Bewertung von Reizen und andere grundlegende Prozesse der Orientierung und Positionierung des Subjekts in der Welt (vgl. Bittner, 2008a).

Was ich früher das Grund-Ich genannt habe (vgl. Bittner, 1988), bezeichne ich jetzt unter dem Eindruck dieser mich faszinierenden neuen Einsichten in die Multizentrizität des Gehirns als *Proto-Subjekt* oder auch, verkürzt und mit etwas schlechtem Gewissen, als *limbisches Subjekt.* Die alte Bezeichnung war vielfach in einem statischen Sinn missverstanden worden, als sei hier so etwas gemeint wie ein »letzter Ur-Grund« des Menschen oder ein unzerstörbarer »Wesenskern«, begabt mit überlegenem Wissen und tieferer Weisheit.

Auch wenn dieses Proto-Subjekt wirklich in manchen Bereichen sich besser auskennen mag als die pädagogisch hoch gelobte menschliche Reflexivität (z. B. was die prozeduralen »Arbeitsmodelle« alltäglicher Lebensbewältigung angeht), habe ich dennoch mit Ur-Gründen und Wesenskernen nichts im Sinn. Das Proto-Subjekt ist in meinen Augen etwas, das sich biographisch in ständiger Um- und Neugestaltung befindet, sich fortwährend im ganzen Verlauf des Lebens weiter »bildet«. Das Leben verändert uns durch extreme Erfahrungen aller Art, z. B. durch Liebes-, durch Krankheits- und Scheiterns-, durch Endlichkeitserfahrungen. Alles dies und vieles andere, das hier nicht zur Sprache kommt, rechne ich zur »Bildung des Proto-Subjekts«.

Den subliminalen biographischen Bildungsprozessen, in denen sich Individualität herauskristallisiert, ist, wie ich aufweisen will, in früheren Zeiten mehr Aufmerksamkeit geschenkt worden als heute: z. B. in Bildungsvorstellungen der Deutschen Klassik (exemplarisch werde ich Goethe und Wilhelm von Humboldt behandeln) und, jüngeren Datums, in der Geschichte der Psychoanalyse. Die psychoanalytischen Krankengeschichten seit Freud, so will ich darlegen, können als die individuellen Bildungsgeschichten solcher Proto-Subjekte gelesen werden.

Vieles von diesen subliminalen Prozessen, die zur Konstituierung einer »basic personality« (Kardiner, 1963) führen, war im soziologiegläubigen 20. Jahrhundert unter der Allerwelts-Vokabel »Sozialisation« abgehandelt worden, deren inflationären Gebrauch ich immer wieder kritisch kommentiert habe. Es scheint in einem gewandelten wissenschaftlichen Umfeld an der Zeit, diesen Themenkomplex für die Theorie der Bildung zurückzugewinnen.

Ein Dilemma ergibt sich freilich: Auch wenn die Bildungsprozesse, um die es hier geht, großenteils subliminal, bildhaft-symbolisch, vorsprachlich sind und das betroffene Subjekt längst nicht alles davon mitbekommt, sind wir als Quellen doch auf die sprachlichen, autobiographischen Mitteilungen dieser betroffenen Subjekte angewiesen. Sie sind zwar einerseits keineswegs in der Lage, ihren biographischen Bildungsprozess lückenlos sprachlich zu vergegenwärtigen – aber andererseits gilt: Niemand kann es besser als sie selbst; ihre Mitteilungen sind die einzige Auskunftsquelle, die uns überhaupt zu Gebote steht.

1 Bildung: Bildet das Leben – oder erst die Reflexion über die Lebenszeit?

Im März 2004 fand in Zürich ein Kongress der Deutschen Gesellschaft für Erziehungswissenschaft (DGfE) statt unter dem Leitthema »Bildung über die Lebenszeit«. Den Veranstaltern ging es um das »lebenslange Lernen« mit Blick auf Bildungssysteme und -institutionen. Bildung über die Schulzeit hinaus sei wichtig, in Berufs-, Erwachsenen- und Weiterbildung. Der Blick richtete sich bei diesem Kongressthema auf die möglichst intensive Nutzung der Lebenszeit als Lernzeit.

Die Kommission »Psychoanalytische Pädagogik« der DGfE wollte zum Tagungsthema einen kritischen Gegenakzent setzen. Fröhlich und Göppel organisierten eine Arbeitsgruppe »Bildung als Reflexion über die Lebenszeit«. Damit war die Perspektive radikal verschoben: Es ging nicht darum, in die Lebenszeit möglichst viele Lernangebote hineinzupacken, sondern den Lebenslauf selbst und die Reflexion darüber zum Thema pädagogischen Nachdenkens zu machen.

Fröhlich und Göppel haben ihr Anliegen in der Einleitung zum später veröffentlichten Tagungsband zusammengefasst: Es solle »ein ganz spezifischer Aspekt von Bildung in den Mittelpunkt des Interesses gerückt werden: Diese reflexive Betrachtung des eigenen Lebens und der eigenen Entwicklungspfade. Innezuhalten, zurückzublicken, sich zu fragen, wie man eigentlich dorthin gekommen ist, wo man momentan steht« (Fröhlich und Göppel, 2006, S. 7).

Dieser Ansatz, so begrüßenswert er als Kontrapunkt zu der offiziellen Kongresslinie war, verharrte dennoch nach meinem Eindruck allzu sehr auf der – wenigstens latent – kognitivistischen und konstruktivistischen, der pädagogischen Biographieforschung seit ihren Anfängen, vor allem bei Henningsen, inhärenten Linie: Als sei erst die Reflexion über das eigene Leben das eigentlich Bildende; die Lebensereignisse selbst dagegen seien bildungstheoretisch irrelevant. Dieser Einseitigkeit wollte ich mit meinem damaligen Kongressbeitrag – und will ich mit dieser gegenwärtigen Veröffentlichung – entgegentreten: Reflexion, behaupte ich, ist immer Re-flexion auf etwas ihr Vorausliegendes: eben auf die biographischen Primärgeschehnisse, die die Basis biographischen Reflektierens darstellen.

So soll diese Züricher Diskussion, von der diese Veröffentlichung ihren Ausgang nimmt, in These und Antithese dokumentiert werden.

Die von mir damals vertretene These war, dass der Lebenslauf selbst der grundlegende Bildungsprozess sei. Die Antithese, unter Bezugnahme auf Henningsen, Marotzki und andere, wurde von Fröhlich expliziert und kritisch kommentiert: Bildung basiere wesentlich auf autobiographischer Reflexion und sprachlicher Selbstvergegenwärtigung.

1.1 »Das Leben bildet!« – über biographische Primärerfahrung als konstitutives Element informeller Bildungsprozesse

»Nicht von Eltern und Lehrern allein wurde ich erzogen, sondern auch von höheren, verborgeneren und geheimnisvolleren Mächten, unter ihnen war auch der Gott Pan, welcher in der Gestalt einer kleinen, tanzenden indischen Götzenfigur im Glasschrank meines Großvaters stand.

Zum Glück habe ich, gleich den meisten Kindern, das fürs Leben Unentbehrlichste und Wertvollste schon vor dem Beginn der Schuljahre gelernt, unterrichtet von Apfelbäumen, von Regen und Sonne, Fluß und Wäldern, Bienen und Käfern, unterrichtet vom tanzenden Götzen in der Schatzkammer meines Großvaters. Ich wußte Bescheid in der Welt, ich kannte mich in Obstgärten und im Wasser bei den Fischen aus und konnte schon eine gute Anzahl von Liedern singen. Ich konnte auch zaubern, was ich dann leider früh verlernte« (Hesse, 1938, S. 93).

Mit diesen Sätzen beginnt Hermann Hesses »autobiographisches Märchen« von der »Kindheit des Zauberers«, aus dem ich dreierlei entnehmen will:

1. Nicht die Eltern und Lehrer allein, also die formell Erziehungs-berechtigten und -verpflichteten, erziehen das Kind, sondern auch andere verborgenere Mächte, als da sind: Apfelbäume, Regen und Sonne usw. und vor allem der »Gott Pan«, auf den wir später noch zurückkommen. »Die Schule befaßte sich kluger-weise nicht mit jenen ernsthaften Fertigkeiten, welche für das Leben unentbehrlich sind, sondern vorwiegend mit spieleri-schen und hübschen Unterhaltungen« (Hesse, S. 94). Was hier behauptet wird, ist, in heutiger Sprache ausgedrückt, der Primat der informellen vor den institutionalisierten Bildungsprozessen.

2. Freilich, die Aufzählung der bildenden Lebensmächte bei Hesse ist einseitig: nur Natur, nichts Kulturelles oder Zivilisatorisches außer der rätselhaften Götzenfigur; die bildende Umgebung eines eigenbrötlerischen Bürgerkindes in einer schwäbischen Kleinstadt in den achtziger Jahren des 19. Jahrhunderts, zu-gleich mit indischer Kulturerfahrung im Hintergrund. Der Vater weilte früher als Missionar in Indien, die Mutter war die Tochter eines prominenten Indologen.

Für heutige Kinder werden informelle Bildungsprozesse kaum noch durch Wind und Regen, Wald und Feld, sondern eher durch Straßenverkehr, Gameboy und Fernsehen initiiert. Vor allem aber sind informelle Bildungsprozesse individuell, d. h. biographisch einmalig: Gerade dieses Kind hat den tanzenden Götzen im Schrank des Großvaters, ein anderes wieder etwas ganz anderes. Die informellen Bildungsanlässe sind, im Unter-schied zu den institutionalisierten, von einer unendlichen Mannigfaltigkeit. Für den einen wird dies zum Schlüsselerleb-nis, für den anderen jenes.

Dieses je Einmalige des informellen individuellen Bildungs-ganges wird nur in der autobiographischen Erzählung rekons-truierbar. Aber Vorsicht vor der Falle des Konstruktivismus: Nicht die biographische Erzählung erfindet die Geschichte, die wir dann für unser Leben halten; sie schöpft aus dem, was uns begegnet, und assimiliert und bearbeitet es gemäß den vorhandenen Deutungsmustern.

3. Was hat es mit dem Gott Pan auf sich, den Hesse für seinen eigentlichen »Bildner« hielt? Er war ein griechischer Hirtengott mit halbtierischem Kopf, Bockshörnern, -ohren und -beinen. In der sommerlichen Mittagsstille blies er die Syrinx, die Panflöte. Also eine menschlich-tierische Mischgestalt, nah an der Triebnatur, und zugleich ein Künstler – mit dieser Gestalt mochte sich Hesse identifizieren. Die wirklich grundlegenden Bildungserfahrungen, will er wohl sagen, sind präverbal, prälogisch, präreflexiv; allenfalls in einer symbolischen Bildsprache zu vergegenwärtigen.

So entnehmen wir dieser Geschichte

– den Vorrang informeller vor den institutionalisierten Bildungsprozessen,
– die biographische Einmaligkeit der je individuellen informellen Bildungsprozesse,
– ihre Vorsprachlichkeit und ihr Vermitteltsein durch archaische Symbolik.

Ich stelle meinen Überlegungen als These voran: Über den veranstalteten und institutionalisierten werden in der Erziehungswissenschaft zunehmend die informellen, über den kognitiv-reflexiven Verarbeitungen die biographischen Primärerfahrungen in ihrer Bildungsrelevanz vernachlässigt. Diesem Trend will ich Pestalozzis Satz entgegenhalten: »Das Leben bildet.«

Der Satz ist Pestalozzis »Schwanengesang« (1826) entnommen, nicht ohne provokative Absicht. Hat doch Spranger, der Mitherausgeber der Pestalozzi-Werke und Mitbegründer der wissenschaftlichen Pestalozzi-Forschung, vor eben jener Interpretation der Pestalozzi-Stelle gewarnt, die ich hier zu vertreten gedenke. Die Vulgärinterpretation, gegen die sich Spranger wendet, könnte etwa folgendermaßen lauten: »Wenn jemand aus der Schule heraustritt, dann erst beginnt sein entscheidender Bildungsprozess [...] Jetzt ›tritt er ins Leben‹. Er kommt in fremde Umwelten hinein, die ihn formen werden. Er erleidet Schicksale, auf die er nicht gefasst war

[...]. ›Das Leben ist – verglichen mit Elternhaus und Schule – die stärkere Bildungsmacht‹« (Spranger, 1959, S. 121).

Spranger hält dies für eine »Halbwahrheit«. Er vermisst darin zum einen die ethische Perspektive. »Bilden« heiße doch: einen Menschen besser machen; und da müsse man sagen, dass »das Leben den Menschen ebenso oft *ver*bildet, wie es ihn emporbildet«. Auch ein Bösewicht werde durch Lebensumstände etc. zu dem gemacht, was er nun ist – und so etwas könne man doch nicht Bildung nennen.

Ich dagegen halte es für den Vorzug einer am Leben, an der Biographie orientierten Bildungskonzeption, dass sie auf die ethische Perspektive verzichtet. Biographieforschung interessiert sich gleichermaßen für alle Bildungsprozesse, durch die ein Mensch zu dem wird, was er ist. Nicht umsonst hat Thomas Mann seinen Felix Krull als Travestie eines Bildungsromans konzipiert.

Sprangers zweiter Einwand wendet sich gegen ein Missverständnis des Begriffes »Leben«. »Das Leben« sei bei Pestalozzi nicht der Inbegriff von objektiven Umweltfaktoren. Vielmehr scheine mit dem »Leben« etwas gemeint zu sein, das »vorwiegend dem Inneren des Menschen entquillt« (Spranger, 1959, S. 123).

»Das Leben bildet« soll also nicht heißen: Die Umwelt bildet. Darin stimme ich Spranger zu. Biographienanalyse, wie ich sie vertrete, sieht den Menschen teils als Geschöpf, vor allem aber als Schöpfer seiner Biographie; den Lebensverlauf als Resultat sowohl vorgefundener Umstände als auch eigener aktiver Suchbewegungen.

Drittens ist nach Spranger »das Leben« bei Pestalozzi fast identisch mit seiner Elementarmethode, die für sich beansprucht, der Natur, dem Leben abgelauscht zu sein.

Den Pädagogen hat es noch niemals gefallen, dass informelle Lernprozesse ebenso wichtig oder noch wichtiger sind als die institutionalisierten. Das war schon bei Pestalozzi so, und noch Giesecke hat in unseren Tagen einen Aufsatz überschrieben: »Nicht das Leben, nur die Bildung bildet« (Giesecke, 1999). So sind sie, die Pädagogen. Nur das zählt, was sie selber veranstaltet haben!

»Das Leben bildet« – aber was ist »Leben«, was ist »Bildung«? »Leben« ist zunächst einmal Vita: der Lebenslauf, die Biographie, alles, was ich tue und was mir widerfährt, die »Lebenspraxis« (vgl.

Lorenzer, 1971). Leben ist weiterhin Bios: das Leib- und Trieb-
fundament, der Motor des Ganzen, die Lebenskraft. Drittens ist
wenigstens menschliches Leben innegewordenes, erlebtes, gefühl-
tes, auch reflektiertes Leben.

Es hängt am Bildungsbegriff, den ich zugrunde lege, ob er informelle, durch das Leben selbst gegebene Bildungserfahrungen in
sich aufzunehmen vermag. Man muss weit zurückgehen bis zur
Deutschen Klassik, um dieses Ineins von Bildung als Leben, Leben
als Bildung artikuliert zu finden. Bildung bei Goethe besteht darin,
dass etwas sich entwickelt, Gestalt annimmt. Der naturwissen-
schaftliche und der pädagogische Begriff sind bei ihm kaum zu
trennen; ist doch auch der Mensch »geprägte Form, die lebend sich
entwickelt« (Trübner, 1939, S. 335 f.). Bei Humboldt ist Bildung,
trotz all seiner Präokkupation durch die Sprache, »die Verknüpfung unseres Ichs mit der Welt zu der allgemeinsten, regesten und
freiesten Wechselwirkung« (v. Humboldt, 1793, GS, Bd. I, S. 283).

Als später Nachfahre wäre noch Nietzsche zu nennen, der Bildung als lebendige Erfahrung postuliert und beinahe sogar die
Hesse'schen Apfelbäume beschwört: »Wollt ihr einen jungen Menschen auf den rechten Bildungspfad leiten«, so müssen zu ihm »der
Wald und der Fels, der Sturm und der Geier, die einzelne Blume
[...] in ihren eigenen Zungen reden, in ihnen muss er gleichsam sich
[...] wieder erkennen« (Nietzsche, 1872/1980, S. 715 f.).

Dieser Tradition folgend und im Widerspruch zu der seit der
Mitte des 19. Jahrhunderts zunehmenden Einengung des Bildungsbegriffs auf institutionalisierte Bildungsprozesse, d. h. vor allem
auf Schulbildung, habe ich seinerzeit eine Definition von Bildung
versucht, die eben jene informellen Bildungsprozesse mit einschließt: Bildung – das ist der Gang meines Lebens, meine persönliche Biographie, unter dem Gesichtspunkt betrachtet, was ich aus
meinem Leben gemacht habe bzw. was mein Leben aus mir gemacht hat. Dieser Definitionsversuch lehnte sich an Pestalozzi an,
der die Zielsetzung seiner »Nachforschungen über den Gang der
Natur in der Entwicklung des Menschengeschlechts« (1797) mit
den Worten umriss: »Ich will wissen, was der Gang meines Lebens,
wie es war, aus mir gemacht hat, ich will wissen, was der Gang des

Lebens, wie er ist, aus dem Menschengeschlecht macht« (Pestalozzi, 1797/1938, S. 6).

Der Kern der Bildung liegt nach alledem nicht im Erwerb von
Kenntnissen und Fertigkeiten, sondern in selbstbezüglichen Erle-
bens- und Tuns-Erfahrungen, in teils herausgehobenen, teils ganz
schlichten und alltäglichen biographischen Schlüsselerfahrungen,
die dem Leben Richtung geben: In einem Kindergartenpraktikum
baue ich mit einem Mädchen eine Sandpyramide; anschließend
buddeln wir von zwei Seiten einen Tunnel. Dass sich in der Mitte
die Hände treffen, ist eine vorsprachliche, aber hochsignifikante
Schlüsselerfahrung; jedenfalls ging die Kleine an diesem Vormit-
tag nicht mehr von meiner Hand.

Stenger (mündliche Mitteilung) berichtete einmal von einem
zweijährigen Mädchen, das sich auf originelle Weise den Schnuller
abgewöhnte: »Den hat der Nikolaus mitgenommen.« Das ist sicherlich eine Inszenierung im Medium der Sprache; aber für die
Bildung als Selbstschöpfung kommt es mehr auf die Inszenierung
selbst, auf das Überschreiten der Schwelle, als auf den sprachlichen
Inszenierungsmodus an.

Ein solches Verständnis von Bildung wird heute, sicher nicht
zufälligerweise, am ehesten in der Elementarpädagogik vorgefunden. Bildung, sagt Schäfer (1995), stellt einen doppelten Zusammenhang her: zwischen neuen Erfahrungsfacetten in Abhebung
von alten Mustern und einem neuen integrierenden Selbstentwurf
im Kontext überholten Selbstentwurfs.

In der pädagogischen Biographieforschung, zum Beispiel bei
Henningsen (1981) oder Marotzki (1990), hat sich das Interesse von
den Primärerfahrungen auf deren sprachliche Gestaltung verschoben, bis hin zu einem bedenklichen Konstruktivismus. Henningsen zitiert Max Frisch: »Jeder Mensch erfindet sich eine Geschichte,
die er für sein Leben hält« (vgl. Henningsen, 1981, S. 42). Bei Marotzki ist Bildung der Name für den reflexiven Modus des menschlichen In-der-Welt-Seins. Hier ist die biographische Primärerfahrung hinter den kognitiven Verarbeitungsmustern und ihren
Modalisierungen ganz verschwunden. Ich suche diese in das pädagogische Nachdenken zurückzuholen.

Vom Leben, welches bildet, handelt die autobiographische Erzählung; sie ist aber keineswegs mit ihm identisch. Der tatsächliche Zusammenhang des Lebens kann, nach Dilthey, dem Erkennen niemals ganz zugänglich werden. »Wir verstehen das Leben nur in einer beständigen Annäherung« (Dilthey, 1907–1910/1979, S. 236). Das heißt, die Besinnung auf das eigene Leben in der Selbstbiographie kann mit diesem Leben nie in eins fallen.

Ich habe seinerzeit drei Modelle beschrieben, wie das Leben und die biographische Erzählung aufeinander bezogen werden können: Das erzählende Ich erschafft seine Biographie, frei nach Max Frisch, wie oben zitiert. Oder umgekehrt: Der Erzähler findet sich, nach Freuds Bild, in der Rolle des dummen August im Zirkus, der das Publikum glauben machen will, er habe alle Kunststücke, die in der Manege gezeigt werden, selber vollbracht. Schließlich eine sozusagen vermittelnde Position: »Die autobiographische Erzählung, die selber Teil des biographischen Ablaufs ist, tastet sich idealiter isomorph, faktisch aber durch vielerlei Verdunkelungen und Verdrängungen gestört, an demselben Strukturgitter psychischer Knotenpunkte entlang wie die Lebenspraxis selbst« (Bittner, 1994, S. 20). Mit diesem Modell wäre sichergestellt, dass das Leben das Fundamentale, die Reflexion das Nachgehende ist; dass das Leben der Reflexion den Weg weist, sozusagen die Reflexion »bildet«.

Vielleicht ist die dichotomisch formulierte Alternative »Ist es das Leben, das bildet, oder erst dessen reflexive Verarbeitung?« falsch gestellt. Ich denke, es gibt ein Drittes, Mittleres zwischen beiden. Die Lebensereignisse begegnen uns, vor aller sprachlichen Reflexion, als bildhaft gestaltet, symbolisch bedeutungshaltig.

Nießeler hat über symbolische Weltaneignung als Kern des Bildungsgeschehens geschrieben. Er beschreibt Prozesse individueller Sinnstiftungen, »die belegen, dass sich auch der moderne Mensch weiterhin metaphorischer und bedeutungshaltiger Bildsprachen bedient, um sich seine Lebenswirklichkeit verständlich zu machen« (Nießeler, 2003, S. 311). Der Mensch ist das »animal symbolicum« (S. 309).

Nießeler hat eigens der Frage »Bildet das Leben?« ein Kapitel gewidmet. Er wendet sich gegen die Unmittelbarkeitsprätentionen der Erlebnispädagogen: »Die authentische Erfahrung des Lebens auf einem Segelschiff mit seinen alltäglichen Aufgaben, Diensten und Widernissen und – in übertragener Bedeutung – das Sichlösen von den Leinen des Elternhauses« – in diesen Erfahrungen bestehe nach Kurt Hahn die Wirkung erlebnistherapeutischer Maßnahmen (S. 40). Dieser Erlebnispädagogik in der Nachfolge von Kurt Hahn wirft er eine »Hybris der Unmittelbarkeit« vor.

Ich würde gerade bei diesem Beispiel meinen, dass es Nießelers Intention eher bestätigt. Die Segelschiff-Erfahrung ist eine hoch symbolische: An der Stelle, wo das Lösen der Leinen des Segelschiffes zugleich das Sichlösen von den Leinen des Elternhauses bedeuten soll, hat Nießeler dies selbst angedeutet. Aufgabe von Erziehung sollte es sein, habe ich früher einmal geschrieben, dem Kind, dem Jugendlichen symbolträchtiges Material an die Hand zu geben, in dem es sein Ich gespiegelt finden kann; dies wäre in meinen Augen die recht verstandene Auffassung von Erlebnispädagogik.

Den Grund dafür sehe ich in einer Besonderheit unseres »autobiographischen Gedächtnisses« (Kotre, 1996). Der Zusammenhang zwischen den Ereignissen des Lebens wird nicht erst im Erzählen der Geschichte hergestellt, erfunden, wie die Konstruktivisten meinen; die Ereignisse nehmen wir bereits in einem Bedeutungs- und Ordnungszusammenhang wahr. Sie sind, vor jeder sprachlichen Symbolisierung, aufgeladen mit einer Proto-Symbolik. Versprachlichung und Reflexivität, so scheint es, sind erst die letzte Stufe der Verarbeitung von Lebenserfahrung. Vor aller Versprachlichung werden vom Kind »Wind, Sonne und Regen« oder der tanzende Götze in Großvaters Bücherschrank, um auf Hesses Beispiele zurückzukommen, als bedeutungshaltig erfahren.

Bildung als biographischer Prozess: Die schönste dichterische Gestaltung dieses Verständnisses von Bildung finde ich in Thomas Manns »Zauberberg« (1924). Hans Castorp, der Held des Romans, erfährt auf seiner Reise von der Waterkant zu »denen da oben« im schweizerischen Davos viel Neues über die Welt, nicht nur dass es im Sommer schneit, sondern vor allem viel Ernsthaftes und Anrührendes über das Leben und Sterben der Kranken im Sanatorium. Er sieht sein eigenes Inneres im Röntgenbild und führt tiefsinnige

Gespräche über Leben und Tod mit seinem Arzt. Die Reflexion, heutigen Bildungstheoretikern so wichtig, kommt weiß Gott nicht zu kurz; es wird reichlich räsoniert und reflektiert in diesem Roman, vor allem von und mit den Herren Settembrini und Naphta. Beide sind etwas absurde Figuren, so dass man an der von ihnen verkörperten reflexiven Lebensweise auch zweifeln kann. Sicher als Bildungserfahrung bedeutender ist der Karnevalsabend, wo sich Hans Castorp von Madame Chauchat einen Bleistift leiht – nebst allem, was sich daraus entwickelt. Oder seine Vision im Schneesturm – das sind die eigentlichen Schlüsselepisoden dieses Romans, den sein Verfasser ausdrücklich als »Bildungsroman« verstanden wissen will.

Für Thomas Mann sind »Tod und Krankheit und all die makabren Abenteuer, die er seinen Helden durchlaufen lässt, ja gerade das pädagogische Mittel, durch das eine gewaltige ›Steigerung‹ und Förderung des schlichten Helden über seine ursprüngliche Verfassung hinaus erzielt wird« (Mann, 1924, S. XII). So etwas würde ich auch heutzutage noch Bildung nennen.

1.2 »Bildung als Reflexion über die Lebenszeit« – die Züricher Diskussion

So weit meine damalige Provokation. In den Beiträgen des Züricher Tagungsbandes dominiert aufs Ganze gesehen aber doch die Auffassung, die autobiographische Reflexion sei das vom Bildungsstandpunkt aus eigentlich Bedeutsame, nicht zuletzt unter (wie ich meine, fälschlicher) Berufung auf die Psychoanalyse, die ja auch auf »Erinnerungsarbeit« und biographische Bewusstheit setze, um festgefahrene persönliche Lebensstrategien wieder in Fluss zu bringen. Datler vertritt – gestützt auf Erfahrungen aus der analytischen Therapie – die Ansicht, dass es letztlich die Introjektion des Analytikers als einer personifizierten selbstreflexiven Instanz sei, die das spezifisch Bildende im analytischen Prozess ausmache (Datler, 2006). Ich bin mir dessen nicht so sicher, wenn ich an die Stern'schen aus der Mutter-Kind-Betrachtung gewonnenen und von dort auf den psychoanalytischen Prozess übertragenen Gesichtspunkte denke: Die Deutungen sind gewiss das eine Bedeutsame, denen aber das Erleben im Hier und Jetzt, die von Stern so benannten »now moments« und »moments of meeting«, zumindest gleichwertig an die Seite zu stellen sind (Stern et al., 2002; vgl. Bittner, 2004a).

Was also ist das Bildende: Das Erleben oder erst die Reflexion darüber? Fröhlich zeigt in seinem Kongressbeitrag am Beispiel von Henningsen, wie sich im Lauf der Entwicklung von dessen Ideen die Gewichte immer mehr vom Erleben selbst auf die sprachliche Reflexion darüber verschoben haben, bis hin zur radikal konstruktivistischen, von Max Frisch übernommenen Sentenz. Diese lässt Realität und Eigenbedeutung des real Erlebten gänzlich zurücktreten gegenüber dessen reflexiver Verarbeitung. Nicht das sei bildend, »was einem Individuum irgendwie zustößt (und von außen registriert werden könnte); bildend ist, was dieses Individuum zu einem Bestandteil seines selbst macht, indem es darüber nachdenkt« (Henningsen, 1981, S. 93). Oder, an anderer Stelle: »Bildung ist [...] die das gelebte Leben erst ermöglichende [!] Selbstvergewisserung in der Sprache« (S. 52 f.).

Was bei Henningsen noch eher tentativen Charakter hat (sein »Oszillieren zwischen einer lebensorientierten und einer radikal konstruktivistischen Position«, Fröhlich, 2006, S. 53), tritt später bei Marotzki als nicht weiter hinterfragbar Gegebenes auf: Bildung bezeichne die »reflexive Verortung des Menschen in der Welt [...]: Zum einen hinsichtlich der Bezüge, die er zu sich selbst entwickelt (Selbstreferenz), und zum anderen hinsichtlich der Bezüge, die er auf die Welt hin entwickelt (Weltreferenz)« (Marotzki, 1990, S. 59). Fröhlich bezieht sich in seiner Kritik der konstruktivistischen Auffassung, erst in der Reflexion über das Leben werde ein Zusammenhang gestiftet, einerseits auf ein oben (im Kap 1.1) von mir entwickeltes Modell, andererseits auf Diltheys »Kritik der historischen Vernunft«:

»Derselbe Mensch, der den Zusammenhang in der Geschichte seines Lebens sucht, hat in all dem, was er als Werk seines Lebens gefühlt, als Zwecke desselben realisiert, als Lebensplan entworfen hat [...] schon einen Zusammenhang seines Lebens unter verschiedenen Gesichtspunkten gebildet, der nun jetzt ausgesprochen werden soll [...] So sind die nächsten Aufgaben für die Auffassung und Darstellung geschichtlichen Zusammenhangs hier schon durch das Leben halb gelöst« (Dilthey, 1907–1910/1979, S. 56). Der Zusammenhang des Lebens wird also nicht erst durch die Versprachlichung und Reflexion desselben in der autobiographischen Erzählung gestiftet; es sind schon viele mehr unbewusste, faktisch-praktische »Stiftungsakte« vorausgegangen: durch die Lebensplanung, deren schrittweise Realisierung und die beiden vorausliegenden Wertsetzungen. Alles dies liegt der Reflexion des autobiographischen Erzählers bereits voraus; er kann sich darauf beziehen, so dass seine Aufgabe, den Lebenslauf als einen Zusammenhang zu verstehen und darzustellen, sich als »schon durch das Leben halb gelöst« darstellt.

Übrigens verwirft auch Schulze den Frisch-Satz »Jeder erfindet eine Geschichte« als unzutreffend oder zumindest fragewürdig: »Es ist sicher nicht so, dass die Biographie erst im Erzählen oder Schreiben entsteht oder erfunden wird. Jede autobiographische Erzählung greift auf Erinnerungen zurück, und Erinnerungen bilden sich absichtslos im Verlauf des Lebens heraus. Sie werden vom Erzähler vorgefunden, nicht erfunden. Jeder erzählten Lebensgeschichte geht ein gelebtes Leben voraus« (Schulze, 2006a, S. 41).

1.3 Biographische Reflexion – »definitorisch unbestimmt« und »inflationär«? Die Mainzer Diskussion

In der Veröffentlichung »Erinnerung, Reflexion, Geschichte« (Dörr et al., 2008), die auf den Beiträgen einer gemeinsamen Tagung der DGfE-Kommissionen für Psychoanalytische Pädagogik und für Pädagogische Biographieforschung in Mainz basiert, ist die Klärung dessen, was unter biographischer Reflexion zu verstehen sei, entgegen der vom Titel geweckten Erwartung fast völlig unter den Tisch gefallen.

Ist »Erinnerung« als solche schon »biographische Reflexion«? Die Einleitung lässt Derartiges vermuten: Unter zumindest missverständlicher Berufung auf Dilthey, der zwar sagt, dass wir »nur vermittels der Erinnerung [...] den vergangenen Lebenslauf überblicken können« (vgl. aber die oben von Fröhlich zitierte Stelle: Diese biographische Zusammenhangsbildung bedarf zunächst keiner besonderen reflexiven Anstrengung, sie ist bereits »durch das Leben schon halb gegeben«), schrieben die Herausgeber: »In der Erinnerung wird der gesamte Lebenslauf überblickt; er wird reflektiert oder ›zurückgeholt‹« (S. 12). Wenn das der Fall wäre, dann wäre der ganze Komplex abgedeckt durch den Begriff »Erinnerung«. Der eigene Begriff »biographische Reflexion« wäre überflüssig.

Etwas genauer differenziert der Beitrag von Bartmann und Tiefel (2008) in dem genannten Band. Diese kritisieren den »schon fast inflationären« Gebrauch des Begriffs der biographischen Reflexion bei gleichzeitiger definitorischer Unbestimmtheit. Am Beispiel der Autobiographie von Friedrich Reiß zeigen sie, wie er in seinem Verhältnis zum Nationalsozialismus unter dem Einfluss ausländischer Freunde lernte, »routinierte Sinn- und Zusammenhangsbildung« durch neue Orientierungen zu ergänzen bzw. zu ersetzen. Am Ende dieses Umorientierungsprozesses stand die Emigration.

Was Bartmann und Tiefel etwas abschätzig »routinierte Zusammenhangsbildung« nennen, ist eben jener Teil der biographischen Zusammenhangsstiftung, der bereits unbefragt vorgefunden wird, eben jener Teil, der nach Dilthey schon durch das Leben selbst geleistet ist. Die Welt tritt uns bereits als ein Zusammenhang entgegen, wir brauchen diesen nicht erst zu stiften oder zu konstruieren. Nur dort, wo aufgrund neuer Wissensbestände kognitive Dissonanzen mit dem bisherigen Selbst- und Weltbild auftreten, setzt biographische Reflexion ein, die zu Ergänzungen und Modifikationen führt – die »andere Hälfte« des biographischen Besinnungsprozesses, die »das Leben« uns noch zu tun übrig gelassen hat. Es besteht indessen kein Grund, den Bildungsprozess allein auf diese kognitions- und wissensfundierte »zweite Hälfte« des biographischen Wahrnehmungsgeschehens zu begrenzen.

Fazit

Aus dieser Züricher und der späteren Mainzer Diskussion sind für den weiteren Gang der Erörterung zwei Punkte festzuhalten:

1. Es gibt eine Sinn-Entnahme aus und Verarbeitung von biographischen Ereignissen unterhalb der Ebene sprachlich explizierter Reflexion. Ich nenne diese die primär-symbolische (bzw. proto-symbolische) Ebene. Einzelne prägnante Ereignisse im Lebenslauf treten dem autobiographischen Bewusstsein schon per se als bedeutungshaltig vor Augen, ohne dass diese Bedeutung ihnen durch Reflexion und Räsonnement erst eigens verliehen werden müsste. Das autobiographische Subjekt unterstellt ihnen diese Bedeutung sozusagen stillschweigend, indem es sie bei seinen Lebensentscheidungen etc. als entsprechend bedeutsam behandelt (z. B. die Tatsache der Eheschließung in seinem späteren Treueverhalten). Solch implizites Sinn-Entnehmen, das Vorfinden einer bereits sinnvoll strukturierten biographischen Welt, scheint Dilthey bei seinem oben zitierten Satz im Auge gehabt zu haben, wenn er sagt, dass die Aufgabe der Auffassung und Darstellung des autobiographisch-geschichtlichen Zusammenhangs »schon durch das Leben halb gelöst« sei.

2. Das Leben selbst ist ein permanenter, informeller Bildungsprozess, vor aller und grundlegender als alle formelle Bildung, wie sie z. B. die Schule und die sprachliche Mitteilung vermittelt. Die Reflexion über das eigene Leben ist etwas, das hinzukommt, sicher auch bildungsbedeutsam, aber keineswegs das A und O dieses Bildungsprozesses. Vieles daran läuft unbemerkt, unreflektiert, unbewusst ab. Diese Position habe ich auch auf dem Kongress in Zürich vertreten (vgl. Bittner, 2006a).

Die Aufmerksamkeit der heutigen pädagogischen Biographieforschung gilt indessen ganz überwiegend jener »anderen Hälfte« der (auto)biographischen Wahrnehmung, die »reflexiv«, sich distanzierend von vorgängigen »routinierten Sinnstiftungen« Sinnzusammenhänge »konstruiert«. Hier ist die traditionell verankerte pädagogische Hochschätzung des kognitiven Elements mit modischem Konstruktivismus eine problematische Allianz eingegangen.

Die Bedeutung des reflexiven Moments im Umgang mit der eigenen Biographie soll von mir nicht geleugnet, es soll nur in Erinnerung gerufen werden, dass dieses nach Dilthey nicht das Ganze, sondern lediglich die »andere Hälfte« autobiographischen SelbstInnewerdens darstellt.

Das Kapitel will daher aufweisen, dass die Frage »Bildet das Leben oder erst die Reflexion darüber?« falsch gestellt ist. Vielmehr geht es um die andere Frage: Wie verhält sich gelebtes zu erinnertem und letztlich auch reflektiertem Leben?

2 Erinnerung: Das Material der autobiographischen Erzählung

Der österreichische Schriftsteller Thomas Bernhard beginnt seine autobiographische Erzählung »Ein Kind« (1982) mit einer markanten Erinnerung. Mit acht Jahren habe er eines Tages das Fahrrad seines im Krieg abwesenden Vormunds aus dem Schuppen geholt und habe probiert, darauf zu fahren: »Auf den Geschmack dieser mir vollkommenen neuen Disziplin gekommen, radelte ich bald aus dem Taubenmarkt hinaus durch die Schaumburgerstraße auf den Stadtplatz, um nach zwei oder drei Runden um die Pfarrkirche den kühnen, wie sich schon Stunden später zeigen mußte, verhängnisvollen Entschluß zu fassen, auf dem, wie ich glaubte, von mir schon geradezu perfekt beherrschten Rad meine nahe dem sechsunddreißig Kilometer entfernten Salzburg in einem mit viel Kleinbürgerliebe gepflegten Blumengarten lebende und an den Sonntagen beliebte Schnitzel backende Tante Fanny aufzusuchen, die mir als das geeignetste Ziel meiner Erstfahrt erschien. [...] Kein Mensch hatte mich diese so lange vergeblich bewunderte Kunst gelehrt, ich hatte, ganz ohne um Erlaubnis zu bitten, das kostbare Steyr-Waffenrad meines Vormunds aus dem Vorhaus geschoben, nicht ohne schmerzendes Schuldbewusstsein, und mich, ohne über das Wie nachzudenken, auf die Pedale gestemmt und war losgefahren. Da ich nicht stürzte, empfand ich mich schon in diesen ersten Augenblicken auf dem Fahrrad als Triumphator. Es wäre ganz gegen meine Natur gewesen, nach einigen Runden wieder abzusteigen; wie in allem trieb ich das nun einmal begonnene Unternehmen bis zum Äußersten. [...] Wenn die Meinigen wüßten, was ich, durch einen durch nichts vorher angekündigten Entschluß schon erreicht habe, dachte ich, wenn sie mich sehen und naturgemäß gleichzeitig, weil sie keine andere Wahl haben, bewundern könnten! Ich malte mir den höchsten, ja den allerhöchsten Grad ihrer Verblüffung aus« (1982/2004, S. 7 ff.).

An einen solchen hier nur auszugsweise wiedergegebenen Erzähltext kann man eine Reihe von Fragen stellen:

- Ist die Erinnerung zuverlässig, d. h., hat sich die Episode wirklich so abgespielt, wie der Erzähler sie jetzt berichtet?
- Warum erinnert er sich gerade an *diese* Episode aus seiner Kindheit?
- Was macht sie für ihn so bedeutsam, dass er sie an den Beginn seiner Erzählung stellt? Ist ihm die tiefere Bedeutung seiner Geschichte bewusst?
- Inwiefern verdichtet sich in der Geschichte ein Stück Lebenserfahrung, biographisches Lernen bzw. Bildung?

2.1 Memories – true or false? Die psychologische Erforschung des autobiographischen Gedächtnisses

Das Interesse für Gedächtnisleistungen entwickelte sich gleichzeitig mit der empirischen Psychologie seit der Mitte des 19. Jahrhunderts. Die empirischen Untersuchungen damals hatten es freilich vorwiegend mit dem Erlernen und Behalten von Wörtern oder sinnlosen Silben zu tun und brachten für das Verständnis biographischer Erinnerungen wenig oder nichts ein.

Darum war es ein wichtiger Schritt, dass sich seit den 1970er Jahren die empirisch-psychologische Forschung für komplexere Erinnerungsleistungen zu interessieren begann, vor allem für das autobiographische Erinnern. Über die erste Phase dieser Forschungen (von den 1970er bis in die frühen 1990er Jahre) berichtet Kotre (1996); neuere Entwicklungen sind u. a. dem Buch von Markowitsch und Welzer (2005) zu entnehmen:

Kotre leitet seine Darstellung mit einer eigenen autobiographischen »Erinnerung« ein: an die »weißen Handschuhe«, die zur Musikeruniform seines Großvaters gehörten. »Ich kann sie sehen. Sie liegen über ein paar alten Klarinetten auf dem vollgestopften, verstaubten Dachboden im Hause meiner Großmutter hinten in

der Ecke. [...] Daneben liegt ein schwarzer Klarinettenkoffer mit
rissigem Bezug. Der Koffer ist offen, verströmt Modergeruch. [...]
Obwohl ich die Handschuhe nur im Gedächtnis habe – in Wirklichkeit habe ich sie niemals gesehen – weiß ich, daß sie makellos
weiß sind« (Kotre, 1996, S. 9).

Diese Erinnerung – an etwas, das er nie mit eigenen Augen gesehen hat – hat dem Buch seinen Titel gegeben: »White Gloves.
How we create ourselves through memory«; der Untertitel in der
deutschen Fassung etwas anders lautend: »Wie das Gedächtnis Lebensgeschichten schreibt.« Der Verfasser »erinnert« sich an etwas,
was er nie wirklich gesehen hat. Wie ist das möglich? Die aufsehen-
erregendsten Untersuchungen damals waren die von Elisabeth
Loftus über Erinnerungstäuschungen, induzierte Erinnerungen
etc. Die fundamentale Erkenntnis aus diesen Forschungen: Erinnerungen sind nicht etwa fotografische Abbildungen eines Gesche-
hens, die im Gehirn gespeichert sind und bei Bedarf wieder her-
vorgeholt werden können; sie sind Hervorbringungen des Gehirns,
die die ursprünglich erlebte Wirklichkeit umgestalten und im Extremfall ein Erinnerungsbild überhaupt erst erschaffen, im vorliegenden Beispiel das Bild der »weißen Handschuhe« gemäß der in
der Familie gepflegten Überlieferung und Erzähltradition.

Die Forschungsergebnisse von Loftus gewannen praktische Bri-
sanz etwa ein Jahrzehnt später, als die Welle der Missbrauchshyste-
rie über Amerika schwappte und unzählige Menschen, vor allem
junge Frauen, »sich erinnerten«, von ihren Vätern missbraucht
worden zu sein – was anfangs zu einer großen Zahl schlimmer ge-
richtlicher Fehlurteile führte, bis sich, gestützt auf die Ergebnisse
von Loftus, eine größere Vorsicht in der Bewertung solcher »Erinnerungen« durchsetzte. Dem damals epidemischen MPS (Multiple
Personality Syndrome), das unfehlbar auf »sexuellen Missbrauch«
zurückgehen sollte, wurde das FMS (False Memory Syndrome)
entgegengestellt, das zur Vorsicht mahnte: Auch noch so plastisch
vor Augen stehende Erinnerungen können Täuschungen sein (vgl.
Hacking, 1996).

Wenn Erinnerungsbilder keine naturgetreuen Abbilder früherer Vorkommnisse, sondern eher kreative Gestaltungsleistungen

sind – welchen Gestaltungs- und Konstruktionsprinzipien folgen
sie? Auf die Antworten, die die damalige Forschung gab, verweisen
die beiden – voneinander abweichenden – Untertitel des Kotre-
Buches: Dem deutschen Untertitel folgend »schreibt« das Gedächtnis die Lebensgeschichte, d. h., es verknüpft die Fakten-Bruch-
stücke zu einer subjektiv stimmigen Geschichte. Der amerikanische
Untertitel geht noch einen Schritt weiter: Die Lebensgeschichte,
die das Gedächtnis schreibt, ist Identitätskonstruktion: »How we
create ourselves through memories«.

Die beiden Problemkomplexe bestimmten diese frühen Forschungen: »Memories – true or false?« sowie: Erinnerung im Dienst
der biographischen Identitätskonstruktion. Der Kognitionsfor-
scher Neisser organisierte einen Kongress »The Remembered Self«,
der vielleicht noch prominentere Bruner protestierte in seinem
Kongressbeitrag: Das »erinnerte Selbst« existiere nur als Konstruktion des gegenwärtig erinnernden Selbst; also wurde die auf dem
Kongress basierende Buchveröffentlichung umbenannt in »The
Remembering Self« (Neisser und Fivush, 1994).

Bezogen auf unser Beispiel von Thomas Bernhard: Es gibt keinen Anhaltspunkt, seine Erinnerung an seinen ersten, missglück-
ten Ausflug mit dem Fahrrad als »falsche« Erinnerung zu verdäch-
tigen. Doch ebenso wenig ist davon auszugehen, dass der Erzähler
ein fotografisch getreues Erinnerungsbild wiedergibt. Erinnerung
ist ebenso wenig die reine Konstruktion, die selbstherrlich die Fakten setzt, wie die fotografische Abbildung dessen, was »wirklich
gewesen ist« – sie ist etwas dazwischen: Sie ist von einem Jetzt-
Standpunkt des Erinnernden komponierte und bearbeitete Wirklichkeit.

Dieser lässt sich – darin liegt der zweite Ertrag dieser frühen
Forschungen – als der aktuelle Ich-Standpunkt präzisieren: Erinnerungen werden ausgewählt, im Gedächtnis aufbewahrt und
autobiographisch-erzählerisch reproduziert unter dem Gesichtspunkt, ob sie zu dem aktuellen Ich-Konzept des Erzählers passen.

In Bernhards Erzählung wird dieser Bezug ausdrücklich hergestellt: »Wie in allem trieb ich das nun einmal begonnene Unternehmen bis zum Äußersten« – so war ich damals, so bin ich noch

heute, lautet die Botschaft. Das »erinnernde Ich« stellt in seiner Erzählung eine Kontinuität mit dem »erinnerten Ich« her.

Das Buch von Markowitsch und Welzer (2005) ist längst nicht so reich an Beispielen wie das von Kotre, interessant ist hier vor allem der Grundansatz: der Versuch, neurobiologische und sozial-psychologische Gesichtspunkte zu einem Modell zusammenzu-führen. Markowitsch, ein renommierter Neuropsychologe, ist vor allem interessiert an den neurobiologischen Korrelaten autobio-graphischen Erinnerns:

- Er unterscheidet mit Tulving einzelne Gedächtnisbereiche: Kurz-zeit- und Langzeitgedächtnis, innerhalb des letzteren fünf Ge-dächtnissysteme: prozedurales Gedächtnis, »Priming«, perzeptu-elles Gedächtnis, Wissenssystem und schließlich als oberstes in der Hierarchie das episodisch-autobiographische Gedächtnis.
- Die verschiedenen Gedächtnisfunktionen sind nach seinen Er-kenntnissen lokalisiert in unterschiedlichen Hirnarealen. So meint Markowitsch beispielsweise, echte von erfundenen auto-biographischen Erinnerungen unterscheiden zu können, weil sich bei beiden im Gehirn-Scan unterschiedliche Gehirnregio-nen aktiv zeigen; also eine Art neuer »Lügendetektor«, von dem Markowitsch behauptet, er sei weitaus zuverlässiger als der alte.
- Von besonderem Interesse (speziell aus der Sicht der Psycho-analyse) ist die von ihm beschriebene stressinduzierte Gedächt-nisstörung. Er untersuchte Menschen, die im Zusammenhang mit traumatischen Lebensereignissen ihr Gedächtnis verloren haben, und zwar nur das autobiographische. Deklaratives und prozedurales Gedächtnis funktionieren normal.

Markowitschs Koautor Welzer ist Sozialpsychologe. Er untersucht, wie sich Erinnerungen an Erzählmustern orientieren, die der Er-zähler z. B. aus Romanen oder Filmen aufgenommen hat, etwa Kriegserinnerungen, man sei »mit dem letzten Zug« oder dem »letzten Flugzeug« aus der vom Feind eingekesselten Stadt heraus-gekommen. Das »letzte Flugzeug«, meint Welzer ironisch, musste die Größe eines Jumbo-Jets gehabt haben, wenn alle diese Erinne-rungen zutreffen sollten. Erinnerungen, stellt er allgemein fest,

folgen Erzählvorlagen, Romanen, Filmen und anderem, an denen
als »Mustererzählungen« sich der autobiographische Erzähler
unbewusst orientiert.

Viele Fragen von speziellerem pädagogischem Interesse bleiben
in der psychologischen Forschung auch heute noch weitgehend
unbeantwortet:

– Wie konstelliert sich die subjektive Bedeutung (insbesondere
  die »Bildungs«-Bedeutung), die der autobiographische Erzähler
  einem bestimmten Ereignis zuschreibt?

– Wie weit können auch solche Ereignisse bildungsbedeutsam
  sein, die der autobiographische Erzähler nicht erzählt, weil sie
  ihm »unbewusst« geworden sind, und die im autobiographischen Erzähltext bestenfalls »zwischen den Zeilen« gelesen
  werden können?

– Wie kann, im Sinne des von mir zugrunde gelegten subjektzen-
  trierten Bildungsbegriffs, die Bedeutung solcher Ereignisse als
  eine subjektbezügliche, auf das Erzähler-Ich und seine Bildung
  zurückverweisende sichtbar gemacht werden?

2.2 Ereignis und Erfahrung – zur Diskussion
der Topos-Analyse

Schulze (2006b) unterscheidet zwei Arten von autobiographischen
Erzählelementen: lebensbedeutsame Entscheidungen, von denen
der Ich-Erzähler berichtet (z. B. Ortswechsel, Berufswahl), die nach
Schulzes Auffassung für sich selbst sprechen, sowie besondere Begebenheiten und Geschichten, die in der biographischen Erzählung
auftauchen und deren Sinngehalt erst erschlossen werden muss.

Ich bezweifle, dass diese Zweiteilung trennscharf ist. Aus gege-
benem Anlass hatte ich darüber reflektiert (vgl. Bittner, 2008b),
was mich eigentlich vor 30 Jahren dazu bewogen hat, der Universi-
tät Bielefeld den Rücken zu kehren und den Ruf nach Würzburg

anzunehmen. Während es bei Schulze so klingt, als wenn solche Entscheidungen aus sich heraus und ohne weiteres verständlich seien, brachte mein Rückblick auf die damalige Entscheidung aus einem Abstand von 30 Jahren ganz andere Begründungs- und Gewichtungsargumente zum Vorschein, als ich sie damals im Moment der Entscheidung selbst im Kopf hatte. Der Unterschied, den Schulze zwischen »Entscheidungen« und »besonderen Begebenheiten« macht, wird damit hinfällig: Beider Sinngehalt muss erst erschlossen werden.

Zu dieser Sinnerschließung hat Schulze sein Verfahren der Topos-Analyse entwickelt. Er betont, dass er seinen Blick auf die einzelnen Elemente der autobiographischen Erzählung richtet, auf die Lebensereignisse, die im Erzähltext als Erinnerungen erscheinen. Ein »Topos« in seinem Sinn ist ein solches Detail, ein »Knoten«, eine »dichte Stelle« im Erzählfluss, der sich bei näherem Hinsehen als aufschlussreich für einen größeren Zusammenhang erweist. In diesem methodisierten »genaueren Hinsehen« besteht die Topos-Analyse:

»Meine Analyse biographischer Topoi beginnt damit, dass ich die Stellen im autobiographischen Text, die einen Hinweis auf eine besondere Erfahrung zu enthalten scheinen, markiere. Dabei folge ich weitgehend meiner Intuition. [...] Ich verhalte mich da nicht anders als irgendein Leser. Nur so ist Verstehen möglich. [...]

Dann untersuche ich eine solche Stelle genauer [...] Ich lege die Textstelle aus, indem ich den Zusammenhang, den sie umreißt, gleichsam ausbuchstabiere. [...]

Dann beginne ich auszuschwärmen und zu sammeln. Ich suche nach weiteren Beispielen und Materialien, die sich mit den erfassten Momenten berühren« (Schulze, 2006b). In diesem Zusammenhang verweist er auf Freuds Methode der »freien Assoziation« und auf Jungs »Amplifikation« (S. 103 f.).

Schulze illustriert sein Vorgehen am Beispiel eines solchen Topos, der mit nahezu identischer Grundstruktur in verschiedenen Erzählungen auftaucht, dem Motiv des »unheimlichen Vaters«, u. a. an einer Szene aus Kafkas »Brief an den Vater«, die ganz ähnlich in einem biographischen Erzählstück von mir (Bittner, 1994, S. 21 f.) erscheint, das von meiner Prager Kindheit handelt: Wutausbruch des Vaters über das Quengeln des Kindes, Hinausstellen auf die »Pawlatsche« bei Kafka, bei mir vor die Wohnungstür – also ein wiederkehrendes Muster in unterschiedlicher situativer Rahmung.

Was gewinne ich als Interpret, wenn ich diese Geschichten nach Schulzes Vorschlag nebeneinander stelle und ihre Strukturähnlichkeit aufweise? »Das Gemeinsame in den hier erzählten Geschichten besteht darin, dass der Vater gleichsam diesen naturgegebenen Eltern-Kind-Pakt [der die Verlässlichkeit der Welt garantiert – d. Verf.] unerwartet bricht« (Schulze, 2006b, S. 110) – Das passiert zuweilen. Welchen Erkenntniswert hat es hier, von der individuellen Erfahrung überzugehen in den Bereich kollektiver und gattungsgeschichtlicher Muster? Sollte das Ergebnis in der Erkenntnis liegen, dass diese Erziehungsmethode in Prag sozusagen endemisch war?

Ich finde den Verlust bei diesem Vorgehen größer als den Gewinn. Die Geschichte wird entpersönlicht, ihres Subjekts beraubt – ich sehe nicht, inwiefern der Aufweis kollektiver und gattungsgeschichtlicher Muster dafür entschädigen kann. In meiner Vorstellung von Bildung hingegen spielt das Subjekt, das Ich die entscheidende Rolle.

Bei Schulzes Methode, biographische Topoi zu analysieren, fällt das betroffene Subjekt unter den Tisch: Wie Franz Kafka oder Günther Bittner das Erlebnis mit dem jeweils dazugehörigen Vater erleben, wird irrelevant zugunsten einer überpersönlichen Struktur solcher Erlebnisse. Um die Bildungsrelevanz des Erzählstückes zu erschließen, bedarf es daher zwingend gerade dieses bei Schulze letztlich eliminierten individuellen Kontexts: Was hat diese Erfahrung mit mir, was habe ich mit dieser Erfahrung gemacht? Dabei würde sich beispielsweise ergeben, dass die individuelle biographische Einordnung bei Kafka und bei mir eine nahezu entgegengesetzte war. Während Kafka in seinem »Brief« den Vater groß und immer größer macht, mache ich ihn in meinem Erzählkontext kleiner: Ich nehme mir – freilich erst nach seinem Tod, aber doch sehr zum Leidwesen meiner Mutter; vielleicht ist diese überhaupt die eigentliche Adressatin meiner Erzählung? – als späte Revanche gewissermaßen, die Freiheit, seine Nazi-Konnektionen unter die

Lupe zu nehmen. Eine Revolte gegen den Vater also, wenn auch nur eine kleine.

Schulzes Topos-Analyse erscheint mir als so sehr orientiert an allgemeinen Erzählmustern wie dem vom »unheimlichen Vater«, dass die Bezogenheit des Ereignisses bzw. Erlebnisses auf ein bestimmtes Erzählersubjekt aus dem Blick gerät.

Man könnte hier einwenden: Wenn ich später unter Berufung auf Jung (Kap. 5.2) für eine Biographik plädiere, die die »Mythobiographik« einschließt – sind damit nicht eben jene überpersönlichen Strukturen und Muster gemeint, die auch Schulze aufzudecken sucht?

Ja und nein, antworte ich. Hier rächt es sich, dass Schulze, wie ich – ebenfalls vorgreifend – bemerke, nach eigenem Eingeständnis unsystematisch bei Freud und Jung »klauen« gehen will, denn bei Jung sind diese überpersönlichen Strukturen keineswegs subjektlos konzipiert, sondern bezogen auf ein – gleichfalls überpersönliches – Subjekt: das Selbst und dessen Individuationsweg.

2.3 Die Alternative: Schlüsselerlebnisse

Ich unterbreite also meine Alternative. Ich stimme Schulze insoweit zu: Von Interesse sind in autobiographischen Texten nicht die puren Ereignisse, sondern deren subjektive Bedeutungen, die aus ihnen resultierende Lebenserfahrung. Wie aber konstellieren sich diese subjektiven Bedeutungen? Hier habe ich zwei Einwände: Ich finde, dass Schulze einem intellektualistischen Vorurteil unterliegt, wenn er annimmt: »Die Bedeutung der Erfahrung konstituiert sich erst in der Reflexion auf das Erlebnis« (Schulze, 2006b, S. 99).

Die Gegenthese leite ich aus meinen Eingangsüberlegungen (Kap. 1) ab: Bildet »das Leben« oder bildet erst die Reflexion darüber? Ich führte aus, dass diese Alternative ergänzungsbedürftig ist: »Das Leben« ist nicht die chaotische Ansammlung von Ereignissen, die erst durch Reflexion strukturiert und mit Bedeutung versehen

werden; vielmehr treten die Lebensereignisse unserer Wahrnehmung bereits in einer Ordnung und Bedeutung entgegen, die durch
die den Ereignissen anhaftende Primär- bzw. Proto-Symbolik ohne
unser bewusstes Zutun gestiftet werden. Was der Reflexion zu tun
bleibt, ist vor allem, die Proto-Symbolik dort zu hinterfragen, wo sie
uns falsche Schlussfolgerungen aufdrängen möchte. Dieses Letztere
sind die Aneignungsprozesse, die erst später im Leben stattfinden.

Transporteure von Proto-Symbolik sind die biographischen
Schlüsselerlebnisse: Erlebnisse, die wir in irgendeiner Weise als bedeutsam und daher mitteilenswert – vor aller Reflexion darüber –
empfinden. Daraus ergibt sich mein hermeneutisches Vor-Urteil
beim Biographienlesen, allen berichteten Erlebnissen zu unterstel-
len, dass sie subjektiv bedeutsam sind, indem sie Proto-Symbolik
transportieren – warum sollte man sie sonst erzählen?

Aber warum »Schlüssel«-Erlebnisse? Diese Erlebnisse stehen
stellvertretend für Erlebnis-Cluster, die sozusagen nach demselben
Schema dekliniert werden. Ich verteidigte in meinem einleitenden
Beitrag »Das Leben bildet!« (Kap. 1.1) ein prägnantes Beispiel der
Erlebnispädagogen, die Segelschiffreise mit verhaltensgestörten
Jugendlichen, gegen Nießelers Kritik der falschen Lebensunmittel-
barkeit, die hier kultiviert werde. Dagegen hielt ich, dass der Segel-
törn bei aller Lebensunmittelbarkeit zugleich ein symbolgeladenes
Schlüsselerlebnis sei: Das Lösen der Leinen bei der Ausfahrt reprä-
sentiere symbolisch zugleich Lösungsprozesse der verschiedensten
Art, z. B. die Lösung vom Elternhaus, die Ablösung von der eigenen
kriminellen Vergangenheit etc.

Eine alte chinesische Parabel erzählt, wie ein Fürst seinem Koch
beim Zerlegen eines Ochsen zuschaut. Er wundert sich über die
Leichtigkeit, mit der er das tut. Der Koch erklärt ihm: »Ich folge der
natürlichen Linie nach [...] Ein stümperhafter Koch muß das Messer
alle Monate wechseln, weil er hackt. Ich habe mein Messer schon
19 Jahre.« Der Fürst sagt: »Vortrefflich! Ich habe die Worte eines
Kochs gehört und habe die Pflege des Lebens gelernt« (Metzger,
1949, S. 67). Das ist das Wesen der Parabel: Der Zuhörer versteht die
Botschaft vor aller Reflexion unmittelbar durch das Bild und seine
Übertragung, hier von der Tätigkeit des Kochs auf die des Regenten.

Weniger bedeutsam, aufs Ganze gesehen, erscheint der zweite Kontroverspunkt: Ist das pädagogische Interesse an autobiographischen Erzählungen fokussiert auf informelle *Bildungs-* (wie von mir präferiert) oder auf längerfristige *Lern*prozesse (so Schulzes Standpunkt)? Er kritisiert den Bildungsbegriff als »zerfleddert« und heute überwiegend auf intentionale Bildungsprozesse im Sinn von Schulbildung bezogen (womit er leider Recht hat).

Aber, so halte ich dagegen, steht es denn mit dem Lernbegriff besser? Im traditionellen Verständnis bedeutete »Lernen« zumeist schulisches Lernen, und die neuere, durch die Lernpsychologie vorgenommene Erweiterung hat ebenfalls zu beträchtlichen »Zerfledderungen« (und zugleich zu unerwünschten behavioristischen Konnotationen) geführt.

In einer persönlich geführten Diskussion haben wir versucht, das beiderseitige Terrain präziser abzustecken: Der von Schulze favorisierte Lernbegriff ist überwiegend auf die zu gewinnende Sach- und Welterfahrung fokussiert. Beim Bildungsbegriff, wie ich ihn vertrete, steht die Neupositionierung des Ich (und zwar genauer: des präreflexiven Proto-Subjekts, siehe Kap. 3.3) durch ein Schlüsselerlebnis im Vordergrund. Auf diesem Hintergrund konnten wir uns darüber verständigen, dass die Rede vom biographischen Lernen ebenso legitim ist wie die von der Biographie als Bildungsprozess, wobei eine je unterschiedliche Fokussierung auf Welt- und Sacherfahrung einerseits, auf Ich-Positionierung andererseits zugrunde liegt.

2.4 Gibt es unbewusste Erinnerungen?

2.4.1 Die »Reminiszenzen der Hysterischen«

In den »Studien über Hysterie« schreibt Freud, »die Hysterischen leiden [...] an Reminiszenzen« (Freud, 1895d, S. 86). »Wir fanden nämlich, anfangs zu unserer größten Überraschung, daß die ein-

zelnen hysterischen Symptome sogleich und ohne Wiederkehr ver-
schwanden, wenn es gelungen war, die Erinnerung an den veran-
lassenden Vorgang zu voller Helligkeit zu erwecken, damit auch
den begleitenden Affekt wachzurufen, und wenn dann der Kranke
den Vorgang in möglichst ausführlicher Weise schilderte und
dem Affekt Worte gab. Affektloses Erinnern ist fast immer völlig
wirkungslos« (S. 85).

Aus der zitierten Stelle ergibt sich:

1. »Reminiszenzen« sind Ursachen hysterischer Krankheitssymp-
   tome, heute zu erweitern auf psychosoziale Auffälligkeiten aller
   Art.
2. Diese Reminiszenzen müssen eine bestimmte Qualität besitzen, um pathogen zu wirken. Sie müssen unbewusst geworden
   bzw., gemäß den heutigen neuropsychologischen Vorstellungen, an einen anderen neuronalen Aufbewahrungsort gewandert sein, aus dem deklarativ-autobiographischen in das prozedurale Gedächtnis.
3. Manchmal freilich sind sie nicht vollständig an den neuen Ort
   gewandert, sondern haben an ihrem bisherigen Aufbewahrungsort Spuren und Andeutungen hinterlassen, die sogenannten »Deckerinnerungen«, wie Freud in einer anderen Abhandlung aus etwa derselben Zeit postuliert (Freud, 1899a).
4. Erinnern ist heilsam, sagt Freud; allerdings muss es eine besondere Art des Erinnerns sein – eine, bei der zugleich der ursprünglich vorhandene Affekt wiedererlebt und »abreagiert«
   wird. Der ganze Sinn und Zweck der analytischen Prozedur war
   es, die Bedingungen für ein derartiges Erinnern bereitzustellen.

In diesem letzten Punkt ist Freud vielfach missverstanden worden.
Vielleicht war es auch so, dass dieses lebendige affektvolle Erin-
nern, das ihm hier vorschwebte, später von den Psychoanalytikern
selbst nicht mehr richtig verstanden wurde, dass es vielfach in
Analysen zu einem freud- und wirkungslosen Herumstochern in
Kindheitserinnerungen verkam.

Schon Perls polemisierte gegen Freud: »Der große Irrtum der
Psychoanalyse besteht darin, daß sie die Erinnerung als Wirklich-

keit gelten läßt.« Alle Krankheitstraumata »sind nichts als Lügen, an denen man sich festhält, um seinen Mangel an Bereitschaft zum Wachsen zu rechtfertigen« (Perls, 1974, S. 50). Erinnerungen sind etwas, was ich »jetzt« habe, und nur über das »Jetzt« lohnt es sich zu sprechen. Das Jetzt-Moment wird freilich gestiftet durch den zugleich wachgerufenen Affekt, den ich damals hatte und jetzt wieder habe. So könnten Freud und Perls gleichzeitig recht haben.

2.4.2 Ist Erinnern in der Psychoanalyse obsolet geworden?

Ich glaube, Freuds oben zitierter Satz aus den »Studien über Hysterie« ist auch heute noch richtig. Die Kranken leiden tatsächlich an »Reminiszenzen«. Die älteren Psychoanalytiker konzentrierten sich vielleicht zu sehr auf das Erinnern und vernachlässigten manchmal den begleitenden Affekt, der die Brücke zwischen der Erinnerung an vergangene Erlebnisse und dem aktuellen Jetzt schlägt.

Die heutige Psychoanalyse ist ins andere Extrem gefallen: Sie kennt nur noch das »Jetzt« und vernachlässigt tendenziell die Erinnerung. Ich belege dies an zwei Texten namhafter Psychoanalytiker, die als Beiträge zu einem Fachgespräch über pädagogische Biographieforschung erschienen sind.

Körner (2008) argumentiert auf der Linie der heutigen, konstruktivistisch orientierten empirischen Forschung, Erinnerungen seien Jetzt-Ereignisse, rückwärts in die Lebensgeschichte gerichtete Sinnprojektionen und Bedeutungszuschreibungen. Erinnerung habe in Wirklichkeit den Charakter eines »Zurückphantasierens«, sie sei »eine Rückprojektion, eine Uminterpretation infantiler Erfahrungen« (S. 67, unter Berufung auf Kerz-Rühling, 2000/2008). Ausgangspunkt psychoanalytischer Erinnerungsarbeit sei heute »die Bewältigung einer nicht kohärenten Gegenwart« (S. 71).

Letzteres war bei Freud nicht anders. Ausgangspunkt jeder Psychoanalyse ist die nichtkohärente Gegenwart. Aber was Ausgangspunkt ist, muss nicht notwendig auch der End- und Zielpunkt sein.

Die Kontroverse lässt sich am besten weiterdiskutieren anhand eines von Margit Datler mitgeteilten Behandlungsfalls im Kontext eines gemeinsam mit Wilfried Datler verfassten Aufsatzes: »Hat sich die Psychoanalyse von der Erinnerungsarbeit verabschiedet?« (Datler und Datler, 2008).

M. Datlers Patientin sieht die Ursache ihrer gegenwärtigen Schwierigkeiten in der Kindheitsgeschichte: Sie habe immer ein »liebes Mädchen« sein müssen. Gewiss, meint die Analytikerin, man könne in der Kindheit nachforschen, was alles dazu geführt habe, dass sie ein »liebes Mädchen« werden musste (ich glaube, hier unterliegt die Therapeutin einem Missverständnis: Diese Art »Forschen in der Kindheitsgeschichte« führt beinahe unweigerlich zu dem schon von Freud als wirkungslos verworfenen affektlosen Erinnern!).

Sie selbst habe jedenfalls einen anderen Weg eingeschlagen, nämlich im »Hier und Jetzt« nach dem Erleben der Patientin im Kontext der Analysestunde zu forschen, in der Hoffnung, dass das gemeinsame Nachdenken über dieses Hier und Jetzt der Patientin helfen kann, psychische Funktionen und Strukturen auszubilden, die ihr gestatten, »archaische Gefühle« künftig besser bearbeiten und regulieren zu können.

Einmal abgesehen davon, dass diese Anknüpfung am Hier und Jetzt bereits seit der Übertragungsanalyse der 1960er Jahre zu den psychoanalytischen Standards gehört, fragt es sich, ob sich damit an der Bewertung der Erinnerungen etwas Grundlegendes verändert, ob nicht vielmehr die Aufgabe weiterhin darin besteht, Übertragung in Erinnerung zurückzuverwandeln. Freilich, die Erinnerungen, die dabei zum Vorschein kommen, sind von qualitativ anderer Art als die bewussten, die uns zunächst angeboten werden: Es sind dunkle, unbewusste, mehr »prozedurale« als »deklarative« Erinnerungen, um die Begrifflichkeit der empirischen Gedächtnisforschung aufzugreifen.

Bei Körner klingt etwas Derartiges wenigstens an: Unbewusste Erinnerungen haben bei ihm zunächst einmal den Charakter von »Arbeitsmodellen«, die im prozeduralen Gedächtnis gespeichert sind, nicht im episodisch-autobiographischen. Diese Arbeitsmodelle in ihrer Funktionsweise bewusst zu machen, mag an sich schon hilfreich sein, zieht aber doch mit einer gewissen Zwangsläufigkeit die Frage nach sich, bei welchen Gelegenheiten und anhand welcher Schlüsselerlebnisse das jeweilige Arbeitsmodell erworben wurde und überlebensnützlich war, während es bei anderen Gelegenheiten im Hier und Jetzt vielleicht nicht mehr gleichermaßen erfolgversprechend ist.

Ein Patient von mir, Jurist und Beamter, der hypochondrische Befürchtungen als Grund seines Kommens angibt, später auch ein seit der Pubertät bestehendes Minderwertigkeitsgefühl gegenüber anderen Jungen als Ursache seiner diversen Schwierigkeiten benennt, »zwingt mich« dazu, aktiver zu fragen, als ich es sonst gewöhnlich tue. Ich sage: »So viel wie bei Ihnen frage ich sonst nie!« Er antwortet, ihm falle von selber einfach nichts ein. Wenn ich ihn durch meine Fragen »auf Touren« gebracht habe, fällt ihm schließlich eine Menge ein; ich muss ihm aber erst einmal die Anfangsblockaden überwinden helfen. Sein Arbeitsmodell ist ziemlich klar: Er bleibt »in Deckung«, verbirgt sich, solange er nicht weiß, »wie der Hase läuft«, lässt dem Gesprächspartner, den er für den »Experten« hält, den Vortritt. Aber worin hat dieses Arbeitsmodell seinen Grund? Das ist allein aus dem Hier und Jetzt nicht abzuleiten; dazu braucht es dann doch die Erinnerung; diese führt zum Vater, der bei allen praktischen Fragen immer genau wusste, »wo es lang ging«.

Was im »Hier und Jetzt« entgegentritt, ist die Übertragung, d. h. die Manifestation des Problems im Prozeduralen des Umgangs zwischen Patient und Analytiker. Margit Datlers Patientin präsentiert ihr Arbeitsmodell, als ein »liebes Mädchen« auch der Analytikerin gegenüber in Erscheinung zu treten, ebenso wie mein Patient sein Modell des Sich-Versteckens hinter dem breiten Rücken eines Anderen im Hier und Jetzt aktualisiert. Das ist der notwendige Ansatzpunkt. Aber um den Sinn dieser »Prozedur« zu begreifen, brauchen wir die Konstellation, in der sie sich ursprünglich als überlebenshilfreich erwiesen hat; wir brauchen die ursprüngliche, nicht bloß die nachträgliche Erinnerung.

Um den ursprünglich guten Sinn einer unbewusst wirksamen prozeduralen Erinnerung (»ich muss ein liebes Mädchen sein«,

»ich bleibe besser in Deckung, überlasse dem anderen die Initiative«) zu entschlüsseln, brauche ich ohne Zweifel die Erinnerung an
die Konstellation, in der diese Verhaltensmaxime sinnvoll war. Das
ist heute nicht viel anders als zu Freuds Zeiten.

Offen bleibt freilich, ob die Wiederherstellung dieser Konstellation im deklarativen Gedächtnis bereits ausreicht, um das prozedurale Muster außer Kraft zu setzen. Bei Freud ist das Hinzukommende die Wiedererweckung des Affekts, der, wie ich interpoliere,
das damalige prozedurale Muster motivierte.

Was die »neue« psychoanalytische Therapie stattdessen als ver-
änderndes Potential geltend machen will, ist mir noch undeutlich.
Gewisse Anhaltspunkte gibt Margit Datler: Die Patienten finden
im Therapeuten ein Gegenüber, »das in der Lage ist, über das, was
[...] innerpsychisch vor sich geht [...] besser nachzudenken«; dieses
Gegenüber-Verhältnis versetzt den Patienten in die Lage, psychische Funktionen und Strukturen auszubilden, »die ihm helfen,
archaische Gefühle künftig [...] bearbeiten und regulieren zu können« (Datler und Datler, 2008, S. 82).

Das ist in meinen Augen ein Musterbeispiel problematischer
»Mentalisierung« und »Cerebralisierung«, auf die ich später noch
genauer zurückkommen werde: Weil der Therapeut so gut über
Gefühle nachdenken kann, lernt es der Patient mit der Zeit auch.
Alles schön vernünftig: Das Grund-Ich mit seinen dysfunktionalen
archaischen Gefühlen wird immer lückenloser domestiziert.

2.4.3 »Meine Geschichte erzählt mich« – Konsequenzen für die psychoanalytisch-pädagogische Biographieninterpretation

Meine früher einmal gebrauchte Formulierung, psychoanalytische
Biographieninterpretation habe, jenseits des manifesten Erzähltexts, auch »zwischen den Zeilen« zu lesen, lässt sich auf dem
Hintergrund der vorstehenden Kontroverse präzisieren. Es geht
darum, den manifesten Erzähltext nicht nur als den Text zu nehmen, der bewusst (»cortical«) produziert wird, sondern zugleich

ein Sensorium zu entwickeln für die unbewussten (»limbischen«) Beimischungen zur Textproduktion.

Im vollen Umfang bewusst ist dem autobiographischen Erzähler allein der manifeste Inhalt des Erzählten. Nur zum Teil bewusst sind ihm seine »Arbeitsmodelle« beim Verfertigen der Erzählung, seine Auslassungen und Pointierungen, seine alltägliche »ars poetica«, die teils bewusst ihre Pointen setzt und in ihrer Wirkung zu kalkulieren weiß – aber eben nur zum Teil: Manche seiner Erzählstrategien ergeben sich sozusagen ohne bewusstes Zutun über den Kopf des Erzählers hinweg. Alles dies untergründig Ablaufende wollte ich seinerzeit mit dem Satz ausdrücken: Nicht ich erzähle meine Geschichte, sondern meine Geschichte erzählt mich (Bittner, 1994, S. 20, 24).

Zu jenen Strukturelementen autobiographischen Erzählens, die nach Dilthey »durch das Leben selbst gegeben« sind, gehört neben den Arbeitsmodellen auch die »Proto-Symbolik« bestimmter Szenen und Ereignisse, die ihm nicht bewusst attribuiert, sondern die, vom Unbewussten »hineingesteckt«, an ihnen vorgefunden wird.

Zu den teils unbewussten Strukturelementen des Erzählens gehört schließlich die mit der Erzählung vorgenommene Ich-Positionierung, die im folgenden Kapitel behandelt wird.

Fazit

Blicken wir, um uns dies zu veranschaulichen, noch einmal zurück auf Bernhards Erzählung von der Radfahrt nach Salzburg. Der erzählte Ablauf als solcher ist dem Erzähler bewusst und wird sich im Großen und Ganzen zugetragen haben, wie von ihm berichtet. Das ist der bewusste (»corticale«) Anteil der Erinnerung.

Die affektiven (»limbischen«) Beimengungen sind zum einen der Erzählstil des Autors, sein Arbeitsmodell, seine »ars poetica«. Leicht ironisch distanziert, aber sichtbar stolz präsentiert er das kleine Kerlchen, das er damals war. Zum anderen ist es die Proto-

Symbolik der im Grunde unlösbaren Aufgabe, an der er damals scheitern musste und vielleicht in variierter Form immer wieder im Leben scheitert – indessen: Es war und ist immer aufs Neue ein »stolzes Scheitern«. Endlich die erlebte Ich-Kontinuität: So war ich, so bin ich noch heute.

Erinnerungen sind in psychoanalytischer Perspektive weder einfach »historisch« noch »nachträglich«: Sie sind sozusagen Amphibien, die mit einem Bein im Damals, mit dem anderen im Heute stehen.

3 Das autobiographische Ich

Markowitsch und Welzer heben die Ich-Bezüglichkeit autobiographischen Erinnerns hervor: Wie sie betonen, muss das autobiographische Gedächtnis nicht nur in der Lage sein, seine Erinnerungsbilder raum-zeitlich zu lokalisieren, sondern es stellt notwendigerweise auch einen Ich-Bezug zu diesen Bildern her: »Ich selbst« bin es, dem dies oder das begegnet ist (vgl. Markowitsch und Welzer, 2005, S. 187). Dieser Ich-Selbst-Bezüglichkeit des autobiographischen Erinnerns, die bei Markowitsch und Welzer nur gestreift wird, galt das Hauptinteresse unseres früheren Buches, wie schon dessen Titel »Ich bin mein Erinnern« (Bittner, 2006b) ausweist.

Es gibt dabei weiterführend mindestens drei Teilfragen weiter zu verfolgen:

- Die Ich-Bezüglichkeit autobiographischer Erinnerungen haben Markowitsch und Welzer zwar mit Recht als wesentlich hervorgehoben – wer oder was aber ist dieses »Ich«, auf das sie »bezüglich« sind?

- Ist das autobiographische Erinnern an frühere »Ichs« eher der Tätigkeit des Archäologen, wie Freud meinte, vergleichbar, der etwas Verschüttetes ausgräbt, dabei freilich auch ergänzt, rekonstruiert; oder ist autobiographisches Erinnern ein Erfinden früherer Ichs vom Jetzt-Standpunkt aus (vgl. Max Frisch: »Jeder erfindet eine Geschichte«), eine konstruktivistische Tätigkeit, wie heutige Forscher überwiegend annehmen?

- Mit der Frage nach den vergangenen stellt sich zugleich die andere nach den vergessenen, aber noch gegenwartswirksamen, den sozusagen prozeduralen Ichs: Das Leben, der Leib, der frei nach Nietzsche kraft seiner »großen Vernunft« nicht Ich »sagt«, sondern Ich »thut« (Nietzsche, 1883/1980, S. 39), oder, wiederum frei nach Dilthey, die Frage nach dem Ich, das nicht erst in der Reflexion erschaffen wird, sondern durch das Leben selbst schon halb gegeben ist.

3.1 Walter Benjamin: »Berliner Kindheit um 1900«

Zur Einleitung wieder ein Erzählstück: »Die Uhr im Schulhof sah beschädigt aus durch meine Schuld. Sie stand auf ›zu spät‹. Und auf den Flur drang aus den Klassentüren, die ich streifte, Murmeln von geheimer Beratung. Lehrer und Schüler dahinter waren Freund. Oder alles schwieg still, als erwarte man einen. Unhörbar rührte ich die Klinke an. [...] Da schändete ich meinen grünen Tag, um einzutreten. Niemand schien mich zu kennen, auch nur zu sehen. Wie der Teufel den Schatten des Peter Schlemihl hatte der Lehrer meinen Namen zu Anfang der Unterrichtsstunde einbehalten. Ich sollte nicht mehr an die Reihe kommen. Leise schaffte ich mit bis Glockenschlag. Aber es war kein Segen dabei« (Benjamin, 1987, S. 26).

Der jüdische Literaturtheoretiker Walter Benjamin hat in den 1930er Jahren, als ihm klar wurde, dass er von Berlin, der Stadt seiner Kindheit, werde Abschied nehmen müssen, den Versuch unternommen, Bilder dieser Berliner Kindheit um 1900 in Worten festzuhalten – als prophylaktisches Mittel gegen das Heimweh. Er wusste, dass er in dieser Stadt nicht mehr lange würde leben können, als Jude unter den erstarkenden Nazis; so wollte er Bilder festhalten, sich sozusagen ein literarisches Fotoalbum machen zum Mitnehmen in die Fremde.

Er schildert also ein Zu-spät-Kommen in die Schule: »Die Uhr im Schulhof sah beschädigt aus durch meine Schuld. Sie stand auf ›zu spät‹.« Sagen wir, die Uhr hätte 8:05 oder 8:10 gezeigt; das ist eine Zeigerstellung, die der Schüler normalerweise nie zu sehen bekommt. Also ist die Uhr irgendwie deformiert, beschädigt, aber natürlich weiß der Schüler auch, dass es an ihm liegt, dass die Uhr so falsch aussieht, es ist seine Schuld.

Er geht entlang an Klassenzimmern, aus denen Stimmen zu hören sind: freundliche Wechselreden, er ist nicht dabei, fühlt sich ausgeschlossen. In anderen Zimmern ist es still, »da wird jemand erwartet«. So bekommt all das Ungewohnte eine auf ihn und sein Draußen-Vorbeigehen bezügliche Physiognomie.

Schließlich tritt er ins Klassenzimmer, schleicht hinein wie ein Schatten, ein Gespenst, einer, den es gar nicht geben darf, denn wahrscheinlich ist zu Anfang bei der Anwesenheitskontrolle gesagt worden: »Benjamin? – Fehlt, ist nicht da.« Und nun ist er doch da, illegal sozusagen, sein Name ist ja gestrichen für diesen Tag.

Eine subtile, eben eine literarische Schilderung. Dass die Uhr wie kaputt, wie verstellt aussieht, wenn der Schüler sie bei einem Zeigerstand sieht, den er normalerweise nie zu sehen bekommt, das auszudrücken erfordert schon außergewöhnliche sprachliche und reflexive Kompetenz.

Zugleich ist es die Schilderung einer historisch versunkenen Schulwelt: in der Tat, wie Benjamin sagt, ein Bild von »gesellschaftliche[r] Unwiederbringlichkeit« (S. 9). Diese vorreformpädagogische Schule aus der Zeit um 1900, im Kaiserreich, vor dem Ersten Weltkrieg, existiert nicht mehr, existierte auch schon in den 1930er Jahren nicht mehr, als Benjamin diese Bilder aufschrieb. Zum Glück, werden die meisten sagen, die sich keine Schule wünschen, wo die Kinder sich, weil sie eine Schulregel verletzt haben, inexistent fühlen müssen, weil diese Schulregeln so unverbrüchlich sind. Aber für Benjamin doch auch verbunden mit einem Hauch von Wehmut: Das war seine – trotzdem heile – Kinderwelt, und die gibt's nicht mehr: Sie kommt nie mehr wieder.

Und schließlich, der Ich-Erzähler selbst: Wie präsentiert er sich? Die gängigen Psychologenbegriffe sind zu grobschlächtig, wie z. B. bei Neisser: »Erinnertes« und »erinnerndes« Ich – als ob das zwei wären! Oder gar Bruner: Der kleine Junge, der durch die leeren Gänge des Schulhauses schleicht, sich sozusagen nichtexistent fühlt – nichts anderes als eine Konstruktion, eine Erfindung des aktuellen Erzähler-Ich?

Ich sage, er »spannt sich auf« in seiner Erzählung, wie einen Regenschirm, der zuvor eingeklappt, oder besser noch, wie eine Leinwand, die eingerollt war und auf der der damalige Film wieder ablaufen kann. Der damalige Film, das damalige Ich, wie es sich in seiner Welt bewegte – insofern ist das Erzählte auch nicht einfach ein Dokument zur Schulgeschichte des Kaiserreichs, es ist *erlebte* Geschichte – »aufgespannt« von einem Ich.

Der damalige Film – inwiefern ist es der damalige und inwiefern doch auch ein heutiger, der erst im Moment des Erzählens
»gedreht« wird? Diese Frage ist unentscheidbar, weil auch die
Identität bzw. Nicht-Identität des heutigen und des damaligen
»Regisseurs« nicht ausgemacht ist. Was zur Diskussion steht, ist
die Beschaffenheit des autobiographischen Ich: Ist es das damalige
erinnerte, ist es das heutige erinnernde?

3.2   Dreierlei Ich-Bezüglichkeit

3.2.1 Das grammatische *ich*

Ich ist zunächst ein Wort, und zwar ein Pronomen, ein klein ge-
schriebenes »ich«. Als solches ist es nach Ansicht der Sprachwissenschaftler ohne bestimmten Inhalt, ein Zeigewort: »Wenn
ein Sprecher auf den Sender des aktuellen Wortes verweisen will,
dann sagt er *ich*« (Bühler, 1982, S. 79, zum Folgenden vgl. Bittner,
1992/1993). Die Neuzeit habe freilich in das Sprachzeichen *ich*
etwas zu viel an philosophischer Spekulation hinein gedacht
(Bühler, 1982, S. 105). Die Ansicht Bühlers wird von der heutigen
Sprachwissenschaft weitgehend geteilt.
    Die Rolle, die dieses klein geschriebene *ich* spielt, variiert in den
verschiedenen Sprachen. Im Chinesischen fehlt es oft; es muss aus
dem Kontext erschlossen werden, *wer* etwas tut. Das Lateinische
und das Griechische nehmen die Zuordnung einer Handlung über
die Verb-Endung vor; nur bei betontem Hinweis auf die handelnde
Person wird zusätzlich das Pronomen verwendet; die modernen in-
dogermanischen Sprachen diskriminieren nicht mehr über die
Verb-Endung, sondern über das Pronomen. Der Sprachenvergleich
legt somit nahe, das Personalpronomen *ich* sei »der fragilste aller
Signifikanten«, »das am wenigsten festgestellte, das für Defizien-
zen und Redundanzen aller Art anfälligste Glied des sprachlichen
Gefüges« (Bittner, 1992/1993, S. 138).

Die Reduktion des *ich* auf ein bloßes Zeigewort erscheint indessen als allzu asketisch bzw. funktionalistisch. Der naive Sprecher legt doch mehr in das Wörtchen *ich* hinein, als die Linguisten ihm zugestehen wollen. Bühler erzählt die Anekdote von einem Mann, der an die Tür klopft und Einlass begehrt. »Wer ist da?«, fragt der im Haus. »Ich« antwortet der draußen, woraufhin der drinnen nicht viel klüger sein dürfte, es sei denn, er hätte den Sprecher an der Stimme erkannt.

Das ist einer von jenen Linguistenscherzen, die sich über die Naivität des naiven Sprechers lustig machen. Doch sollte diesem mehr Gerechtigkeit widerfahren: Es ist eben so, dass im naiven Sprachgebrauch mit dem Wort *ich* mehr und Emphatischeres verbunden wird als die nackte Zeigewort-Funktion. Aus dem klein geschriebenen *ich* wird unter der Hand das substantialisierte, groß geschriebene *Ich*.

Dieses Oszillieren zwischen einer Minuskel- und einer Majuskel-Variante schlägt voll durch auf das autobiographische Ich. Die meisten autobiographischen Texte sind in der Ich-Form abgefasst, im Sinn der Minuskel-Variante, die keine andere Funktion hat, als den aktuellen Erzähler zu bezeichnen. Doch indem die Erzählung von früheren Erlebnissen und Taten eben dieses Erzähler-Ich berichtet, überschreitet das Ich die Zeigewort-Funktion, es wird zum Objekt der Erzählung, es gewinnt an Inhaltlichkeit. Das Ich spannt sich auf als die Leinwand, auf der der Film des Lebens abläuft.

Weiterhin ist zu bedenken, dass die sprachliche Ich-Form nicht ausnahmslos verwendet wird. Mancher Autobiograph erzählt durchgängig in der dritten Person; andere wechseln ab zwischen »ich« und »er«, wobei »ich« den aktuellen Erzähler, »er« das Kind bezeichnet, das der Erzähler einmal war. Auch hier sind *ich* und *er* mehr als nur Zeigewörter; sie sind Symbolwörter im Sinn Bühlers, die ein bestimmtes feststehendes Objekt, den Ich-Erzähler – unter Umständen in verschiedenen Lebensaltern – bezeichnen.

Ich im autobiographischen Erzähltext verweist also nicht nur auf einen aktuellen Sprecher, sondern bezeichnet einen Inhalt: die Person, von der die Rede ist, und ihren Lebensverlauf.

3.2.2 Ich = Bewusstsein?

Die in der Überschrift in Frage gestellte Gleichung entstammt zwei unterschiedlichen Traditionslinien: einer älteren philosophischen und einer jüngeren neuropsychologischen.

Die philosophische beginnt mit Descartes: Als *res cogitans*, als denkendes, meiner selbst bewusstes Wesen, nehme ich eine absolute Sonderstellung unter den Dingen der Welt, den *res extensae*, ein. Bei Kant ist das Ego transzendentale Subjektivität: Das empirische Ich, d. h. die individuellen Besonderheiten, die ich an mir habe – von der Haarfarbe bis zum individuellen Lebenslauf –, kann vom transzendentalen Subjekt ebenso wie die Dinge der Welt innerhalb vorgegebener Kategorien des Denkens erkannt werden. Positionen in der Nachfolge Kants sehen das Ich als das Vermögen, »sich seiner selbst in den verschiedenen Zuständen der Identität seines Daseins bewusst zu werden« (Koch, 2002, S. 77). Das Ich ist demnach Bewusstsein, Selbstbewusstsein – mit einem modernen Ausdruck: selbstbezogene Kognition.

Die Thematisierung des Ich in der Neurowissenschaft beruht auf zwei Prämissen, von denen die erstere für unsere gegenwärtige Fragestellung nur von marginaler, die letztere hingegen von zentraler Bedeutung ist:
- die Epiphänomenalität des Psychischen,
- die Gleichsetzung von Ich und Bewusstsein.

Der Epiphänomenalismus betrachtet die Gehirnvorgänge als das eigentlich und real Gegebene, die subjektiv wahrgenommenen psychischen Prozesse hingegen als bloße »Intuitionen«, gemäß Roths bekannter Formulierung: »Das Gehirn generiert mit der Ausbildung eines Ich einen ›virtuellen Akteur‹« (Roth, 2001, S. 204). Dass psychische Prozesse auf Gehirnprozessen beruhen und durch diese ermöglicht werden, soll hier nicht in Frage gestellt werden, wohl aber die umstandslose Konstruktion derselben aus dem gegenwärtigen Stand der neurobiologischen Einsicht in deren neuronale Korrelate.

Von größerer Bedeutung im gegenwärtigen Zusammenhang ist die letztere Prämisse: die definitorische Gleichsetzung von Ich und

Bewusstseinsprozessen. Diese ist vor allem deshalb so folgenreich und schwer zu erschüttern, weil sie keiner systematischen Erörterung für wert erachtet, sondern einfach als selbstverständlich »gesetzt« wird.

Die Beispiele für solches Einschleichen der Ich-Definition sind zahlreich, z. B.: »Das Bewusstsein, das Ich hat [...] keinen genau lokalisierten Ort im Gehirn.« »Das Bewusstsein, das Ich« (Roth, 1987, S. 250) – ist das denn dasselbe? Begründet wird die Gleichsetzung nicht, es ist einfach so.

Vor einiger Zeit ließ ich mich verführen, ein Sachbuch mit dem Titel »Rätsel Ich« (Sentker und Wigger, 2007) für relativ teures Geld zu erwerben, was ich schon bald bitter bereute: Vom Ich war darin kaum die Rede, viel von Gehirn und Bewusstsein, ein bisschen auch von Gefühl bzw. Emotion – aber das Stichwort »Ich« tauchte im Register ganze vier Mal auf, darunter Aussagen von solchem Kaliber: »Nichts ist uns näher als das Ich. Es ist immer da – der Ausschnitt des Selbst, der uns ständig bewusst ist« (S. 227) – das war's also! Singer im Nachwort: Die Lösung des »Rätsels Ich« bestehe darin, dieses als einen komplexen Systemzustand des Nervensystems zu begreifen (S. 286). Alles andere seien vernachlässigenswerte »Intuitionen«.

Diese neurowissenschaftliche Gleichsetzung von Ich und Bewusstsein weist mannigfache Berührungspunkte mit der philosophischen Tradition in der Spur von Descartes und Kant auf, weshalb sich zwischen (Bewusstseins-)Philosophie und Neurowissenschaft ein reger Austausch entwickelt hat (Schmidt, 1987; Pauen und Roth, 2001; Sturma, 2006). Die beiden Positionen bestätigen sich letzten Endes gegenseitig, bei mancher Divergenz im Einzelnen.

Die neurowissenschaftliche Gleichsetzung von Ich und Bewusstsein treibt manchmal seltsame Blüten. In demselben oben ironisch kommentierten Buch »Rätsel Ich« lese ich einen Artikel des Neurowissenschaftlers Koch über »Zombie-Systeme«. Damit sind neuronale Systeme gemeint, die, ohne dass die bewusste Wahrnehmung davon Notiz nimmt, eine Feinabstimmung von motorischen Abläufen ermöglichen: subliminale Abschätzungen der Bodenbeschaffenheit beim Gehen im Dunkeln oder der Steilheit einer Steigung usw. Koch nennt diese letzteren videomotorische Systeme, die schneller und effizienter arbeiten als die bewusste Wahrnehmung. Es sind eindrucksvolle Beispiele dafür, wie viel in unserem Leben »unbewusst« (um Konnotationen zu psychoanalytischen Begriffen zu vermeiden, sagt Koch: »nicht bewusst«) abläuft. Eindrucksvoll – doch warum bloß nennt er all diese autonomen Regulationen »Zombie-Systeme«? Ein Zombie ist ja ein wiederbelebter Toter oder auch eine Kraft, die einen Toten wiederbelebt (Koch, 2007, S. 268) – was alles auf diese Systeme keineswegs zutrifft. Verräterisch, wie Koch auf diese abstruse Benennung gekommen ist: »Die bloße Existenz von scheinbar komplexem Verhalten besagt nicht unbedingt, dass das Subjekt Bewusstsein hat« – vielleicht sind das strahlende Lächeln eines Kleinkindes oder das freudige Schwanzwedeln eines Hundes ja nur »automatische Reaktionen«. Was nicht bewusst ist, obwohl es wie bewusst aussieht, ist »Zombie« – so die verquere Logik.

Das Beispiel zeigt mit aller Deutlichkeit, wohin die Gleichsetzung von Ich und Bewusstsein führt – zu einer Dämonisierung der unbewussten bzw. nichtbewussten Lebensvorgänge. Die Denkfigur als solche ist altbekannt: Automaten, die »wie lebendig« agieren, sind ein beliebtes Thema bei E. T. A. Hoffmann, und Freud hat das Motiv in seiner Abhandlung »Das Unheimliche« wieder aufgegriffen. Hier aber – und das ist das geradezu Perverse – erscheinen die Lebensvorgänge selbst unter dem Vorzeichen des Automatenhaften und damit ins Unheimliche, »Zombiehafte« verzerrt. Verkehrte Welt!

3.2.3 Das erweiterte Ich: Proto-Subjekt und reflexives Subjekt

Um begrifflichen Monstrositäten wie dem »Zombie in uns« vorzubeugen, erscheint eine Erweiterung der Vorstellung von »Ich« unausweichlich. Wenn ich »ich« sage, zeige ich damit nicht nur auf mich als den Sprecher, ich meine nicht nur meine selbstbezogenen Kognitionen, sondern irgendwie alles, was meinen Namen trägt und von meiner Haut umschlossen wird. Nicht nur das, was ich von mir weiß, auch die autonomen Mechanismen und Regulationen, die unerkannt ablaufen, auch die Spuren und Narben, die das Leben an diesem psychophysischen System namens Günther Bittner hinterlassen hat, ohne dass er notwendigerweise davon wissen muss. Diese Spuren sind zugleich die Bildungsprozesse im Sinne meiner Titelformulierung »Das Leben bildet«.

An dieser Umschreibung des Ich ist lediglich ein Wort falsch und muss sogleich zurückgenommen werden: das »psychophysische System«. Das ist eine unbeabsichtigte Anleihe bei Roth, Singer und Co.; eine verdinglichende Bezeichnung von außen her, die unterschlägt, dass »Ich« stets ein Subjektives, von innen her Wahrgenommenes ist, das sich am besten in die Worte fassen lässt: »Mich gibt's. Ich bin da. Ich lebe.«

Aha, werden die Philosophen sagen: Also doch eine selbstbezogene Kognition! Nicht unbedingt, antworte ich. Mein Problem ist, dass ich, um es niederschreiben zu können, etwas in Worten ausdrücken muss, in denen es vom jeweils betroffenen Subjekt nicht notwendigerweise gedacht wird. Nur wenn man es in Worte fassen *wollte*, was man nicht muss, könnte es etwa so lauten.

Dieses »Mich gibt's. Ich bin da« ist ein Gefühl (vgl. Bittner, 2003), das ich auch Menschen unterstelle, die es nicht in der obigen Weise ausdrücken können, etwa Babys oder geistig schwer Behinderten, die der Sprache nicht mächtig sind. »Ich« ist auf einer ersten vorsprachlichen Ebene ein Sich-zum-Ausdruck-Bringen mit seinen Lebensäußerungen. Wenn ein gesunder Mensch »etwa einen Haufen Kot macht oder länger als notwendig schreit, um sich am Klang seiner Stimme zu erfreuen. Im augenblicklich bezogenen Leben eines geistig zurückgebliebenen Kindes ist es ebenso vorhanden« (Winnicott, 1974, S. 82). Wenn also schon Kognition, dann ist dieses »Ich bin da, ich bin lebendig« keine klare und distinkte, sprachlich formulierbare, wie sie die Philosophen und Kognitionspsychologen lieben, sondern eine Art Proto-Kognition eines Proto-Subjekts.

Was ich hier – unter genetischer Perspektive – als Proto-Subjekt bezeichne, habe ich sonst »Grund-Ich« genannt, dem ich teils das bewusste Ich, teils das Alltags-Ich oder auch das konventionelle Ich (die Jung'sche »Persona«) gegenüberstellte. Mein Anliegen war dabei

ein doppeltes: einerseits die monolithische Einheit des Ich aufzubre-
chen, wie sie von traditionellen personalistischen Philosophen konzipiert wurde, das Ich als ein fluktuierendes und je nach situativer und
biographischer Konstellation changierendes vor Augen zu führen
(Rombach, 1987), und andererseits die Enge der Bewusstseinsphilo-
sophien und -psychologien zu unterlaufen, die die leibgebundenen
»automatischen« Abläufe zum psychischen Ausland oder gar neuerdings zum »Zombie in uns«, d. h. zu einer Art Gruselgestalt erklären.

Weil meine rein intuitiv oder introspektiv entwickelte Spekulation über das »doppelte Ich« (Grund-Ich und bewusstes Ich) schon
immer quer zu den allgemein akzeptierten Auffassungen stand (in
den 1970er Jahren quer zu Freuds Ich/Es/Über-Ich, neuerdings zur
Gleichsetzung von Ich und selbstbezogener Kognition), hielt ich
schon frühzeitig Ausschau nach externalen Bestätigungen. Die
Neurowissenschaft in der zweiten Hälfte des 20. Jahrhunderts bot
mir kaum Anknüpfungspunkte; ich musste erheblich weiter zurückgehen und fand solche Bestätigungen bei den frühesten Ansät-
zen neurowissenschaftlicher Forschung in der romantischen Medizin (vgl. Bittner, 1977, S. 44 ff.). Diese postulierte eine Zweigeteiltheit
des Nervensystems in Cerebralsystem und Gangliensystem, die in
einer nur lockeren Verbindung stehend gedacht wurden. Das Gangliensystem entspricht dem, was wir heute das vegetative Nervensystem nennen. Der Name »autonomes Nervensystem«, wie das
Vegetativum heute noch, vor allem im Englischen, bezeichnet
wird, stammt aus dieser Epoche (damals ohne alle Zombie-Assozi-
ationen!). In dieser Zweiheit von corticalem und limbischem System meinte ich das neuronale Pendant der von mir postulierten
Zweiheit von Grund-Ich und bewusstem Ich zu finden.

Im Kontext der heutigen Neurowissenschaft gewinnt diese
Zweiheit bzw. Multiplizität der neuronalen Systeme neue Aktualität. Die Neurowissenschaft des 20. Jahrhunderts hatte hierarchisch
gedacht. Zentrales Steuerungssystem war der Cortex. Lediglich
rein vitale Anpassungsleistungen wurden durch über das Rücken-
mark oder allenfalls über die tiefer gelegenen Hirnzentren kurz-
geschlossene Reflexbögen vollbracht. Eine Zweiheit oder gar Viel-
heit regulierender neuronaler Systeme war nicht vorgesehen.

Im Kontext der neueren neurowissenschaftlichen Modelle gewinnt diese Multiplizität neuronaler Systeme neues Interesse (vgl. Bittner, 2008a); insbesondere die Zweiheit von corticalem und limbischem System. Das limbische System wird heute als zuständig für die erste Grobbewertung von Information jeglicher Art angesehen (Markowitsch und Welzer, 2005, S. 68).

Linke schreibt: »Die Amygdala bekommt eine herausragende Rolle [...] Relativ ungeschützt wird sie den sensorischen Informationen ausgeliefert und entwickelt [...] eine Strategie der Ja-Nein-Schaltung, des Abwehrens als feindlich und des Annehmens als freundlich [...] Sie ist der Ort, an dem Freund-Feind-Schemata ihre schwer überholbare Realisierung finden« (2003/2005, S. 90).

Was im Einzelnen als feindlich oder freundlich klassifiziert wird, ist weitgehend das Ergebnis biographischer Lernprozesse, so dass sich in diesem Bereich der Amygdala ein Proto-System der Bewertungen – oder sagen wir besser: ein Proto-Selbst, das Bewertungen vornimmt – etabliert. Erst nach der Vorprüfung durch dieses »Unter-Ich« (in Analogie zum Freud'schen Über-Ich) werden die Informationen an die Großhirnrinde zwecks Ablagerung weitergeleitet (vgl. Markowitsch und Welzer, 2005, S. 88).

Dieses Zusammenwirken von Grund-Ich und reflexivem Ich, von Cortex und Amygdala spielt eine wichtige Rolle für das Zustandekommen ebenso wie für das Verstehen autobiographischer Erzähltexte. Das autobiographische Ich, das sich anschickt, sein Leben zu erzählen, ist nach Härtling (2003) ein »aufgestuftes Ich«. Das Ich des gegenwärtigen Erzählers begegnet im autobiographischen Erinnern diversen früheren Ichs: »Das Ich des Kindes, des Dreißigjährigen, des Fünfzigjährigen – gegen das Ich des alten Mannes, der aus der Entfernung der Jahre beobachten kann, wie sein Ich, das er spürt [...] ungezählte Vorgänger hat« (S. 10).

Die einzigartige Position des Autobiographen besteht darin, dass er bei diesem Sich-an-sich-selbst-Erinnern aus zwei Quellen schöpfen kann: auf der einen Seite aus der expliziten Erinnerung an Fakten und Szenen, die mein damaliges Ich betreffen, die ich wissen kann wie andere Dinge auch (»cortical«); und auf der anderen Seite aus dem Ich-Gefühl des Dreißig- oder Fünfzigjährigen, das ich manch-

mal in mir noch spüren kann (»limbisch«). Markowitsch nennt dies
Letztere eine affektive Erinnerung, »wenn wir in bestimmten
Momenten [...] in eine besondere Stimmung unserer Vergangenheit
zurückgeführt werden« (Markowitsch und Welzer, 2005, S. 244).

Diese zwei Quellen des Erinnerns – aus der Außen- und der
Innenperspektive – ermöglichen für die autobiographische Selbstvergegenwärtigung ein gleichsam stroboskopisches Bild mit räum-
licher Tiefe, das durch den Abgleich von Informationen kognitiver
und affektiver Beschaffenheit, durch das Zusammenspiel von
Proto-Subjekt und reflexivem Subjekt zustande kommt. Auch der
Biographienleser bzw. -forscher müsste die Fähigkeit idealiter in
sich ausbilden, die Botschaften des Erzähltexts und des affektiven
Subtexts gleichzeitig aufzunehmen und wiederum bei sich zu
einem solchen stroboskopischen Bild zu verschmelzen.

3.3 Nochmals: Benjamins »Berliner Kindheit«

»Ich« ist in seinem innersten Kern ein Gefühl: Ich bin da, mich
gibt's, ich lebe – ein Gefühl, das immer wieder einmal, aber längst
nicht immer und nicht notwendig bei allen Menschen, sich sprachlich reflexiv artikuliert und gedanklich reflektiert (Bittner, 2003).
Längst nicht alle verfassen explizite autobiographische Erzähltexte.

Wo aber solche vorliegen, wie in Benjamins Erzählbeispiel, da
ist das Ich, von dem erzählt wird, vorgängig eine Gefühlslage, fluk-
tuierend, wie Gefühlslagen eben sind: der kleine Junge, der durch
die Gänge schleicht, sich schuldig daran fühlt, dass die Uhr so
»falsch« aussieht, der sich ausgeschlossen, geradezu seiner Exis-
tenzberechtigung beraubt fühlt. Reflexionselemente sind zwar
auch vorhanden, vorgängig aber ist die Mitteilung einer besonderen Befindlichkeit, die eher den Leser zu reflektierendem Nachvoll-
zug einlädt, als dass sie selbst reflexiv wäre.

Überhaupt war Benjamin ein Meister im Ausdruck solcher
emotionaler Befindlichkeiten, wie sich auch an einer weiteren

Erzählepisode zeigen lässt. Sie ist überschrieben mit »Schmetterlingsjagd«. Er erinnert sich, wie die Familie, ehe er zur Schule ging, im Sommer Wohnungen in der Umgebung von Berlin bezog. »An sie erinnerte noch lange an der Wand meines Knabenzimmers der geräumige Kasten mit den Anfängen einer Schmetterlingssammlung. [...] Kohlweißlinge mit abgestoßenen Rändern, Zitronenfalter mit zu blanken Flügeln vergegenwärtigten die heißen Jagden, die mich so oft von den gepflegten Gartenwegen fort in eine Wildnis gelockt hatten, in welcher ich ohnmächtig der Verschwörung von Wind und Düften, Laub und Sonne gegenüberstand, die dem Flug der Schmetterlinge gebieten mochten« (Benjamin, 1987, S. 20).

Er schildert das Jagdfieber, das ihn packte, bis er seiner Beute habhaft war und sie mit Äther, Watte, Pinzette und Nadeln für seine Sammlung präpariert hatte. »Und wie lag das Revier hinter meinem Rücken! Gräser waren geknickt, Blumen zertreten worden; der Jagende selber hatte als Dreingabe den eigenen Körper seinem Kescher nachgeworfen; und über so viel Zerstörung, Plumpheit und Gewalt hielt zitternd und dennoch voller Anmut sich in einer Falte des Netzes der erschrockne Schmetterling. Auf diesem mühevollen Wege ging der Geist des Todgeweihten in den Jäger ein« (S. 21).

Was hier zur Sprache kommt, ist gewiss nicht fotografisch getreu das Erleben des Fünfjährigen, der auf Schmetterlingsjagd ging. Es ist die Begegnung des sprachmächtigen Erwachsenen mit dem Erleben des Kindes, das er einmal war. Er schaut diesem Kind gewissermaßen über die Schulter und leiht ihm seine Erwachsenenworte – die Worte eines sensiblen sprachbegabten Literaten. Dennoch wäre es falsch zu sagen, er habe sein Kindheitserleben vom Erwachsenenstandpunkt aus »konstruiert«, er habe, mit Max Frisch zu sprechen, eine Geschichte erfunden, die er »für sein Leben hält«. Die Geschichte gestaltet vielmehr ein Erinnerungsbild, das er in seinem Kopf vorfindet, mit den sprachlichen Mitteln der Jetzt-Zeit. Die Kinder- und die Jetzt-Zeit-Perspektive lassen sich nicht restlos auseinanderdividieren.

Was er inhaltlich zum Ausdruck bringen will, ist dies: Der Jagdinstinkt lässt das Kind den eigenen Körper dem Kescher nachwer-

fen: »Je mehr ich selbst in allen Fibern mich dem Tier anschmiegte,
je falterhafter ich im Innern wurde, desto mehr nahm dieser
Schmetterling in Tun und Lassen die Farbe menschlicher Ent-
schließung an« (S. 20 f.). Das Jagdfieber lässt Mensch und Tier,
Jäger und Gejagtes verschmelzen; das Kind wird »falterhaft«; der
Schmetterling wird quasi zum Menschen. »Die fremde Sprache, in
welcher dieser Falter und die Blüten vor seinen Augen sich verstän-
digt hatten – nun hatte er einige Gesetze ihr abgewonnen« (S. 21).

Darin liegt zugleich eine subtile Aussage über das Bildende
solcher Erlebnisse. Nicht, dass er nun als Resultat seiner Schmet-
terlingsjägerei einen Kohlweißling von einem Pfauenauge unterscheiden kann, sondern dieses Überschreiten der eigenen und
Hineingehen in eine fremdartige Existenz, um etwas von deren
Gesetzen zu erfassen. Etwas Ähnliches mag Hesse gemeint haben,
als er sagte, er sei bei den Apfelbäumen, bei Wind und Regen usw.
in die Schule gegangen.

Anstelle eines Fazits

Einen eindrucksvollen Text von Benjamin zum »autobiographischen Ich« verdanke ich einer frühen Arbeit von Schulze. Benjamin
hatte in nachgelassenen Aufzeichnungen zu seiner »Berliner Kindheit« darüber reflektiert, wie es kommt, dass Altgewohntes oft vergessen wird, anderes aber, was nur kurz dauerte, plötzlich mit großer Klarheit in der Erinnerung aufblitzt:

»Im Mittelpunkt dieser seltenen Bilder aber stehen stets wir
selbst. Und das ist nicht so rätselhaft, weil solche Augenblicke
plötzlicher Belichtung gleichzeitig Augenblicke des Außer-Uns-
Seins sind, und während unser waches, gewohntes, taggerechtes
Ich sich handelnd oder leidend ins Geschehen mischt, ruht unser
tieferes an anderer Stelle [!] und wird vom Schock betroffen wie das
Häufchen Magnesiumpulver von der Streichholzflamme. Dies
Opfer unseres tiefsten Ichs im Choc ist es, dem unsere Erinnerung

ihre unzerstörbarsten Bilder zu danken hat« (Benjamin, 1974, S. 115, zit. nach Schulze, 1979, S. 138).

In diesen Sätzen ist alles versammelt, was ich in diesem Kapitel ausführen wollte: Die zentrale Stellung des autobiographischen Ich in seinen relevanten Erinnerungen (Schlüsselerlebnissen), der Schulze in seinen späteren Arbeiten nur noch wenig Aufmerksamkeit geschenkt hat, und vor allem die Gestuftheit dieses Ich: sein Zerfallen in solchen Grenzerlebnissen in das »taggerechte« und das tiefere, das noch dazu als »an anderer Stelle« existierend gedacht wird.

Was Benjamin das »Außer-Kurs-Sein« nennt, ist offensichtlich das Herausfallen aus dem »taggerechten« Ich und seinen gewohnten Verrichtungen, das zugleich einen Lichtblitz auf das »tiefere« bzw. »tiefste« Ich wirft, das in diesen signifikanten Erinnerungen momenthaft aufscheint. Ähnlich drückte es schon Jean Paul in seinem Autobiographie-Fragment aus: »Da hatte mein Ich zum ersten Male sich selber gesehen und auf ewig« (Jean Paul, 1820/1975, S. 1061).

4 Die klassisch-idealistische Epoche:
Bildung ist Leben, Leben ist Bildung

Vor nicht allzu langer Zeit hat Johanna Hopfner (1999) gezeigt, wie zentrale pädagogische Begriffe (bei ihr »das Subjekt« bzw. auch »das Ich«) im Rückgriff auf Denkweisen der klassischen Epoche für das gegenwärtige Erziehungsdenken fruchtbar gemacht werden können. Hopfner hat allerdings bei ihrer Erörterung die Subjekte (bzw. Ichs) einseitig als erkennende, nicht als biographische im Blick; sie vergleicht diesbezüglich die Denkweisen von Herbart und Schleiermacher.

Wenn ich mir hier vorgenommen habe, das Ich als ein biographisches und individuelles vor Augen zu führen, als eines, das sein Leben lebt, sich in diesem »sein Leben leben« bildet und diese Bildungsprozesse narrativ zu vergegenwärtigen, zu reflektieren und zu bewerten vermag, sehe ich mich ebenfalls auf die klassische Epoche als Ausgangspunkt verwiesen.

In Klafkis »Überlegungen zur klassischen Bildungstheorie in ihrer Bedeutung für ein Konzept allgemeiner Bildung« (1985) wird das Biographische des Bildungsprozesses unter Bezugnahme auf Gamms Goethe-Studie (1980) wenigstens mit dem einen Satz gestreift, dass »die Bildungstheoretiker der deutschen Klassik den Bildungsprozess als unabschließbar, als einen die gesamte Lebenszeit des Menschen umfassenden Vorgang und Auftrag betrachteten« (S. 23). Von einer systematischen Würdigung dieses biographischen Aspekts ist diese Feststellung allerdings weit entfernt.

In der Tat hatte Goethe den Zusammenhang des Individuellen mit dem (Auto-)Biographischen im Lebens- und Bildungsprozess klar gesehen. »Das Allgemeine findet sich von selbst, dringt sich auf, vermehrt sich. Wir benutzen's, aber wir lieben es nicht. Wir lieben nur das Individuelle; daher die große Freude an Vorträgen, Bekenntnissen, Memoiren, Briefen und Anekdoten« (Goethe, Bd. 10, S. 536).

Dieser sonst in der pädagogischen Klassik-Rezeption eher vernachlässigte Zug – die Bildungsgeschichte eines Menschen als eine

je individuelle biographische und deshalb nur als Erzählung zu
vergegenwärtigende zu verstehen – soll hier also an den Beispielen
von Goethe und von Wilhelm von Humboldt sowie am literarischen Projekt des Bildungsromans beleuchtet werden.

4.1 Goethe: »Dichtung und Wahrheit« – eine autobiographisch erzählte Bildungsgeschichte

Mit einigem Zagen gehe ich daran, bei Goethe jene Facette seines
Verständnisses von Bildung herauszupräparieren, an die ich im
Vorliegenden anknüpfe. Das Zagen rührt zum einen daher, dass
der Begriff »Bildung« damals gerade zum Mode- und Allerweltsbe-
griff wurde, der in allen Facetten schillerte. »Bilden« bezeichnete
die Tätigkeit des Handwerkers und des Künstlers, die Entwicklung
eines natürlichen Organismus, und gerade bei Goethe in Analogie
zur naturwissenschaftlichen Betrachtungsweise die Ausdifferen-
zierung eines Erscheinenden (z. B. die »edle Bildung« eines Gesichts), die auch seine pädagogische Vorstellung von Bildung bestimmte. »Ist doch auch der Mensch ›geprägte Form, die lebend
sich entwickelt‹« (Trübner, 1939, Bd. 1, S. 336).

Das Zagen rührt zweitens daher, dass auch Goethes eigene Be-
griffsverwendung oszilliert. Manchmal bezeichnet er mit dem Wort
den Erwerb von »Kenntnissen« (z. B. Goethe, Bd. 7, S. 372), dann wieder diese »geprägte Form« eines Menschen, auch die Tätigkeit des
Künstlers, z. B. spricht er einmal von einem »poetischen Bildungstrieb«.

Der dritte Punkt der Unsicherheit: Goethe ist als Klassiker der
Pädagogik etwas aus der Mode gekommen; Reble (1951), Flitner
(1948) und Gamm (1980) würdigten ihn noch; in Scheuerls Klassi-
kersammlung ist er ebenso wenig wie Schiller zu finden.

Doch es geht mir lediglich um eine Facette in Goethes Bildungsdenken, die ich etwa so umreiße: Bildung ist ein Geschehen
im Leben, daraus resultierend eine Geschichte, die erzählt werden
kann, autobiographisch oder im (später sogenannten) Bildungs-

roman. Daher wird sich die vorliegende Skizze, nach einem kurzen Blick auf das Gedicht »Urworte. Orphisch« (Goethe, Bd. 1, S. 359 f.), auf Goethes autobiographische Schriften, vor allem »Dichtung und Wahrheit«, beziehen und erst im späteren Kapitel über den Bildungsroman auf den »Wilhelm Meister«.

4.1.1 Bildung: »Geprägte Form, die lebend sich entwickelt«

Im Hintergrund der »Urworte. Orphisch« (vgl. Goethes eigene Kommentierung, Bd. 1, S. 403–407) klingt ein altägyptischer Glaube an, dass bei der Geburt eines Menschen die vier Götter Dämon, Tyche, Eros und Ananke bei ihm, und das heißt wohl schicksalsbestimmend seien (S. 721). Dämon bezeichnet die Individualität, das Unwandelbare, das »Gesetz, wonach du angetreten«; Tyche das Zufällige und Wandelbare, das Gesellschaftliche: »Nicht einsam bleibst du, bildest dich gesellig/ und handelst wohl so, wie ein anderer handelt.« In heutigen Begriffen also Entwicklung und Sozialisation; die letztere von Goethe freilich etwas ironisch abgewertet: »Es ist ein Tand und wird so durchgetandelt.«

Das zweite Polaritätenpaar ist jenes, das auch Freud nahe berührte: Eros, der »nicht ausbleibt« und das Herz »verschweben« lässt, während die Göttin Ananke auf den Boden zurückholt und uns notgedrungen »wollen« lässt, »weil wir eben sollten«.

Damit sind im Gedicht die Dimensionen aufgespannt, in denen menschliches Leben sich ausbildet und wieder »einrollt«, bis die »höchst widerwärtige Pforte« des Todes sich entriegelt.

4.1.2 Die »Stufen meiner Bildung«

Unter der Perspektive der pädagogischen Biographieforschung geht es um den pädagogischen Ertrag der autobiographischen Schriften, vor allem von »Dichtung und Wahrheit« – eine Aufgabe, die meines Wissens noch nicht in Angriff genommen wurde. Trunz, der Herausgeber der Hamburger Goethe-Ausgabe, überakzentuiert einen

Gegensatz zwischen religiösen Autobiographien, von Augustin angefangen bis in die pietistisch beeinflussten Werke der Goethezeit
hinein, die angeblich um das eigene Ich kreisen, während bei Goethe meist gar nicht dieses Ich geschildert sei, sondern die Umwelt:
»Immer findet der Verfasser sein Ich nur in der Begegnung mit der
Welt« (Trunz in: Goethe, Bd. 9, S. 634 ff.). In der Tendenz zwar zutreffend, verleitet ihn diese Blickrichtung dazu, unzweifelhaft Ich-
Bezügliches vor allem in der Kindheitsgeschichte (S. 11 f., 36 f.,
68 ff.) in seiner Kommentierung zu ignorieren.

Goethe schreibt die Geschichte seiner Bildung und hofft, damit
zugleich die Bildung seiner Leser zu fördern: »Meine biographischen Eröffnungen haben die Wirkung getan, die ich hoffte, indem
[...] man auch nunmehr darin die Stufen meiner Bildung aufsucht,
die man um so mehr zu eigenem Vorteil zu erkennen strebt, als so
manche Jüngere sich an mir gebildet zu haben mit Offenheit und
Vergnügen gestehen«, schreibt er am 21. Dezember 1814 an den
Verleger Cotta (Goethe, Bd. 10, S. 559). Ähnlich in einem früheren
Brief: »Bei der Art, wie ich die Sache behandle, mußte notwendig
die Wirkung erscheinen, daß jeder, der das Büchlein liest, mit Gewalt auf sich selbst und seine jüngeren Jahre zurückgeführt wird«
(S. 553). Mit anderen Worten: Er will die Stufen *seiner* Bildung darstellen, und zwar so, dass andere sich an ihm bilden und »mit Gewalt« (!) auf sich selbst zurückgeführt werden – ich-vergessen kann
man eine solche Art des Schreibens kaum nennen.

Ich beschränke mich im Folgenden auf die Einleitung, worin er
den Sinn und die Absicht seines autobiographischen Projekts dar-
legt, und einige wenige Episoden und Passagen, vor allem aus der
Kindheit, die entgegen der Meinung von Trunz die Beziehung des
Werkes (auch) auf das Ich und seine Bildung belegen.

Die Einleitung nimmt Bezug auf Wünsche, die an ihn herange-
tragen wurden, dass er, der hoch berühmte Dichter, dessen Werke
allen Gebildeten vertraut waren, sich selbst, seinen persönlichen
Hintergrund, »die Lebens- und Gemütszustände, die den Stoff
dazu hergegeben«, die Beispiele, welche auf ihn gewirkt haben, »die
theoretischen Grundsätze, denen er gefolgt« sei, darstelle (Goethe,
Bd. 9, S. 8).

Er habe sich spontan entschlossen, diesem Wunsch zu entsprechen. Indessen erwies sich das Unternehmen als unvermutet schwierig: »Indem ich [...] mich bemühte, die innern Regungen, die äußern Einflüsse, die [...] von mir betretenen Stufen der Reihe nach darzustellen: so ward ich aus meinem engen Privatleben in die weite Welt gerückt.« Bedeutende Menschen, ja die Geschehnisse des Weltlaufs »mußten vorzüglich beachtet werden«.

»Denn dieses scheint die Hauptaufgabe der Biographie zu sein, den Menschen in seinen Zeitverhältnissen darzustellen, und zu zeigen, inwiefern ihm das Ganze widerstrebt; inwiefern es ihn begünstigt, wie er sich eine Welt- und Menschenansicht daraus gebildet.« »Hiezu wird aber ein kaum Erreichbares gefordert, daß nämlich das Individuum sich und sein Jahrhundert kenne, sich, inwiefern es unter allen Umständen dasselbe geblieben, das Jahrhundert, als welches sowohl den Willigen als Unwilligen mit sich fortreißt, bestimmt und bildet« (S. 9).

In diesen Sätzen klingt das Motiv von Dämon und Tyche an, wie es auch in »Urworte. Orphisch« erscheint: das Ich, das Individuum, das Unwandelbare, wie es von den Zeitläufen mitgerissen, gehemmt oder vorangebracht wird. Das biographische Ich schwimmt mit im Strom der Geschichte, die Selbstbezüglichkeit alles Begegnenden wird aber darüber nicht aus dem Blick verloren. Eine Beschreibung des autobiographischen Projekts einer Bildungsgeschichte, wie sie auch heute noch Bestand haben kann.

Nicht unerwähnt bleiben darf das vorangestellte Motto dieses ersten Teils von »Dichtung und Wahrheit«, das die Absicht signalisiert, eine Geschichte seiner Erziehung und Bildung zu erzählen. Es ist ein Vers des griechischen Originals aus einer Komödie Menanders, der in der deutschen Übersetzung lautet: Wer nicht geschunden wird, wird auch nicht erzogen (S. 7).

4.1.3 Die Kindheit eines Dichters

»Am 28. August 1749, mittags mit dem Glockenschlage zwölf, kam ich in Frankfurt am Main auf die Welt. Die Konstellation war

glücklich; die Sonne stand im Zeichen der Jungfrau, und kulmi-
nierte für den Tag; Jupiter und Venus blickten sich freundlich an,
Merkur nicht widerwärtig; Saturn und Mars verhielten sich gleich-
gültig: nur der Mond, der soeben voll ward, übte die Kraft seines
Gegenscheins [...].

Diese guten Aspekten, welche mir die Astrologen in der Folge-
zeit sehr hoch anzurechnen wussten, mögen wohl Ursache an mei-
ner Erhaltung gewesen sein: denn durch Ungeschicklichkeit der
Hebamme kam ich für tot auf die Welt, und nur durch vielfache
Bemühungen brachte man es dahin, dass ich das Licht erblickte«
(S. 10).

Was hier erzählt wird, ist ein »Mythos von der Geburt des Helden« (Rank, 1909): Ein besonderer Mensch kommt zu einer besonderen Zeit auf die Welt und möglichst auch an einem besonderen
Ort. Frankfurt ist nicht schlecht, Glockenschlag zwölf aber ist
wirklich etwas Besonderes. Dazu noch die astrologische Konstellation. Goethe war nicht astrologiegläubig; die Sternzeichen dienten
ihm als symbolische Chiffren, um etwas von seiner Individualität
auszusagen, wiederum ähnlich wie in »Urworte. Orphisch«. Dass
es im Leben Vorbestimmtes, von der eigenen Natur (dem »Dämon«) Vorgezeichnetes gibt, war sicherlich Goethes Überzeugung;
diese floss auch in sein Bildungsverständnis ein.

Die früheste Episode aus seiner Kindheit ist zwar keine »Erinnerung«; sie ist ihm erzählt worden, wie das oft bei solchen frühen
Geschichten der Fall ist (insofern ist der Titel von Freuds Abhandlung über diese Szene [1917b] nicht ganz zutreffend).

»Die Meinigen erzählten gern allerlei Eulenspiegeleien, zu denen mich jene sonst ernsten und einsamen Männer angereizt. Ich
führe nur einen von diesen Streichen an. Es war eben Topfmarkt
gewesen, und man hatte nicht allein die Küche für die nächste Zeit
mit solchen Waren versorgt, sondern auch uns Kindern dergleichen Geschirr im kleinen zu spielender Beschäftigung eingekauft.
An einem schönen Nachmittag, da alles ruhig im Hause war, trieb
ich im Geräms mit meinen Schüsseln und Töpfen mein Wesen,
und da weiter nichts dabei herauskommen wollte, warf ich ein Geschirr auf die Straße und freute mich, daß es so lustig zerbrach. Die

von Ochsenstein, welche sahen, wie ich mich daran ergetzte, daß
ich so gar fröhlich in die Händchen patschte, riefen: ›Noch mehr!‹
Ich säumte nicht, sogleich einen Topf, und auf immer fortwähren-
des Rufen: ›Noch mehr!‹ nach und nach sämtliche Schüsselchen,
Tiegelchen, Kännchen gegen das Pflaster zu schleudern. Meine
Nachbarn fuhren fort, ihren Beifall zu bezeigen, und ich war höchlich froh, ihnen Vergnügen zu machen. Mein Vorrat aber war auf-
gezehrt, und sie riefen immer: ›Noch mehr!‹ Ich eilte daher stracks
in die Küche und holte die irdenen Teller, welche nun freilich im
Zerbrechen noch ein lustigeres Schauspiel gaben; und so lief ich hin
und wider, brachte einen Teller nach dem andern, wie ich sie auf
dem Topfbrett der Reihe erreichen konnte [...] Nur später erschien
jemand, zu hindern und zu wehren. Das Unglück war geschehen,
und man hatte für so viel zerbrochene Töpferware wenigstens eine
lustige Geschichte« (Goethe, Bd. 9, S. 11 f.).

Freuds Deutung dieser Episode, er habe ein jüngeres Geschwis-
terchen zum Fenster hinauswerfen wollen, überzeugt nicht, insofern sie allein aus der Erfahrung mit einem Patienten Freuds abgeleitet wird. In Goethes Text findet sich keine Stütze für diese
Vermutung. Es kann so sein, muss aber nicht.

Eine stimmigere Deutung, die zudem aus dem Text selbst be-
legbar ist, ergibt sich, wenn man diese Episode mit der zweifellos
authentischen Erinnerung an seine spätere Blatternerkrankung nebeneinander hält. »Wie eine Familienspazierfahrt im Sommer
durch ein plötzliches Gewitter auf eine höchst verdrießliche Weise
gestört, und ein froher Zustand in den widerwärtigsten verwandelt
wird, so fallen auch die Kinderkrankheiten unerwartet in die
schönste Jahreszeit des Frühlebens. Mir erging es auch nicht anders. Ich hatte mir eben den ›Fortunatus‹ mit seinem Säckel und
Wünschhütlein gekauft, als mich ein Missbehagen und ein Fieber
überfiel, wodurch die Pocken sich ankündigten. [...] Der ganze
Körper war mit Blattern übersäet, das Gesicht zugedeckt, und ich
lag mehrere Tage blind und in großem Leiden. Man suchte die
möglichste Linderung, und versprach mir goldene Berge, wenn ich
mich ruhig verhalten und das Übel nicht durch Reiben und Krat-
zen vermehren wollte. Ich gewann es über mich; indessen hielt man

uns, nach herrschendem Vorurteil, so warm als möglich, und schärfte dadurch nur das Übel. Endlich, nach traurig verflossener Zeit, fiel es mir wie eine Maske vom Gesicht, ohne daß die Blattern eine sichtbare Spur auf der Haut zurückgelassen; aber die Bildung war merklich verändert. Ich selbst war zufrieden, nur wieder das Tageslicht zu sehen, und nach und nach die fleckige Haut zu verlieren; aber andere waren unbarmherzig genug, mich öfters an den vorigen Zustand zu erinnern; besonders eine sehr lebhafte Tante, die früher Abgötterei mit mir getrieben hatte, konnte mich, selbst noch in späteren Jahren, selten ansehen, ohne auszurufen: ›Pfui Teufel! Vetter, wie garstig ist Er geworden!‹ Dann erzählte sie mir umständlich, wie sie sich sonst an mir ergetzt, welches Aufsehen sie erregt, wenn sie mich umhergetragen; und so erfuhr ich frühzeitig, daß uns die Menschen für das Vergnügen, das wir ihnen gewährt haben, sehr oft empfindlich büßen lassen« (S. 36 f.).

Mir scheint, in beiden Episoden geht es um das Los des späteren Dichters, des Künstlers überhaupt, der die Menschen unterhalten und ihnen Vergnügen bereiten will, der schon als Kind um einer lustigen Anekdote willen das ganze Küchengeschirr zerdeppert und der sich, in der zweiten Episode, mit gutem Grund darüber beklagt, dass einen die Menschen dafür büßen lassen, wenn man sich nicht jederzeit als hübsch und unterhaltsam präsentiert.

Eine weitere, ebenfalls in der Kommentierung von Trunz übergangene Geschichte enthält den ganzen Freud'schen »Familienroman« ironisch in Bezug gesetzt zum eigenen Dichtertalent: Jungen aus der Nachbarschaft hätten angeblich von ihren Eltern gehört, sein Vater sei gar nicht wirklich der Sohn seines Großvaters gewesen, sondern die Frucht eines illegitimen Verhältnisses seiner Großmutter. Ihm selbst hätte es nicht missfallen, »der Enkel irgendeines vornehmen Herrn zu sein«, und er suchte eifrig nach entsprechenden Hinweisen.

»Meine Großmutter mußte eine sehr schöne Frau gewesen sein [...]. Auch erinnerte ich mich, in ihrem Zimmer das Miniaturbild eines schönen Herrn, in Uniform mit Stern und Orden, gesehen zu haben, welches nach ihrem Tode mit vielen andern kleinen Gerätschaften [...] verschwunden war. Solche wie manche andre Dinge baute ich mir in meinem kindlichen Kopfe zusammen, und übte frühzeitig genug jenes moderne Dichtertalent, welches durch eine abenteuerliche Verknüpfung der bedeutenden Zustände des menschlichen Lebens sich die Teilnahme der ganzen kultivierten Welt zu verschaffen weiß« (S. 70).

Fragen konnte er niemanden, um sich Gewissheit zu verschaffen; also verfiel er auf die Methode, alle Miniaturbildchen von Fürsten und anderen adligen Herren aus der Umgebung, deren er habhaft werden konnte, auf Ähnlichkeiten mit seinem Vater und mit sich selbst hin zu prüfen. Auch hier schließt er wieder, wie so oft, die allgemeinere lehrhafte Betrachtung an: »So wahr ist es, daß alles, was den Menschen innerlich in seinem Dünkel bestärkt, seiner heimlichen Eitelkeit schmeichelt, ihm dergestalt höchlich erwünscht ist, daß er nicht weiter fragt, ob es ihm sonst auf irgend eine Weise zur Ehre oder zur Schmach gereichen könne« (S. 71).

4.1.4 Das Dämonische als Lebensprinzip

Vom Schluss der Erzählung noch ein Textstück ganz anderer Art. Es nimmt in gewisser Hinsicht das Thema der Einleitung wieder auf. Goethe hatte das Individuum in seinen Zeitverhältnissen darstellen wollen, »inwiefern ihm das Ganze widerstrebt, inwiefern es ihn begünstigt« habe. Nun folgt in der Schlusspassage sozusagen die Antwort auf die eingangs aufgeworfene Frage nach dem Wechselspiel von Dämon und Tyche im Sinn des »Urworte«-Gedichts: eine Antwort, die all das Kontingente zeitgeschichtlicher Einflüsse weit hinter sich lässt und sich auf das autobiographische Subjekt selbst zurückwendet:

»Er glaubte in der Natur, der belebten und unbelebten, der beseelten und unbeseelten, etwas zu entdecken, das sich nur in Widersprüchen manifestierte und deshalb unter keinen Begriff, noch viel weniger unter ein Wort gefasst werden könnte. Es war nicht göttlich, denn es schien unvernünftig, nicht menschlich, denn es hatte keinen Verstand, nicht teuflisch, denn es war wohltätig, nicht englisch, denn es ließ oft Schadenfreude merken. Es glich dem Zufall, denn es bewies keine Folge, es ähnelte der Vorsehung, denn es deutete auf Zusammenhang. Alles, was uns begrenzt, schien für dasselbe durchdringbar, es schien mit den notwendigen Elementen unsres Daseins willkürlich zu schalten, es zog die Zeit zusammen und dehnte den Raum aus. Nur im Unmöglichen schien es sich zu gefallen und das Mögliche mit Verachtung von sich zu stoßen. Dieses Wesen, das zwischen alle übrigen hineinzutreten, sie zu sondern, sie zu verbinden schien, nannte ich dämonisch, nach dem Beispiel der Alten und derer, die etwas Ähnliches gewahrt hatten. Ich suchte mich vor diesem furchtbaren Wesen zu retten, indem ich mich, nach meiner Gewohnheit, hinter ein Bild flüchtete« (Goethe, Bd. 10, S. 175 f.).

Dass er sich »hinter ein Bild flüchtete«, bezieht sich im konkreten Textzusammenhang auf die literarische Figur seines »Egmont«, der ihm als Paradigma dafür dient, wie einer, der seinem »Dämon« folgt, an der ihrerseits vom Dämon geleiteten Widermacht zugrunde geht. Goethe bezieht dies im Schlusssatz des gesamten Buches mit einem Zitat aus dem »Egmont« explizit auf sich selbst: »Wie von unsichtbaren Geistern gepeitscht, gehen die Sonnenpferde der Zeit mit unsers Schicksals leichtem Wagen durch, und uns bleibt nichts als mutig gefaßt, die Zügel festzuhalten« (S. 187).

Dieses Dämonische ist wohl wieder ähnlich dem Dämon aus »Urworte. Orphisch« zu verstehen: das Gesetz, nach dem einer angetreten, als schicksalsbestimmend, als eine »der moralischen Weltordnung, wo nicht entgegengesetzte, doch sie durchkreuzende Macht« (S. 177) – wie »Zettel« und »Einschlag«, so vergleicht dies Goethe mit einem Bild aus der Webersprache (zur Interpretation dieses dunklen Textstücks vgl. auch Gamm, 1980; Blod, 2003).

Etwas Ähnliches ist auch modernen Autobiographienschreibern und -lesern aufgegeben: an der Fülle des autobiographischen Materials etwas vom roten Faden oder der Multiplizität roter Fäden aufzuspulen, der oder die gerade dieses Leben in Bewegung gehalten haben, von dem hier erzählt wird (what »makes him tick«), in jedem einzelnen Fall die Frage nach den heimlichen »Konstrukteuren der Biographie« (Bittner, 1979a) aufzugreifen, den »Einschlag« zum »Zettel« der moralischen Weltordnung, das Zusammen- und

Gegeneinanderspiel vom vernünftig-moralischen Ich und dem Grund-Ich, das zielstrebig seinem dunklen Drang folgt, zu thematisieren.

Fazit

Goethes »Dichtung und Wahrheit« nimmt in der Geschichte der Autobiographie eine Schlüsselstellung ein. Vor ihm gab es, angefangen von Augustins »Bekenntnissen«, religiös nach innen gewandte Autobiographienliteratur. Goethe selbst steht in einer weltlichen, in der Renaissance wurzelnden Tradition autobiographischen Schreibens: Das Ich erfährt sich in und an der Welt. Freilich steht diese Hinwendung zur Welt, wie oben dargelegt, nicht im Gegensatz zur Ich-Bezüglichkeit autobiographischen Erzählens; es ist nur eine andere Art, das eigene Ich zu thematisieren. Goethe stellte sein Leben als einen Zusammenhang dar (der wiederum durch die Selbigkeit des autobiographischen Ich in seiner Erzählung gestiftet wird); die Frage für die heutige Autobiographik ist, ob sie diesen Blick auf *das Leben als einen Zusammenhang* noch zu realisieren vermag.

Interessant ist der Titel, der genau genommen lautet: »Aus meinem Leben. Dichtung und Wahrheit«. Ich verstand ihn zuerst naiv von heute her: Die reine autobiographische Wahrheit sei nicht zu haben; jeder erfinde sich eine Geschichte, frei nach Max Frisch; aber da das auch nicht ganz stimmt, liege die Wahrheit eben in der Mitte: Dichtung *und* Wahrheit. Falsch gedacht, wie mich der Kommentar von Trunz belehrt: »Wahrheit und Dichtung (wie der Titel anfangs lautete), heißt [...]: die Tatsachen und ihr Zusammenhang« (in: Goethe, Bd. 9, S. 611). Dichtung bedeutet demnach so viel wie Deutung, Reflexion.

Indessen, zwei Germanisten, drei Meinungen: Eine beachtenswerte Monographie über »Dichtung und Wahrheit« als poetischen und poetologischen Text (Blod, 2003) bestätigt wiederum das ursprüngliche Verständnis des Titels: Es sei Goethe tatsächlich mehr um Poesie als um autobiographische Wahrheit gegangen, »Dichtung und Wahrheit« sei sein »Lebensmärchen«; diesen Ausdruck

gebrauchte er einmal in Bezug auf dieses Buch in einem Brief an
Frau von Stein (S. 7).

Goethes Vorstellung von Bildung, die der Autobiographie vielleicht mehr noch als dem später zu behandelnden Bildungsroman
»Wilhelm Meisters Lehrjahre« inhärent ist, ist am Kürzesten und
Genauesten zusammengedrängt in dem Gedicht »Urworte. Orphisch« mit seinem Antagonismus von Dämon und Tyche, Eros
und Ananke; oder eben in den zitierten Programmsätzen aus der
Einleitung von »Dichtung und Wahrheit«. Eine Autobiographie als
Bildungsgeschichte hat »den Menschen in seinen Zeitverhältnissen
darzustellen und zu zeigen, inwiefern ihm das Ganze widerstrebt,
inwiefern es ihn begünstigt, wie er sich eine Welt- und Menschenansicht daraus gebildet«.

Ich habe drei Erlebnisse aus seiner Kindheit und Jugend ausgewählt, die als frühe Schlüsselerlebnisse im Werdegang eines Künstlers zusammengehören: die Lust daran, unterhaltsam zu sein; die
Enttäuschung über den Undank, den einer erntet, wenn er es nicht
immer und in jeder Hinsicht sein kann; und den »Familienroman«
des heimlichen Prinzen – alles dies eventuell Züge jenes speziellen
Dämons, der den Künstler durch das Leben leitet.

Ich blicke voraus auf das Kapitel über den Bildungsroman.
Eissler meint, »Wilhelm Meister« – und zwar vor allem der Ur-
Meister »Wilhelm Meisters theatralische Sendung« – drücke viel
mehr Intimes und Persönliches aus als »Dichtung und Wahrheit«.
Der Roman sei stets in gewisser Hinsicht »wahrer« als die Autobio-
graphie (vgl. Eissler, 1985, S. 1582).

Teils hat Eissler recht, teils auch wieder nicht. Er folgt dem psychoanalytischen Denkmuster, die Autobiographie enthalte »nur«
das Manifeste und insofern weniger Bedeutsame, während im
Roman das Latente, der Subtext zur Sprache komme.

Ich würde nicht so weit gehen, da ich denke, dass auch die oben
behandelten Stellen aus »Dichtung und Wahrheit« ihre – bei Eissler
zu wenig gewürdigte – psychologische Wahrheit besitzen. Das
Latente ist eben auch im Manifesten präsent – oder gar: Das Offen-
sichtliche ist gerade das Verborgene (Lacan, 1966). Ich werde aber
in den Ausführungen zum Bildungsroman darlegen, inwiefern

dieser der Autobiographie als Mittel der Darstellung von Bildungsprozessen eben doch in manchen Punkten überlegen ist.

4.2 Wilhelm von Humboldt: die Bildungstheorie und ihre biographische Konkretisierung

Die zweite bedeutende Persönlichkeit aus der Deutschen Klassik,
an die ich im Kontext dieser Überlegungen zur Biographie, Individualität und Bildung anknüpfe, ist Wilhelm von Humboldt.

4.2.1 Die »offizielle« Lebensgeschichte

Humboldt wurde 1767 als Sohn einer adeligen Familie geboren.
Zusammen mit seinem zwei Jahre jüngeren Bruder Alexander, dem
späteren Naturforscher, der heute als der vielleicht bedeutendere
von beiden gilt, nicht zuletzt aufgrund des Romans von Kehlmann
(2005), der monatelang den ersten Platz auf den Bestsellerlisten behauptete und in dem Wilhelm eigentlich immer nur als Negativ-
figur vorkommt – mit diesem Bruder Alexander also wurde er auf
Schloss Tegel von Hauslehrern erzogen, erst von dem nachmals
berühmten Campe, später von dem weniger bekannten Kunth.

Als junger Mann verkehrt er in romantischen Zirkeln, in denen
er auch seine spätere Frau Caroline von Dacheröden kennen lernt.
Ab 1787 studiert er Rechtswissenschaft, zuerst in Frankfurt/Oder,
dann in Göttingen. Daneben beginnt ihn die Altertumswissenschaft zu interessieren. Er versucht sich in einer juristischen Beam-
tenlaufbahn, wirft aber, nachdem er 1791 Caroline geheiratet
hat, die Staatskarriere hin und zieht sich auf das abgelegene Gut
seines Schwiegervaters in Thüringen zurück. Dort lebt er für seine
Familie und für seine sprachwissenschaftlichen Studien.

Dann weilt er eine Zeit lang mit der Familie in Paris; von 1802
bis 1808 ist er preußischer Gesandter beim Heiligen Stuhl in Rom.

Dies wird als die glücklichste Zeit in seinem Leben angesehen, weil er durch seine Amtspflichten wenig beansprucht ist und sich ganz der Altertumswissenschaft widmen kann, wozu Rom natürlich die besten Möglichkeiten bietet.

Inzwischen bricht im Zuge der napoleonischen Kriege der preußische Staat zusammen, bei dessen Reorganisation durch den Freiherrn vom Stein er, für ihn selbst überraschend, zum Leiter der Sektion für Kultus und Unterricht berufen wird. Er reformiert das preußische Schul- und Hochschulwesen, wobei er sich für die Reform der Volksschule an Ideen Pestalozzis orientiert. Dies dauert wieder nur 14 Monate, dann kehrt er in den diplomatischen Dienst zurück, wird Gesandter in Wien, dem Hauptquartier der Allianz gegen Napoleon. Später gerät er in Widerstreit mit seinem Regierungschef, dem Staatskanzler Hardenberg, und wird auf den Londoner Gesandtenposten abgeschoben. Die Gegensätze vertiefen sich; er scheidet wieder ganz aus dem Staatsdienst und verbringt die letzten 15 Jahre seines Lebens zurückgezogen auf Schloss Tegel.

Humboldt, so kann man schon aus diesem kurzgefassten offiziellen Lebenslauf erkennen, ist eine vielschichtige Gestalt: Diese abrupt wechselnden Phasen öffentlichen Engagements als Diplomat und Kulturpolitiker, dann wieder die Rückzüge in die Studierstube, um seinen Interessen zu leben, sind bemerkenswert – ebenso das Konzept der »offenen Ehe« bei beispielloser Dichte der Kommunikation mit seiner Frau über Jahrzehnte hin. Auch die Inhalte, die ihn in seinen privaten Studien interessieren, sind weit gespannt: die vergleichende Sprachwissenschaft vor allem und die Altertumskunde, die Anthropologie und die Bildungstheorie. Weil Humboldt so viele Facetten hat, gibt es auch viele Humboldt-Bilder: In der ersten Hälfte des 20. Jahrhunderts stand der Altertumsforscher im Vordergrund, der sich für die griechische und römische Antike begeisterte, in dessen zweiter Hälfte teils der Anthropologe, teils der Sprachwissenschaftler; heute gehört das Interesse eher dem Schulpolitiker und Schulreformer.

Menze behandelt mit seinem Buch »Wilhelm von Humboldts Lehre und Bild vom Menschen« (1965) jenen Aspekt des Humboldt'schen Werkes, der hier von Bedeutung ist. Humboldts

Gesamtwerk, schreibt Menze in seiner Einleitung, sei »nichts anderes als der großangelegte Versuch, eine Wissenschaft vom Menschen zu begründen. Als Ziel seiner Arbeiten schwebt ihm vor: ›Die Charakteristik des menschlichen Gemüths in seinen Anlagen und in den wirklichen Verschiedenheiten‹« (S. 33).

Menze weist einleitend auf Humboldts zahlreiche Reisen hin, deren erklärtes Ziel das Kennenlernen von Menschen – und auch Völkern – in ihrer Verschiedenheit ist. Er zitiert aus einem Brief Humboldts an Goethe: »Wenn ich auf der Straße gehe, wenn ich eine Wachparade vorbeimarschieren sehe, wenn ich mich unter einer versammelten Volksmasse befinde, so genieße ich nicht nur ein angenehmes und ergötzendes Schauspiel, sondern das Bild der Menschheit gewinnt in meinen Augen neue und interessante Seiten mehr« (S. 33 f.).

An dieser Stelle ergibt sich eine Art von Wesensverwandtschaft zwischen diesen beiden so verschiedenen und doch so eng verbundenen Brüdern Humboldt (vgl. Geier, 2009): Beide wollten die Welt konkret aufsuchen und in Augenschein nehmen. In dem Roman von Kehlmann wird Alexander von Humboldt mit dem Mathematiker Gauß kontrastiert – beide betreiben die Vermessung der Welt: Gauß sozusagen aus der Studierstube, Humboldt als Weltreisender, der ganz Südamerika durchquerte, die höchsten Berge bestieg und auf dem Amazonas fuhr. Wilhelm war auch ein Reisender, wenn auch nur in Europa; und das Ziel seines Reisens war ein anderes: Alexander wollte »die Welt« erforschen, Wilhelm die Menschen und Völker in ihren Besonderheiten.

4.2.2 Einige für das gegenwärtige Thema wichtige Schriften

Humboldt bleibt lebenslang ein unruhiger Geist: Er pendelt hin und her zwischen öffentlichem Engagement, als Botschafter seines Landes in London, Paris, beim Vatikan, später in Wien, als Bildungspolitiker und Universitätsgründer, dann wieder als zurückgezogener Gelehrter und Privatmann. Ähnlich zerstreut sind seine

Schriften, vieles davon Fragmente, zur Altertumskunde, Sprachwissenschaft und Anthropologie, welch letztere auch die Bildungstheorie einschließt. In seinem »Bruchstück einer Selbstbiographie«
hat er sich selbst charakterisiert: »Es ist immer eine innere Plage
meines Lebens gewesen, mit Ideen schwanger zu gehen, die ich
zum Gegenstande eines Aufsatzes, eines Buches, oft eines bedeutenden Werkes machen wollte, und nie dahin zu gelangen«
(v. Humboldt, GS, Bd. 15, S. 451).

Drei seiner theoretischen Abhandlungen sind hervorzuheben, die
für mein Thema von Bedeutung sind. 1794 veröffentlichte er in Schil-
lers »Horen« eine Abhandlung »Über den Geschlechtsunterschied
und dessen Einfluß auf die organische Natur«. Hier wird die »Vergleichende Anthropologie«, die ihm vorschwebt erstmals konkreti-
siert: Der Mensch als Abstraktum existiert nicht; es existieren nur
Männer und Frauen als Konkretionen des Menschlichen. Die beiden
Geschlechter »befördern, indem sie einander entgegenwirken, ge-
meinschaftlich die wunderbare Einheit der Natur« (GS, Bd. 1, S. 328).

Er sieht diese Differenzen und Antagonismen verankert in der
organischen Natur der Geschlechter, genauer gesagt in der Mor-
phologie und Funktion der Geschlechtsorgane. Er treibt zu dieser
Zeit anatomische Studien; gemeinsam mit Goethe besucht er anatomische Vorlesungen. Sein Bruder Alexander, der sozusagen auf
die Naturerkenntnis abonniert war, kommt aus dem Staunen nicht
heraus. Er berichtet in Briefen, dass Wilhelm »praktisch Anatomie
mit kannibalischer Wut treibt«, und: »Wilhelm lebt und webt in
den Cadavern« (beides zit. nach Geier, 2009, S. 183). Humboldts
Geschlechter-Anthropologie verweist zurück auf Platons Phantasie
vom zerschnittenen Kugelmenschen, in die Zukunft gerichtet aber
voraus auf Freuds Satz: »Die Anatomie ist das Schicksal« (Freud,
1912a, S. 90). Weil solche Aussagen der heutigen geschlechterpoli-
tischen Korrektheit widersprechen mögen, ist es kaum mehr als
eine Verbeugung vor dem Zeitgeist, wenn Benner (1989, S. 164)
diese wichtige Schrift in Bausch und Bogen als verfehlt verwirft.

Eng mit diesem hängt ein anderes, auch vom Zeitgeist verpön-
tes, aber psychoanalytisch relevantes Problem zusammen: die
Identität von Geschlechtskraft mit Lebens- und (auch geistiger)

Schöpferkraft. Auch diese wurzelt nach Humboldts Ansicht im Vitalen. Hier gibt es die einzige, wenn auch bescheidene Bezugnahme der Psychoanalyse auf Humboldt, die ich finden konnte: Im Anhang U zu seiner monumentalen Goethe-Studie erörtert Eissler das Problem der Umwandlung von Triebenergie. Zum Abschluss zitiert er Nietzsche: »Es ist ein und dieselbe Kraft, die man in der Kunst-Conception und im Geschlechtlichen Actus ausgiebt: es giebt nur eine Art Kraft.« Und hier, in einer winzigen Fußnote, der Nachsatz von Eissler: »Es ist interessant, dass Wilhelm von Humboldt (1795) ähnliche Ansichten hegte« (Eissler, 1983/85, S. 1714).

Weiterhin zu würdigen ist der »Plan einer vergleichenden Anthropologie« (1795). Das wichtigste Studium, meint Humboldt, sei das Studium des Menschen, die praktische Menschenkenntnis. »Auf Reisen wie zu Hause, im geschäftigen wie im müßigen Leben bietet sich überall die Gelegenheit dar, sie zu bereichern und zu benutzen, und unter allen Studien ist kein anderes in so hohem Maße unser ständiger Begleiter als das Studium des Menschen.« »Es kommt nur darauf an, den reichen Stoff, den das ganze Leben hergibt, zu sammeln, zu sichten, zu ordnen und zu verarbeiten« (v. Humboldt, GS, Bd. 1, S. 377). An diesen Sätzen ist zweierlei hervorzuheben:

1. Es geht ihm, wie schon angedeutet, nicht um *den* Menschen als Gattung (den setzt er als bekannt voraus), es geht ihm um die »individuellen Verschiedenheiten«, um die »individuelle Charakterkenntnis«. Er war somit einer der ersten, der das Studium des Individuellen theoretisch konzipierte.

2. Seine Erkenntnismethode ist nicht abstrakt philosophisch, sondern empirisch. Freilich geht es um eine Empirie anderer Art als bei den heutigen empirischen Psychologen: Er geht nicht experimentell unter planmäßig variierten Bedingungen vor, sondern unter Benutzung des reichen Stoffes, den das Leben selbst hergibt. Humboldts Programm berührt sich hier mit Moritz' gleichzeitigem Projekt einer Erfahrungsseelenkunde. Die pädagogische Biographieforschung, wie sie mir vorschwebt, gehört in denselben Zusammenhang: diesem heute etwas aus der Mode gekommenen Bestreben, aus dem Leben selbst Erkenntnisse über das Leben zu gewinnen. Es wird weiter unten

zu zeigen sein, auf welche etwas kuriose Weise Humboldt sozusagen zum Vorläufer der pädagogischen Biographieforschung
geworden ist.

Schwerer zugänglich ist der dritte theoretische Text von Humboldt,
auf den ich mich beziehe – ein Fragment, kaum fünf Seiten lang:
»Theorie der Bildung des Menschen« (1793). Er geht aus von den
verschiedenen Wissenschaften: der Mathematik, der Naturwissen-
schaft, der Philosophie – was für Fähigkeiten vorausgesetzt sind,
um diese Wissenschaften betreiben zu können. Auch hier wieder
stellt er, wie man sieht, eine eigentlich psychologische Frage – er
fragt nach der Wissenschaft von den Menschen, d. h. von den Kräf-
ten her, die zu ihrer Ausübung benötigt werden.

So weit wird das allgemein einleuchten. Aber Humboldt geht
noch einen Schritt weiter: Der Mensch beschäftigt sich mit den Dingen der Welt, auch mit den Wissenschaften nur, weil er seine Kraft
an ihnen üben und entwickeln will. Er braucht eine Welt außerhalb
seiner selbst überhaupt nur, um diese Kraft an ihr zu erproben.

Diesen Austausch mit der Welt zum Zweck der eigenen Vervoll-
kommnung nennt Humboldt Bildung. Indem wir uns auf diese
Weise entwickeln und vervollkommnen, leisten wir unseren Beitrag zur Fortentwicklung der Menschheit.

Die immer wieder zitierte Stelle aus diesem Text lautet: »Die
letzte Aufgabe unsres Daseyns: dem Begriff der Menschheit in unserer Person [...] durch die Spuren des lebendigen Wirkens, die wir
zurücklassen, einen so großen Inhalt als möglich zu verschaffen,
diese Aufgabe löst sich allein durch die Verknüpfung unseres Ichs
mit der Welt zur allgemeinsten, regesten und freiesten Wechselwirkung« (GS, Bd. 1, S. 283).

4.2.3 Humboldt, die Frauen und die Bildung: Caroline von Humboldt, Johanna Motherby

Humboldts private Biographie, dokumentiert in zahllosen Briefen,
ist wesentlich eine Geschichte seiner Beziehungen zu Frauen, vor

allem zu seiner Frau Caroline (und deren Freundinnenkreis), aber auch zu anderen Frauen, von denen wohl die Königsberger Arztfrau Johanna Motherby die wichtigste ist.

Mein Anliegen hier ist es, diese privaten Beziehungen in systematischer Absicht zu würdigen. Seine vergleichende Anthropologie der Geschlechter ebenso wie sein Bildungsdenken schöpfen aus seiner privaten Lebenserfahrung, und das heißt konkret: aus der Erfahrung dieser autobiographisch in den Briefen gespiegelten Beziehungen.

Die früheste Erörterung der Humboldt'schen Erotik findet sich in einem Werk, in dem man Derartiges vom Titel her kaum vermuten würde: Siegfried Kaehlers »Wilhelm von Humboldt und der Staat« (1927). Mit Recht beklagt dieser die Ausklammerung des Themas Erotik in der Humboldt-Literatur und plädiert statt für eine idealisch geschönte für eine am realen Leben orientierte Humboldt-Biographik. Diesen erotischen Konstellationen und Okkupationen komme für das Verständnis Humboldts und seines Werkes eine »grundsätzliche Bedeutung zu« (S. 62 f.). Dem Kapitel über »Die Erotik im Erleben und in der Weltansicht Humboldts« hat Kaehler einen bezeichnenden und beinahe »psychoanalytischen« Satz von Humboldt selbst aus dem »Tagebuch« als Motto vorangestellt: »Um einen Charakter zu analysieren, muß man das erste determinierende Motiv aufsuchen; dies modifiziert alle andern Kräfte« (S. 59).

Gerade dies ist auch mein Anliegen: den Humboldt'schen Bildungsbegriff aus dem Pädagogenhimmel schrecklicher Abstraktionen und papierener Lehrpläne zurückzuholen in die biographischen Konkretionen, in denen sie ihren Ursprung und ihren »Sitz im Leben« haben.

Etwas verklemmt wirkt im Vergleich zu Kaehler die Charakteristik der Humboldt'schen »offenen Ehe« bei Scurla: »Uns werden Frauen begegnen, die für Humboldt auch nach seiner Eheschließung eine Rolle spielten. Ebenso traten in Karolines Leben Männer von menschlichem Rang« (Scurla, 1976/1984, S. 87). Erst neuerdings liegt eine ausführliche Monographie über Caroline und Wilhelm von Humboldt vor (Rosenstrauch, 2009), die das beiderseits bewusst gewählte Konzept dieser Ehe als einer »offenen« Beziehung in seinen biographischen Konkretionen beleuchtet. Humboldt sieht es als das Wichtigste, »in dem engsten Verhältnis die höchste Freiheit zu behalten«, ebenso wie Caroline: Die Individualitäten eines jeden Charakters »in einem so engen Verhältnis wie der Ehe respektiert zu sehen, war das einzige, was ich bei dem Mann suchte, dem ich meine Hand geben wollte« (S. 85).

Liebes- und Eheleben sind zentrale Felder eines biographisch verstandenen Bildungsprozesses, hemmend und fördernd zugleich für die Ausgestaltung der jeweiligen Individualität (Bittner, 2001). Diese Auffassung kann sich somit auf Humboldt berufen.

Der Briefwechsel mit Caroline von Humboldt

Die Klagenfurter Dissertation von Weisz (2005) behandelt Humboldts Bildungstheorie »im Lichte« des umfangreichen Briefwechsels mit seiner Braut und späteren Frau Caroline von Dacheröden. Es geht dem Verfasser darum, die persönliche Beziehungserfahrung als grundlegend für den Bildungsprozess, wie ihn Humboldt theoretisch konzipiert und persönlich gelebt hat, anhand der Briefe zu belegen. Nicht nur die Welt der Griechen und der Kunst, sondern auch der Umgang, insbesondere der kultivierte Umgang der Geschlechter, »bildet«, wie Humboldt sagt: »Umgang mit Weibern hat mir doch zuerst eine größere Fülle und einen zarteren Sinn gegeben. Er hat jenes Streben nach dem Großen und Höchsten nicht erschöpft, vielmehr ewig in mir genährt, aber er hat ihm eine wahre Richtung gegeben, hat die Einseitigkeit hinweggenommen und den sanfteren, menschlicheren Eindrücken mehr Eingang verschafft« (zit. nach Weisz, 2005, S. 25).

Ganz besonders soll dies für den Umgang mit seiner Frau gelten, die »durch sich selbst und in jedem Moment Bildendes« an sich habe und deren Einfluss ihn davor »gerettet« habe, »ganz und rettungslos in äußeren Verhältnissen unter uninteressanten Menschen zu versinken«. Die Verbindung mit ihr habe ihn »plötzlich wie aus einem Schlummer« herausgerissen (S. 23).

Weisz stellt Bildung bei Humboldt als einen Prozess dar, der sich im Umgang zwischen Menschen und dann eben in diesem besonderen Umgang der Eheleute Wilhelm und Caroline ereignet. Diese Intention berührt sich mit der meinen; signifikante Beziehungen sind auch in meinem Verständnis ein konstituierendes Element jener informellen und teils vorsprachlichen Bildungsprozesse, die ich unter der Überschrift »Das Leben bildet« einzufangen suche; nur ist bei mir der Rahmen weiter gespannt: Nicht nur Beziehung, sondern schlechterdings alles im Leben Begegnende bildet bzw. kann bilden, entsprechendes Gewicht und entsprechende Bedeutung vorausgesetzt. Auch die Beziehungserfahrungen – dies wird von Weisz vernachlässigt – entfalten ihren bildenden Einfluss im Zeithorizont eines Lebenslaufs. Die gerade bei diesem umfangreichen und zeitlich ausgedehnten Briefwechsel zwischen Wilhelm und Caroline von Humboldt inhärente zeitlich-biographische Verlaufsgestalt der Beziehung habe ich bei Weisz nicht berücksichtigt gefunden.

Zwei der Briefe Humboldts an Caroline, die auch bei Weisz gewürdigt werden, lassen erkennen, dass Humboldts eigene Vorstellung von Bildung diese zeitlich-biographische Struktur durchaus gegenwärtig hielt. In seinem frühen Brief vom 2. Januar 1789 wird dies besonders deutlich. Nach der ersten Begegnung hatte er Caroline fünf Monate nicht gesehen; kurz vor dem Wiedersehen schreibt er ihr, diese Zeit sei nicht verloren gewesen, sein Geist habe sich zurückgezogen und habe sich »immer mehr und von neuen Seiten« ausgebildet:

»Und auf Bildung unserer selbst kommt es doch allein an, wenn sie allein auch nicht glücklich macht, so ist sie doch allen Glücks erste Bedingung. Stimmt der Gang der Welt außer uns nicht mit unseren Wünschen überein, so bleibt uns noch die Welt in uns, es bleibt uns Erinnerung an die Freuden, die wir genossen, es bleibt uns das Bewußtsein, wie jede Lage, die fröhliche und die traurige, dazu beitrug, uns zu dem zu machen, was wir sind [...] Glaube mir, meine teure, belibte Li, jedes Verhältnis, in das wir geworfen werden ist gut [...] weil es Bereicherung durch neue Erfahrung, Gewöhnung an neues Leiden, Anlaß zu neuer Tätigkeit ist« (W. und C. v. Humboldt, 1907ff./1968, Bd. 2, S. 12).

Eine prägnantere Umschreibung dessen, was der Grundgedanke auch meines gegenwärtigen Versuchs ist, ist mir kaum vorstellbar. Weisz jedenfalls ist dieser Textstelle (die ich ohne ihn kaum gefunden hätte) nicht gerecht geworden, weil er zu sehr auf das Moment des Personal-Dialogischen fixiert bleibt und die hier angesprochene biographische Dimension außer Acht lässt.

Der zweite Brief, ebenfalls aus der Masse der Briefe mit Hilfe des Weisz'schen Buches herausgefischt, datiert vom 22. Mai 1789, also gut fünf Monate später. Caroline hatte Wilhelms früheren Hauslehrer Kunth kennen gelernt, was diesen zu einem leidenschaftlich schmerzlichen Rückblick auf seine Kindheit und Jugend, zugleich auch zu einem Vorausblick auf sein weiteres Leben mit Caroline anregt: Wenn er nur Kunths Namen nennen höre, erinnere ihn dieser »an Szenen, deren Andenken mich ewig erschüttern wird. Er leitete meine ganze Kindheit. Wie ich jetzt bin, so ward ich, nicht durch ihn, aber bei ihm, auf seine Veranlassung. Wenn Du den ganzen Gang meiner Begegnisse wüßtest, wenn Du all die Schritte sähest, die ich durchwandern musste, alle die Lagen, die mich endlich zu dem sonderbaren Gemische guter und böser Eigenschaften, froher und kummervoller Empfindungen machte, das ich jetzt bin, gewiß, Du würdest Deinen Wilhelm bedauern, und den Gott segnen, der ihn Dir erhielt. [...]

Öde und freudlos ist meine Kindheit dahin gewelkt, in den Jahren des Jünglings hab ich hohe Wonne genossen – ich war ja bei Dir [...] wie werden die Tage des Mannes sein?« Er nimmt den Rückblick nach »30, 40 Jahren« auf das dann gelebte gemeinsame Leben vorweg, »wenn wir uns freuen werden, früher als andere der wahren Lebensweisheit näher getreten zu sein«, und beschließt diese Passage mit dem Bekenntnis: »Das höhere Alter war von jeher ein Gegenstand meiner sehnlichsten Wünsche« (S. 38 f.).

Vor allem in diesem letzten Brief wird die biographische Dimension seiner Vorstellung vom Leben als Bildungsprozess deutlich. Seine Kindheit war düster und schrecklich; sein Leben jetzt mit Caroline ist Glück und Wonne; was wird die Zukunft bringen? »Lebensweisheit« wünscht er sich früher als andere zu erwerben. Also: Bildung eingespannt in einen Lebenszeit-Horizont.

Schwieriger ist es, anhand dieser Briefe zu präzisieren, was der Begriff und die Vorstellung von Bildung, bezogen auf den konkreten biographischen Verlauf, genauer umfasst. Ich sehe hier zwei Vorstellungen sich überlagern: Das eine ist die wertfreie, die sich mit der meinen deckt; Bildung wäre demnach alles, was ihn zu dem hat werden lassen, zu »dem sonderbaren Gemische guter und böser Eigenschaften«, das er jetzt ist.

Diese Dimension des biographischen Prozesses sieht er zwar; vielleicht würde er das allerdings eher die »Umstände« nennen, »die das Schicksal jetzt um uns kettet« und die wir, durch eigene »Kraft«, »durch neue Tätigkeit [...] zu neuem Guten für uns und andre« benutzen können, wie er im ersteren der beiden Briefe schreibt. Wenn nur dies Letztere bei Humboldt Bildung sein sollte, dann trennen sich hier die Wege. Denn was »das Gute« ist, das ist in meinen Augen immer relativ – und vor allem: Bildung wird dann gedacht als etwas, das durch eigene bewusste und gezielte Kraftanstrengung zu erreichen ist. Aber selbst dann bleibt doch dieses Gemeinsame: dass auch dieses »Gute«, das durch »Kraft« und »Tätigkeit« bewirkt werden soll, immer »gekettet« bleibt an biographische Schicksalslagen.

Die Studie von Weisz beschränkt sich auf die ersten zehn Jahre des Briefwechsels; das vielleicht dichteste Stück stellen indessen die Briefe dar, die die Eheleute nach dem Tod des Sohnes Wilhelm wechselten und die Gamm in bildungstheoretischer Hinsicht interpretiert hat.

Der Sohn Wilhelm starb neunjährig in Italien an einer Infektionskrankheit. Gamm hat die diesen Tod betreffenden Briefstellen in einem Aufsatz »Trauerarbeit in der Familie von Humboldt« (1987) auf dem Hintergrund des Freud'schen Konzepts kommentiert. Er wollte daran exemplarisch aufweisen, dass »Trauarbeit« nicht nur eine klinisch, sondern auch eine bildungstheoretisch relevante Erfahrung bezeichnet, und zwar in dreifachem Sinn:

- »Trauerarbeit« ist selbst ein Bildungsprozess, weil »zwischenmenschliche Verhältnisse auch pädagogische Strukturen einschließen« (S. 1099);

- »Trauerarbeit« wird als Terminus von einer Pädagogik in Anspruch genommen werden dürfen, der es darum geht, die möglichen Aufarbeitungen von Grenzsituationen exemplarisch vorzustellen« (S. 1100);

– sodann aber setzt das, was Freud als »Trauerarbeit« bezeichnet,
  psychische Dispositionen voraus, die zuvor in einem Bildungsprozess erworben worden sind: die Fähigkeit zum Ausdruck
  seelischer Regungen, die ganze Seelen- und Briefkultur dieser
  Wende vom 18. zum 19. Jahrhundert.

Im gegenwärtigen Kontext dient mir dieser schöne Aufsatz von
Gamm zum Beleg der These, dass das Leben bildet: durch die Anforderungen, die dieses Leben in Grenzsituationen, aber auch in
seinen alltäglichen Herausforderungen stellt. Im Gedenken an den
verstorbenen »früh vollendeten« Jungen klingt dann auch einmal
explizit Humboldt'sche Bildungstheorie an: »Was sich einmal zum
wahren Individuum gestaltet hat, ist dem bildungslosen Stoff ent-
rissen, in das allein wahrhaft Lebendige übergegangen« (zitiert nach
Gamm, 1987, S. 1119).

Abschließend zitiert Gamm die bekannte Stelle aus Humboldts
Theorie der Bildung von der »letzten Aufgabe unseres Daseyns«, der
»Verknüpfung unseres Ichs mit der Welt zu der allgemeinsten, reges-
ten und freiesten Wechselwirkung«. Solche Sätze, meint Gamm, sys-
tematisierten nur, was in den Briefen als gelebte Praxis entgegentritt:
»Die Rekonstruktion dieser Bildungstheorie im Realhorizont der
Gesellschaft stellt sich als dauernde Aufgabe« (S. 1121) – eine Auf-
gabe, der auch ich mich mit diesem Buch verschrieben habe.

Ein Brief an Johanna Motherby

»Jedes Schicksal ist ein Stoff, an dem ich meine Seele übe« – jedes
Schicksal: Das betrifft den Tod des Sohnes Wilhelm und die gemeinsame Trauer um ihn mit Caroline, den Gamm in seiner biographischen Skizze zu Recht in Beziehung zu Humboldts Konzept
der Bildung gesetzt hat; aber auch den in meinen Augen nur
scheinbaren Widerspruch zwischen seiner lebenslangen innigen
Beziehung zu seiner Frau und seinen erotischen und sexuellen
außerehelichen Beziehungen.

Ohne jede Ironie: Bei Humboldts sprödem bildungstheoretischen
Satz von Ich und Welt »in regester und freiester Wechselwirkung« ist

nicht allein an die Antike, die klassischen Sprachen und ähnlich hehre Stoffe aus dem Pädagogenhimmel zu denken, sondern zuerst an die Welt, wie sie konkret im Leben begegnet, nicht zuletzt an die Geschlechtlichkeit und die Begegnung mit Frauen. Ich will nicht soweit gehen, die Filzläuse, die er sich nach einer brieflichen Äußerung bei einem Bordellbesuch geholt habe (vgl. Geier, 2009, S. 144), zum Bildungsereignis zu stilisieren, gewiss aber die außereheliche Liebesbegegnung mit Johanna Motherby, der Arztfrau in Königsberg, der er in einem Brief schreibt: »So bin ich, seit ich Sie kenne, unendlich reiner mit mir selbst [...] oft weniger glücklich, aber doch mehr eins mit mir [...]. Es ist nicht notwendig, glücklich zu sein, aber unerläßlich, seine eigentliche, tiefe Bestimmung zu erfüllen; auch der Seidenwurm mag nicht glücklich sein, wenn er sich einspinnt.

Die Bestimmung aber ist in jedem Menschen eine eigene, auch findet man sie nie, wenn man danach sucht aber in Momenten der Rührung, im Zusammensein mit Gleichgesinnten, oder in der Einsamkeit mit sich selbst« (v. Humboldt und Arndt, 1893/http://gutenberg.spiegel.de).

Dieser je eigenen Bestimmung zu folgen – nicht absichtsvoll, denn »man findet sie nie, wenn man danach sucht«, sondern indem man sich der Wechselwirkung mit der Welt aussetzt und überlässt – das bedeutet für Humboldt Bildung, womit zugleich das oben problematisierte allzu Absichtsvolle seiner Bildungsvorstellung wieder relativiert erscheint.

4.2.4 Humboldt als Biographieforscher: Die Briefe an Charlotte Diede

Ein kurioses Briefdokument lässt Humboldt sozusagen zum Urvater der pädagogischen Biographieforschung werden. Humboldt hatte als junger Student in Bad Pyrmont die Pfarrerstochter Charlotte kennen gelernt, die mit einem Dr. Diede verlobt war, den sie aber nicht liebte. Mit ihr verbrachte Humboldt drei intensive Tage.

Charlotte führte ein für damalige Zeiten bewegtes Leben: Die Ehe mit Diede scheiterte, zwei weitere Beziehungen ebenfalls, der

Vater brach mit ihr wegen ihres »Lebenswandels«. Sie wandte sich
viele Jahre später, 1814, als Humboldt Gesandter in Wien war, mit
einem bewegenden Brief an ihn. Er antwortete ihr ausführlich,
woraus sich ein regelmäßiger Briefwechsel ergab, der über 20 Jahre
bis zu Humboldts Tod 1835 fortgesetzt wurde. Diese Briefe Humboldts an Charlotte wurden später (1847) unter dem Titel »Briefe
an eine Freundin« in zwei Bänden herausgegeben und fanden
im 19. Jahrhundert aufgrund ihrer »Erbaulichkeit« eine große
Resonanz in der Damenwelt. Die Humboldt-Biographen hingegen
äußern sich teils etwas pikiert über diesen Briefwechsel (vgl. Scurla,
1976/1984, S. 39, S. 470; auch Leitzmann in seiner Einleitung zu der
von ihm überarbeiteten Ausgabe, S. XVII).

Humboldt schlug Charlotte vor, ihm ihre Lebensgeschichte auf-
zuschreiben, und zwar so ausführlich wie möglich: »Ihre Lebensgeschichte, besonders auch die Entwickelung und seltne Ausbildung
Ihres inneren Lebens möchte ich gern im Zusammenhange über-
sehen und genau kennen. [...] Fangen Sie mit Ihrem Geburtstag und
Jahr an, in chronologischer Folge, und in der größesten Ausführlichkeit. Schreiben Sie aus dem Gedächtniß, auf was Sie Sich besin-
nen, nicht aus der Phantasie. Gehen Sie zurück in Ihre Kindheit
und Jugend, zurück auf Ihre Eltern und Großeltern, auf Ihre Vor-
fahren, wenn Sie davon Nachricht haben. Lieb wäre es mir, wenn
Sie in dritter Person redeten. Geben Sie den Orten und Menschen,
wenn Sie dahin kommen, andre Namen, nur den Namen Charlotte
behalten Sie. Ich habe das mit Göthe gemein, daß ich eine besondre
Vorliebe für Ihren Namen habe. Aber reden Sie über Sich vor allem
wie über eine Dritte, loben Sie Sich, wo Sie ein andrer loben und
tadeln würde« (v. Humboldt, 1847/1910, Bd. 1, S. 39 f.).

Humboldts Anweisungen erinnern an das Vorgehen eines modernen pädagogischen Biographieforschers bzw. an das Anliegen
der Erfahrungsseelenkundler jener Zeit (vgl. Moritz, 1782). Und
auch die Begründung seines Interesses würde diesen Ehre machen:
»Es verlängert und erweitert gewissermaßen das Leben, wenn man
so individuelle Schilderungen einer Zeit vor sich hat, die man an
ganz andern Orten und in ganz andern Verhältnissen verlebte, und
es giebt doch in der Welt nichts Interessanteres für den Menschen,

als wie der Mensch. Man kann eigentlich nie genug sehen, und nie genug hören. Es entstehen selbst durch jedes neues Gesicht, möchte ich sagen, neue Ideen. Erhält man nun aber gar bestimmte, ins Detail gehende Schilderungen, so sind es neue Figuren: die sich vor der Seele bewegen, und mit denen man eben so lebt, wie in der Wirklichkeit« (v. Humboldt, S. 41 f.).

Und schließlich seine Kommentare zu Charlottes Autobiographie in Fortsetzungen: »Die Art Ihrer Entwicklung hat mich ungemein interessiert. Sie bemerken sehr richtig, daß das, was Ihnen mehr durch Sie selbst, und zufällig durch Umgang mit Erwachsenen, an Unterricht zukam, gerade darum so stark und so dauernd wirkte, weil es wenig war, und in ein auf besseren und reichhaltigeren Unterricht begieriges Gemüth fiel. [...] Es sollte mich aber nicht wundern, wenn doch gerade diese Erziehung mehr und kräftiger beigetragen hätte, Sie so, wie Sie geworden sind, zu bilden, als wenn alles fein systematisch dabei ausgedacht worden wäre« (S. 113).

In diesem Kommentar Humboldts steckt ein biographisch und subjektorientiert konkretisiertes Verständnis von Bildung: Seine Frage konzentriert sich darauf, wie »gerade diese Erziehung [...] beigetragen hätte, Sie so, wie Sie geworden sind, zu bilden«. Die Relativierung all des »fein und systematisch Ausgedachten« wirkt aus der Feder dieses großen Bildungsreformators besonders bemerkenswert. Ich will an diesem Beispiel vor allem zeigen, dass die subjektive Wendung, die Humboldt dem Bildungsgedanken gibt (vgl. Meyer, 1979/1991, S. 207), biographisch konkret eingelöst wird und dass seine Überzeugung, die höchste Menschlichkeit werde »durch das tiefste Studium des Menschen gewirkt« (zitiert nach Meyer 1979/1991, S. 203), weit mehr ist als ein unverbindliches Postulat. Ganz ähnlich schreibt er Charlotte: »[...] es giebt doch in der Welt nichts Interessanteres für den Menschen, als wie der Mensch.«

Wir sehen: Der Neuhumanismus hat die biographische Konkretisierung des Bildungsgedankens recht weit getrieben. Klafki beklagt mit Recht, dass hier im Laufe der Verfallsgeschichte des Bildungsgedankens etwas verloren gegangen sei. Meine Überlegungen zielen darauf ab, dieses Verlorene wiederzufinden (Bittner, 2001, S. 64 f.).

Fazit

Humboldt ist mir im Kontext dieses Buches in vierfacher Hinsicht
wichtig:
– weil er sein eigenes Leben bewusst als einen Bildungsprozess
   lebte;
– weil er diesen, vor allem in Briefen, dokumentierte und reflek-
   tierte;
– weil er autobiographische Mitteilungen anderer (Charlotte
   Diede) des wissenschaftlichen Interesses und der Kommentierung wert fand und damit zum Vorläufer pädagogischer Biographieforschung wurde;
– weil die Seelenkultur der klassischen Epoche, die er mitgestal-
   tete, mit ihrem Bildungsgedanken den Grund legte für Diffe-
   renzierungen des Seelenlebens in der Moderne, mit denen es
   heute u. a. die Psychoanalyse zu tun hat, weil beispielsweise
   »erst der Bildungsbegriff das Wesen der Trauerarbeit fasslich
   macht« und »im Zuge des Bildungsprozesses Menschen zur
   Möglichkeit der Trauerarbeit gelangen«, wie Gamm am Briefwechsel der Humboldts belegt (1987, S. 1101).

4.3 Der Bildungsroman

Das ausgehende 18. und beginnende 19. Jahrhundert war für das
neuzeitliche Bildungsdenken eine besonders fruchtbare Zeit. Wie
ich an den Gestalten Goethes und Humboldts exemplarisch aufzuweisen suchte, waren diese Bildungsvorstellungen keineswegs auf
Schulbildung eingeengt, wenngleich Humboldt auf der Grundlage
seiner Bildungsidee so etwas wie eine Schul- und Hochschulbil-
dung zu konzipieren suchte – bei Goethe aber spielte die Schule so
gut wie keine Rolle. Bildung ist für ihn ein durch und durch biographischer Prozess, der autobiographisch erzählt und reflektiert
werden kann.

Nun hat das biographische Erzählen von Bildungsschicksalen und -prozessen in dieser Epoche noch eine andere literarische Form gefunden: Es entstand die Gattung des Romans (zum Folgenden vgl. Selbmann, 1984). Vorher gab es Epen, Helden- und Abenteurergeschichten, Erzählungen von Erlebnissen in phantastischen Ländern und Welten wie Gullivers Reisen zu den Riesen und den Zwergen oder den Don Quichotte. Den Roman im engeren Sinn schuf erst das 18. Jahrhundert. Rousseaus »Neue Heloise« war eines der ersten Werke dieser Gattung. Vor allem in Deutschland entwickelte sich der Roman als die Darstellung der inneren Geschichte eines Individuums, so bei Wieland, Goethe, Jean Paul.

4.3.1 Die Theorie des »neuen Romans« bzw. Bildungsromans

Christian Friedrich von Blanckenburg (1744–1796) veröffentlichte 1774 seinen »Versuch über den Roman«. Er setzt die »innere Geschichte« als das »Wesentliche und Eigentümliche eines Romans« fest. Dabei ist das Ziel nicht allein die Darstellung äußerer Handlungsabläufe, vielmehr soll »die Ausbildung, die Formung eines Charakters« im Zentrum stehen. Der Sache nach ist das bereits das Programm des Bildungsromans, auch wenn der Begriff noch nicht verwendet wird. Diesen prägte erst 1820 – als die Hochblüte des klassischen Bildungsromans sich bereits ihrem Ende zuneigte – Karl Morgenstern, Ästhetikprofessor in Dorpat (1770–1852), in einem akademischen Vortrag »Über das Wesen des Bildungsromans«. Allgemeinere Verwendung fand der Begriff erst, als ihn Dilthey (1833–1911) aufnahm und in die literaturwissenschaftliche Diskussion einführte.

»Von dem Wilhelm Meister und dem Hesperus ab« stellen diese Romane »alle den Jüngling jener Tage dar, wie er in glücklicher Dämmerung in das Leben eintritt, nach verwandten Seelen sucht, der Freundschaft begegnet und der Liebe, wie er nun aber mit den harten Realitäten der Welt in Kampf gerät und so unter mannigfachen Lebenserfahrungen heranreift, sich selber findet und seiner

Aufgabe in der Welt gewiß wird« (Dilthey, 1906/1988, S. 121). Hier ist der Grundsatz, dass es die Lebensschicksale und -erfahrungen sind, die »bilden«, d.h. einen Menschen »sich selber« und seine »Aufgabe in der Welt« finden lassen, vielleicht am deutlichsten ausgesprochen.

Von da an wurde der Terminus »Bildungsroman« zu einem der literaturwissenschaftlichen Standardbegriffe, auf dessen Entwicklung hier nicht im Einzelnen einzugehen ist, da es mir nicht um »Literatur«, sondern um das der literarischen Darstellung Zugrundeliegende geht: um Bildung als einen Prozess im Leben, der zum Sujet literarischer Gestaltung wird.

4.3.2 Drei Bildungsromane – klassische und nachklassische: J. W. v. Goethe, Th. Mann, P. Süskind

Goethe: »Dichtung und Wahrheit« und »Wilhelm Meisters Lehrjahre«

Ich nehme die in Kapitel 4.1 angeschnittene Frage im Hinblick auf Goethe wieder auf: Wo sind die autobiographisch »wahreren« Aussagen zu finden, in der offen deklarierten Autobiographie »Dichtung und Wahrheit« oder doch eher in den dichterischen Gestaltungen, allen voran im großen Roman »Wilhelm Meisters Lehrjahre«, der später zum Prototyp der neuen Gattung des Bildungsromans erklärt wurde?

Die veröffentlichte endgültige Fassung entstand ab 1793. Schon Jahre zuvor (ab 1777) hatte Goethe einen ersten Entwurf »Wilhelm Meisters theatralische Sendung« begonnen, den er abbrach und verwarf und der nur durch glückliche Umstände dennoch erhalten blieb (vgl. Goethe, Bd. 8, S. 691 ff.).

Halten wir uns zunächst an die offizielle Version, an »Wilhelm Meisters Lehrjahre«. Dies ist die Geschichte eines jungen Mannes, der eigentlich vom Familienhintergrund her ins Geschäftsleben eintreten soll. Er wird auf eine kleine Reise geschickt, um sich in fremden Handelshäusern umzusehen. Aber sein Bestreben geht woanders hin; er ist angezogen von der Welt des Theaters, nicht zuletzt deshalb, weil er sich in eine Schauspielerin, Mariane, verliebt hat. Am Schluss des ersten Buches erfährt er, dass Mariane noch einen anderen Liebhaber hat, seine ganze Welt bricht zusammen. Seine Liebe gehört weiterhin der Kunst, vor allem dem Theater, daneben auch verschiedenen Frauen, die bald diese, bald jene Seite in ihm ansprechen: Philine, die leichte; Therese, die häusliche ohne höhere Ambitionen; Mignon, das »Kind«; am Ende Natalie, die Realismus und ethische Gesinnung harmonisch verbindet.

Wilhelm ist in der ersten Hälfte des Romans vor allem auf der Flucht vor der bürgerlichen Enge seines Elternhauses. In einem Brief an einen Freund beschreibt er sein Ziel dieser ersten Phase: »Daß ich Dir's mit einem Worte sage: mich selbst, ganz wie ich da bin, auszubilden, das war dunkel von Jugend auf mein Wunsch und meine Absicht« (Goethe, Bd. 7, S. 290).

Das Vorrecht des Adligen, seine Persönlichkeit auszubilden, hat der Bürger nur als Künstler: »Ich habe nun einmal gerade zu jener harmonischen Ausbildung meiner Natur, die mir meine Geburt versagt, eine unwiderstehliche Neigung. Ich habe, seit ich Dich verlassen, durch Leibesübung viel gewonnen; ich habe viel von meiner gewöhnlichen Verlegenheit abgelegt und stelle mich so ziemlich dar. Ebenso habe ich meine Sprache und Stimme ausgebildet, und ich darf ohne Eitelkeit sagen, daß ich in Gesellschaften nicht mißfalle« (S. 291 f.). Doch es sind nicht allein diese absichtsvollen Übungen, sich gefällig auszubilden und darzustellen; die Bildungsgeschichte umfasst weitaus mehr: das Theater, die Literatur und nicht zuletzt die mannigfaltigen Lebensereignisse.

Der Bildungsbegriff dieser Zeit und dieses Romans ist unendlich weit, wie der Herausgeber Trunz schreibt: »Als bildende Kräfte wirken vor allem die Beziehungen von Mensch zu Mensch. Sie kommen in vielen Formen vor: da ist die Liebe in vielfältiger Gestalt, die Bindung an das Elternhaus, die Liebe zum Sohn, die Jugendfreundschaft, da ist Mitleid und Fürsorge und die Vereinigung mit einem tätigen Männerkreise. In allen diesen Bindungen wächst Wilhelm empor in seine eigentliche Gestalt« (S. 695 f.).

Eine ungemein weite, schlechthin alles im Leben Begegnende umfassende Bildungsvorstellung ist hier aufgetan: menschliche Begegnungen, Liebe, Kunst, Tätigsein. Alles Begegnende ist Bildungselement in der Konzeption dieses Romans.

Das Motiv der bildenden Wirkung einer wenn auch unglücklichen Liebe (s. auch später Kap. 6.2) begegnet gleich am Ende des ersten Buches, als Wilhelm das abrupte Ende der Mariane-Beziehung erleidet. Diese schützte Unwohlsein vor und schickte ihn fort an diesem Abend. Er trifft einen Fremden, der ihn noch aus seiner Knabenzeit kennt. Dieser ruft ihm ein Bild aus der Sammlung seines Großvaters in Erinnerung, das damals sein Lieblingsbild gewesen sei. Es stellt die antike Geschichte des kranken Königssohnes Antiochus dar, der heimlich in die junge Gattin seines Vaters verliebt ist. Der Arzt erkennt in dieser Liebe die Ursache seiner Krankheit. Die Geschichte endet in der griechischen Sage damit, dass der Vater sich von der jungen Frau trennt, Antiochus sie heiraten kann und offenbar dadurch »geheilt« wird (Trunz in Bd. 7, S. 720).

Wilhelms eigene Geschichte mit Mariane hingegen endet tragisch. Er muss erkennen, dass sie einen Liebhaber hat, der ältere Rechte besitzt, und verlässt sie. Im Gespräch mit dem Fremden über dieses Bild wird vorwegnehmend Wilhelms gleich darauf offenbar werdende Liebesenttäuschung sozusagen von höherer Warte kommentiert, wieder im Sinn von Goethes Lieblingsgedanken von Dämon und Tyche, Eros und Ananke. Man soll sich hüten, dem Zufälligen eine Art von Vernunft zuschreiben zu wollen, sich durch angenehme Zufälle determinieren zu lassen und »endlich dem Resultate eines solchen schwankenden Lebens den Namen einer göttlichen Führung zu geben« (S. 71). Stattdessen: »Jeder hat sein eigen Glück unter den Händen, wie der Künstler eine rohe Materie, die er zu einer Gestalt umbilden will« (S. 72). Dies dürfte in etwa Goethes Lebens- und Bildungsphilosophie ausdrücken.

Das Motiv vom (liebes)kranken Königssohn hingegen, das den Roman geradezu leitmotivisch durchzieht (vgl. Trunz in Bd. 7, S. 720 f.), wird in seiner biographisch-strukturellen Bedeutung zwar benannt (»Keime dessen, was uns begegnen wird, [...] von der Hand des Schicksals ausgestreut«, als »Vorgenuß der Früchte, wie wir einst zu brechen hoffen«, S. 235), aber überhaupt nicht in seiner triangulären Struktur gewürdigt; wie sollte es auch: Freuds Ödipus ließ noch 100 Jahre auf sich warten.

In der zweiten Hälfte des Romans tritt Wilhelm in Beziehung zur »Gesellschaft vom Turm«, einer philanthropischen politisch-sozialreformerischen Gesellschaft. Unter deren Einfluss wandeln sich auch Wilhelms Lebensziele. Mit den Worten Jarnos: »Es ist gut, daß der Mensch, der erst in die Welt tritt, viel von sich halte, daß er sich viele Vorzüge zu erwerben denke, daß er alles möglich zu machen suche; aber wenn seine Bildung auf einem gewissen Grade steht, dann ist es vorteilhaft, wenn er sich in einer größern Masse verlieren lernt, wenn er lernt, um anderer willen zu leben und seiner selbst in einer pflichtmäßigen Tätigkeit zu vergessen« (S. 493).

Ich will nicht weiter auf die einzelnen Motive und Konfigurationen dieses Romans eingehen, wie sie z. B. Ammerslahn (2003) dargestellt und interpretiert hat. Es geht mir allein um die Konzeption von Bildung im Ganzen eines Lebenslaufs, die ihm zugrunde liegt: »Die Vorgänge, in die Wilhelm scheinbar zufällig geworfen wird und als deren Bildungsprodukt er erscheint, treten in einer bestimmten Reihenfolge auf, und zwar in der Folge, in der Wilhelm sie ›verwerten kann‹.« Nur was »der Stufe der inneren Entwicklung entspricht, kann Bildungsgut sein und Bildung hervorrufen«. Die Auswahl des seiner Entwicklung Förderlichen geschieht absichtslos und unbewusst: »Der Held verhält sich, verglichen mit der Übersicht seines Autors, diesem weit unterlegen und handelt wie ein ›tumber Tor‹« (S. 380).

Ist von Goethes Pädagogik die Rede, wird zumeist an die des Spätwerkes (vgl. Flitner, 1948) gedacht: die »Pädagogische Provinz« in »Wilhelm Meisters Wanderjahren«, die eben doch auf eine »Art von Utopien« hinausläuft: »Es schien mir, als sei, unter dem Bilde der Wirklichkeit, eine Reihe von Ideen, Gedanken, Vorschlägen und Vorsätzen gemeint, die freilich zusammenhingen, aber in dem gewöhnlichen Laufe der Dinge wohl schwerlich zusammentreffen mochten« (Goethe, Bd. 8, S. 141). So schildert Wilhelm seinen ersten Eindruck.

Auch wenn der Roman diesen Eindruck später zu relativieren sucht: Eine biographische Pädagogik, die sich am »gewöhnlichen Laufe der Dinge« entlang entwickelt, ist das gewiss nicht mehr, eher eine esoterische. Die »Lehrjahre« hingegen basieren noch auf dieser zumindest impliziten Konzeption einer biographischen Pädagogik.

Freilich scheint es – und damit kommen wir zum zweiten Diskussionspunkt –, als hätte Goethe hart daran arbeiten müssen, dieses harmonisch geglättete Bild eines biographischen Bildungsprozesses zu zeichnen. Die später verworfene Urfassung, die noch seiner eigenen Sturm-und-Drang-Periode nahestand, »Wilhelm Meisters theatralische Sendung«, geschrieben ab 1777, vermittelt einen Eindruck von den vorausgegangenen Seelenkämpfen. Solche später der »Zensur« anheimgefallenen Subtexte sind ja das eigentlich interessante Material für den Psychoanalytiker. Daher verwundert es nicht, dass die Interpretation dieses Ur-Meister in Eisslers großer Goethe-Studie (1983/85) eine so wichtige Rolle spielt.

Ich will eine Begebenheit herausgreifen, die besonders geeignet erscheint, das Spannungsverhältnis zwischen spontaner Erst- und bearbeiteter Zweitfassung sowie die Querverbindungen zwischen Bildungsroman und Autobiographie zu beleuchten, weil uns diese in allen drei Varianten vorliegt: die Kindheitserinnerungen an das Weihnachtsgeschenk eines Puppentheaters.

In »Dichtung und Wahrheit« erzählt Goethe, dass die geliebte Großmutter kurz vor ihrem Tod dem Enkel ein Puppenspiel zu Weihnachten schenkte, als die »Krone aller von ihr empfangenen Wohltaten«. Goethe schätzt die Bedeutung dieses Geschenks für seine weitere Entwicklung außerordentlich hoch ein. Durch dieses sei »in dem alten Hause eine neue Welt« erschaffen worden; auf ihn »machte es einen sehr starken Eindruck, der in eine große langdauernde Wirkung nachklang« (Goethe, Bd. 9, S. 15). Später betont er noch einmal, wie sehr »diese kindliche Unterhaltung und Beschäftigung [...] das Empfindungs- und Darstellungsvermögen, die Einbildungskraft und eine gewisse Technik geübt und befördert« haben (S. 49).

Im Ur-Meister (Goethe, Bd. 8, S. 487 ff.) ist die Geschichte ausführlicher dargestellt: Wiederum ist es die gute Großmutter, die das Puppentheater für das Christfest der Kinder vorbereitet. Die beiden Eltern sind indessen kritisch gezeichnet: Der Vater, ein Geschäftsmann, fragt etwas nörgelnd, wofür das denn gut sein solle; und auch die Mutter kommt nicht gut weg: Sie hat einen Liebhaber und verbreitet zu Hause üble Laune.

In den »Lehrjahren«, der zwölf Jahre später begonnenen endgültigen Fassung, ist die Puppenspiel-Episode wieder umfangsmäßig reduziert; sie fungiert nur noch als Einschiebsel und Rückblende in der Mariane-Erzählung. Diesmal ist die Mutter die Schenkende, die das Puppenspiel gegen den Vater durchgesetzt hat und deshalb dessen Vorwürfe und üble Launen ertragen muss.

In einem Punkt stimmen sie alle drei überein: In der großen Bedeutung, der dem Geschenk des Puppenspiels für das Kind Wolfgang bzw. Wilhelm und seine »Bildung« zugeschrieben wird. Wilhelm, der davon träumt, Begründer des deutschen Nationaltheaters zu werden, beginnt seinen Weg in der Kindheit mit dem Puppentheater. Das erinnert an Fröbel, der die Spiele der Kinder als die »Herzblätter des künftigen Lebens« bezeichnet.

Nicht überein stimmen die Erzählvarianten in den Eltern-Konfigurationen: Zweimal kommt das Geschenk von der Großmutter, einmal von der Mutter; der Vater wird jedes Mal als mehr oder weniger skeptisch ablehnend geschildert.

Eissler hält die Fassung der »Theatralischen Sendung« für die aufschlussreichere. Schließlich ist es die früheste Gestaltung des Motivs; es gibt gute Gründe, diese von Goethe später verworfene Fassung für die aussagekräftigste zu halten, die in der späteren Bearbeitung entschärft wurde. Auch darin, dass in »Dichtung und Wahrheit« die Darstellung auf Harmonie und Altersmilde eingestimmt ist, während die Gefühlskonflikte gerade in der »Theatralischen Sendung« noch intensiv und lebensfrisch sind, wird man Eissler kaum widersprechen können.

Goethe selbst hat seine innere Verfassung im Niederschreiben gerade dieses ersten Buches in einem Brief an Frau von Stein lebhaft geschildert. Er habe seine Lieblingssituation im »Wilhelm

Meister« während eines Rittes rekapituliert (es wird allerdings nicht verraten, welche das war): »Ich ließ den ganzen Detail in mir entstehen und fing zuletzt so bitterlich zu weinen an [...] Ich wollt' gern Geld drum geben, wenn das Kapitel von ›Wilhelm Meister‹ aufgeschrieben wär, aber man brächte mich eher zu einem Sprung durchs Feuer« (an Charlotte vom Stein, 5. Juni 1780, in Goethe, Bd. 7, S. 613).

Eissler wird also richtig liegen, wenn er meint: »Im Wilhelm Meister wird die autobiographische Funktion nirgends ausgesprochen. Durch Goethes Briefwechsel und durch viele Einzelheiten im Roman kann man aber beweisen, daß Wilhelm Meister für Wolfgang Goethe stand« (Eissler, 1983/1985, S. 811). Freilich schränkt er auch sogleich wieder ein: Es seien »nicht alle Einzelheiten und Ereignisse im Roman realistische Beschreibungen wirklicher Ereignisse in Goethes Leben«. Manches habe mehr mit seinem »virtuellen Selbst« zu tun (S. 812). So kommt er auch zu dem vermutlich zutreffenden Schluss, es sei »unwahrscheinlich, daß Goethes Mutter Jahre hindurch [...] eine Affäre gehabt haben könnte, ohne daß dies irgendeine Erzählung in der umfangreichen Korrespondenz der Familie und ihrer Freunde hinterlassen hätte«. Der ungenannte »abgeschmackte« Außenstehende, der Liebhaber, von dem in der »Theatralischen Sendung« die Rede ist, sei wohl eher er, Wolfgang Goethe, der Sohn selbst als wahrhaft Geliebter der Mutter gewesen (S. 820) – siehe da: wiederum der Ödipuskomplex!

Eisslers Kommentierung überzeugt mich – zunächst einmal in dem Sinn, dass er klarstellt: Der Roman, oder zumindest *dieser* Roman, ist keine Pseudo-Autobiographie. Ob Goethes Mutter wirklich einen Liebhaber hatte, kann man aus der »Theatralischen Sendung« nicht entnehmen. Für eine solche Annahme wäre man auf nichtfiktionale Quellen (Briefwechsel etc.) angewiesen und diese ergeben keinerlei Anhaltspunkt in dieser Richtung.

Auf der anderen Seite gibt der Roman mehr Freiheit, die »innere Geschichte« zu entfalten – wenn auch keine unbegrenzte. Auch bei einem Roman, der zur Veröffentlichung bestimmt ist, müssen gegebenenfalls »Umformungen« vorgenommen werden (S. 812), wofür gerade die Bearbeitung des »Wilhelm Meister« ein

gutes Beispiel ist. In der »Theatralischen Sendung«, die von Goethe
verworfen wurde, ist die Geschichte des »Puppenspiels« eine wilde
und ungeglättete Geschichte von Familienkonflikten. Von dieser
bleibt in der späteren von ihm approbierten Fassung nur noch eine
stimmungsvolle Arabeske übrig, wie in einer Rezension von Friedrich Schlegel anklingt (der ja die ursprüngliche Fassung in der
»Theatralischen Sendung« nicht kannte): »Mit wohlwollendem
Lächeln folgt der heitere Leser Wilhelms gefühlvollen Erinnerungen an die Puppenspiele, welche den neugierigen Knaben mehr
beseligten als alles andre [!] Naschwerk« (in Bd. 7, S. 662).

Man sieht hier, was aus dem ödipalen Drama letzten Endes
geworden ist: eine Art von höherem Naschwerk für den »heiteren
Leser« – oder, um im Bild zu bleiben, eine Zuckerguss-Version.

Thomas Mann: »Die Bekenntnisse des Hochstaplers Felix Krull«

Dieses literarische Genre des Bildungsromans mitsamt seinen Nega-
tionen und Karikaturen hat sich fortgesetzt, weit über die Zeit der
Deutschen Klassik hinaus (vgl. wiederum Selbmann, 1984). Mir
scheint, durch diese moderneren Spielarten ist der literarische Typus
noch viel interessanter und lebensnäher geworden, indem diese das
inhärente idealisierende Pathos des klassischen Bildungsromans zer-
bröckeln ließen. Zum Beispiel Thomas Mann: dass sein »Zauberberg« ein anrührender Bildungsroman im klassischen Sinn ist, der
vom Dichter selbst auch ausdrücklich als ein solcher bezeichnet wird
(Mann, 1962, S. 208), hatte ich bereits an früherer Stelle gestreift.
Hier ist noch eines anderen bekannten Romans von Thomas Mann
zu gedenken, der sozusagen als Karikatur eines Bildungsromans
konzipiert war: die »Bekenntnisse des Hochstaplers Felix Krull«
(1954). Schon der Titel! »Bekenntnisse« – das ist Augustin, das ist
Rousseau, und nun lässt Mann einen Hochstapler seine »Bekenntnisse« niederschreiben, erklärtermaßen »die Rousseau-Goethesche
Autobiographie persiflierend« (Mann, 1962, S. 208).

In der Tat: Warum soll nicht auch ein fiktiver Hochstapler seine
»Bildungsgeschichte« erzählen – aus dem Gefängnis entlassen, als

er Zeit und Muße hat nachzudenken, auf sein Leben Rückschau zu
halten? Goethe hätten sich gewiss die Haare gesträubt, aber es ist
ein unterhaltsamer Roman geworden. Doch nicht nur das: Dieser
Roman macht ein Ende mit dem klassischen Bildungspathos. Er
vermittelt die Erkenntnis, dass die Lebens- und Bildungsgeschichte
eines Verbrechers, eines Geisteskranken (wie er der geworden ist,
der er ist) genauso präzise erzählt werden kann wie die eines
»edlen« Menschen.

So gewinne ich für mein Verständnis von Bildung gerade aus
diesen Anti-Bildungsromanen (z. B. auch der »Blechtrommel« von
Günter Grass, in der ein Psychiatrie-Patient seine Geschichte erzählt) ein wesentliches Moment: *Jeder* Lebenslauf ist ein Bildungsprozess – gleich ob sich ein Heroe oder ein Geisteskranker oder ein
Verbrecher »bildet«. All diese Bildungsprozesse sind erzählbar.

Ich will von dieser Felix-Krull-Geschichte nur eine Passage vom
Anfang des ersten Kapitels heranziehen: »Der Rheingau hat mich
hervorgebracht, jener begünstigte Landstrich, welcher, gelinde und
ohne Schroffheit sowohl in Hinsicht auf die Witterungsverhältnisse
wie auf die Bodenbeschaffenheit, reich mit Städten und Ortschaften
besetzt und fröhlich bevölkert, wohl zu den lieblichsten der be-
wohnten Erde gehört. Hier blühen, vom Rheingaugebirge vor rau-
hen Winden bewahrt und der Mittagssonne glücklich hingebreitet,
jene berühmten Siedlungen, bei deren Namensklange dem Zecher
das Herz lacht, hier Rauenthal, Johannisberg, Rüdesheim, und hier
auch das ehrwürdige Städtchen, in dem ich, wenige Jahre nur nach
der glorreichen Gründung des Deutschen Reiches, das Licht der
Welt erblickte. Ein wenig westlich des Knies gelegen, welches der
Rhein bei Mainz beschreibt, und berühmt durch seine Schaum-
weinfabrikation, ist es Hauptanlegeplatz der den Strom hinauf und
hinab eilenden Dampfer und zählt gegen viertausend Einwohner.
Das lustige Mainz war also sehr nahe und ebenso die vornehmen
Taunusbäder, als: Wiesbaden, Homburg, Langenschwalbach und
Schlangenbad, welch letzteres man in halbstündiger Fahrt auf einer
Schmalspurbahn erreichte. Wie oft in der schönen Jahreszeit unter-
nahmen wir Ausflüge, meine Eltern, meine Schwester Olympia und
ich, zu Schiff, zu Wagen und mit der Eisenbahn, und zwar nach

allen Himmelsrichtungen: denn überall lockten Reize und Sehenswürdigkeiten, die Natur und Menschenwitz geschaffen. Noch sehe ich meinen Vater in kleinkariertem, bequemen Sommeranzug mit uns in irgendeinem Wirtsgarten sitzen – ein wenig weitab vom Tische, weil sein Bauch ihn hinderte, nahe heranzurücken – und mit unendlichem Behagen ein Gericht Krebse nebst goldenem Rebensaft genießen. Oftmals war auch mein Pate Schimmelpreester dabei, betrachtete Land und Leute scharf prüfend durch seine rundäugige Malerbrille und nahm das Große und Kleine in seine Künstlerseele auf« (Mann, 1954/1987, S. 6).

Der »liebliche Rheingau« als der Ort seiner Geburt war auch der Ort seiner Kindheit – er steht bis heute außer im Ruf der Lieblichkeit auch in dem einer gewissen Alkoholisiertheit, gilt als eine chronisch beschwipste Gegend. Der Vater des Helden ist Fabrikant: Er produziert einen Sekt, den man besser nicht trinkt, und macht pleite damit. Seine Mutter und Schwester sind Damen mit etwas zweifelhaften Manieren, sein Pate heißt Schimmelpreester; er nennt sich Professor, obwohl er anscheinend doch keiner ist, und so weiter. In wenigen Sätzen ist da ein durch und durch halbseidenes Milieu gezeichnet, als die passende frühe »Bildungswelt« des künftigen Hochstaplers.

Thomas Mann selbst hat in einem Brief erläutert, dass »die Liebe zu einem Kunstgeist, an dessen Möglichkeit man nicht mehr glaubt, die Parodie zeitigt« (Mann, 1962, S. 187) – in unserem Fall: die Liebe zu und die gleichzeitige Skepsis gegenüber dem literarischen Projekt des klassischen Bildungsromans.

Patrick Süskind: »Das Parfum«

Als »modernes« Beispiel eines Bildungsromans hat Selbmann Günter Grass, »Die Blechtrommel«, angegeben – sicherlich passend, aber inzwischen doch schon wieder etwas angejahrt. Ich präsentiere daher als »modernes« (oder wenigstens etwas aktulleres) Beispiel Patrick Süskind, »Das Parfum«, mit dem Untertitel »Die Geschichte eines Mörders«. Das Buch, 1985 erschienen, ist einer der wenigen zuerst in deutscher Sprache publizierten Weltbestseller geworden.

Die Geschichte handelt von Grenouille (zu deutsch: Frosch), einem »genialen Scheusal« mit einem übermäßig sensiblen Geruchs-
sinn, der allen Dingen und Menschen, vor allem Frauen, ihren je
spezifischen Geruch abgewinnen will – allerdings um den Preis,
dass er sie töten muss, und der auf der Jagd danach ist, aus diesen
Geruchsextrakten das vollkommene Parfum zu kreieren. Es ist die
Geschichte eines Psychopathen und Sonderlings, eines Mörders,
mehr noch aber die eines Künstlers, der für sein Schaffen buchstäblich »über Leichen geht«. Wie verläuft die »Bildungs«-Ge-
schichte eines solchen Menschen? Natürlich müssen die ersten prä-
genden Eindrücke Geruchseindrücke sein.

Darauf stimmt schon die Geburtsszene auf dem Pariser Fisch-
markt ein: »Hier nun, am allerstinkendsten Ort des gesamten
Königreichs, wurde am 17. Juli 1738 Jean-Baptiste Grenouille geboren. Es war einer der heißesten Tage des Jahres. Die Hitze lag wie
Blei über dem Friedhof und quetschte den nach einer Mischung aus
fauligen Melonen und verbranntem Horn riechenden Verwesungs-
brodem in die benachbarten Gassen. Grenouilles Mutter stand, als
die Wehen einsetzten, an einer Fischbude in der Rue aux Fers und
schuppte Weißlinge, die sie zuvor ausgenommen hatte. Die Fische,
angeblich erst am Morgen aus der Seine gezogen, stanken bereits so
sehr, daß ihr Geruch den Leichengeruch überdeckte. Grenouilles
Mutter aber nahm weder den Fisch- noch den Leichengeruch wahr,
denn ihre Nase war gegen Gerüche im höchsten Maße ab-
gestumpft, und außerdem schmerzte ihr Leib, und der Schmerz
tötete alle Empfänglichkeit für äußere Sinneseindrücke. Sie wollte
nur noch, dass der Schmerz aufhöre, sie wollte die eklige Geburt so
rasch als möglich hinter sich bringen« (Süskind, 1985, S. 7 f.).

Auch Grenouille kommt wie Goethe, gemäß dem Erzählmuster
von der »Geburt des Helden«, beinahe tot zur Welt: »Da fängt,
wider Erwarten, die Geburt unter dem Schlachttisch zu schreien
an. Man schaut nach, entdeckt unter einem Schwarm von Fliegen
und zwischen Gekröse und abgeschlagenen Fischköpfen das Neu-
geborene« (S. 9).

Ein interessantes Detail ist, dass er, der so besessen von Gerü-
chen ist, selbst keinen Geruch ausströmt, sozusagen eine Adler'sche

»Überkompensation«: Er ist besessen von dem, was er selbst nicht besitzt.

Zu seiner Bildungsgeschichte gehört auch selbstverständlich die formelle Bildung, seine Lehre als Parfumeur. Aber dann auch wieder ein märchenhaft mythisches Erlebnis – sieben Jahre Einsamkeit in einer Höhle am höchsten Gipfel der Auvergne, wo er von allen Menschengerüchen befreit ist, sein Ort der Reinigung: »Grenouille erreichte den Berg in einer Augustnacht des Jahres 1756. Als der Morgen graute, stand er auf dem Gipfel. Er wußte noch nicht, daß seine Reise hier zu Ende war. Er dachte, dies sei nur eine Etappe auf dem Weg in immer noch reinere Lüfte, und er dreht sich im Kreise und ließ den Blick seiner Nase über das gewaltige Panorama des vulkanischen Ödlands streifen: [...] Als die Sonne aufging, stand er immer noch am gleichen Fleck und hielt seine Nase in die Luft« (S. 153).

Diese mythischen sieben Jahre auf dem Berg sind die Zeit und der Ort seiner Ich-Findung: Nicht wie die alten Wüstenheiligen sucht er Gott; er sucht sich selbst: »Er hatte mit Gott nicht das Geringste im Sinn. Er [...] wartete auf keine höhere Eingebung. Nur zu seinem eigenen, einzigen Vergnügen hatte er sich zurückgezogen, nur, um sich selbst nahe zu sein« (S. 158).

Ich will auch hier nicht weiter ins Detail gehen. Einige Anmerkungen zum Ganzen des Romans:

1. »Geschichte eines Mörders« heißt das Buch mit seinem Untertitel; es hätte auch heißen können: Geschichte eines Künstlers. Keines Theaterkünstlers wie zur Goethezeit im »Anton Reiser« oder im »Wilhelm Meister«, sondern eines Geruchskünstlers, eines genialen Kompositeurs von Parfum. Auch insofern fast die Persiflage eines Künstlerromans.

2. Aber, im typisch modernen Sinn, muss der Künstler, um sich zu verwirklichen, buchstäblich über Leichen gehen. Die Geschichte des Künstlers ist zugleich die Geschichte eines Mörders: die Mörderkarriere als Bildungsgang des Parfum-Künstlers.

3. Auch dies ein typisch moderner Gedanke: der Künstler als das Defektwesen, das Mängelwesen. Seine Geruchsbegabung ist

    sozusagen die Überkompensation eines Mangels: Weil er selbst von Geburt an keinen Geruch ausströmt, ist er so sensibel für Fremdgerüche.

4. Um diesen Kern herum rankt sich die Erzählung von historischen Milieus, in denen der Held aufwächst, wie in anderen Bildungsromanen auch: hier die Schilderung der asozialen Geburt, das Findelkind an der Klosterpforte, die zwei Handwerkslehren, als Gerber und als Parfumeur. Und dann der Aufstieg zum Erfolg und schließlich das Ende, die absurde Apotheose: Seine letzten Verehrer fressen ihn kannibalisch auf.

Als Künstler- und als Bildungsroman (auch als Anti-Bildungsroman) – neben vielen anderen Etikettierungen – ist »Das Parfum« von der Literaturwissenschaft bereits approbiert (Cersowsky, 2005, S. 129). Ein weiteres Charakteristikum fügt Cersowsky hinzu: der Roman als ein »ironisch-parodistisches Spiel« (S. 127) – was ihn wiederum würdig in eine Reihe mit Thomas Manns »Felix Krull« und überhaupt mit den ironisierenden Anti-Bildungsromanen stellt, die dem ursprünglich bitterernsten literarischen Projekt der Deutschen Klassik erst die zeitgemäße Würze verleihen.

4.3.3 Bildungsroman und Autobiographie: Gemeinsames und Unterscheidendes

Karl Philipp Moritz nannte seinen »Anton Reiser« einen »psychologischen Roman«; er hätte ihn auch als »autobiographischen Roman« bezeichnen können. Nicht selten ist, wie auch das Beispiel Goethe zeigt, die romaneske Fiktion nur die mehr oder weniger durchsichtige Verkleidung einer autobiographischen Erzählung.

    In der Moderne gehört es geradezu zur Kunstform, das Autobiographische und das Fiktionale verfließen zu lassen. Oder gar, nach Max Frischs Satz »Jeder erfindet eine Geschichte«, wird jeder Versuch, autobiographisch zu erzählen, fiktional: Wer autobiographisch zu erzählen meint, erzählt in Wirklichkeit einen Roman. Auch wenn dem, wie weiter oben ausgeführt, nicht uneingeschränkt beigepflichtet werden kann, gehen doch die beiden Erzählformen ineinander über: der »psychologische Roman« als verkappte Autobiographie und vice versa.

Beiden gemeinsam ist der weite Bildungsbegriff: Es wird erzählt, wie einer an den Punkt gekommen ist, an dem er heute ist. Alles, was ihm auf dem Weg dorthin begegnet ist und ihm Richtung gegeben hat, gehört zu seiner Bildung: gesellschaftliche Rahmenbedingungen, menschliche Beziehungen aller Schattierungen, von der Liebe bis zum Hass, der Weg zu einem »Platz in der Welt«, der Erwerb von Kenntnissen und Orientierungen – schlechthin alles, was ich hier unter dem Leitsatz »Das Leben bildet« zusammenfasse.

Zumindest eines hat der Bildungsroman der manifest autobiographischen Erzählung voraus: die größere Freiheit zur Distanzierung von der erzählten Geschichte. Für den autobiographischen Erzähler, sei er naiv oder literarisch, ist die Versuchung größer, seine Geschichte als Heldenepos zu erzählen.

Der Romanerzähler hingegen (vor allem der moderne, nachklassische) hat die Freiheit, sich von seinem Helden zu distanzieren, ihn zu persiflieren: Bildung ist hier weniger zwingend das Heldenepos; auch der Hochstapler Felix Krull oder der Grass'sche Blechtrommler oder das »geniale Scheusal« Grenouille habe ihre Bildungsgeschichte, die aus analysierender oder ironischer Distanz erzählt werden kann. Aus der Bearbeitungsgeschichte des »Wilhelm Meister« kann man freilich auch lernen, dass auch diese Freiheit dort an Grenzen stößt, wo die Identität von Romanheld und Autor allzu gefährlich nahe aneinander rückt.

Noch in einem weiteren Punkt ist der Bildungsroman der Autobiographie überlegen; er vermag in Lebenslagen und Lebensschicksale von Menschen hineinzuleuchten, die vielleicht nicht ohne weiteres dazu aufgelegt und befähigt sein könnten, ihre je eigene Lebensgeschichte authentisch in der Ich-Form zu vermitteln. Weder den Felix Krull noch den Blechtrommler noch den Frosch Grenouille kann man sich als realen Ich-Erzähler so recht vorstellen.

Freilich wird dieser Vorteil des Romans wieder mit einem Nachteil erkauft: Dem Romanautor bleibt nahezu unbeschränkter Freiraum zum Phantasieren und Konstruieren, so dass der Leser am Ende mehr über die Ideen des Autors als über den zu beschreibenden Charakter erfährt und sich hüten muss, die erzählte Geschichte allzu unbesehen für ein Abbild und einen Spiegel »wirklicher« Lebensgeschehnisse zu nehmen. So war Eissler glücklicherweise besonnen genug, Goethes Mutter keinen realen Liebhaber anzudichten.

5 Die Psychoanalyse: Freud und Jung

Was sich bereits beim nachklassischen Bildungsroman abzeichnet, ist das Interesse auch für Lebens- und Bildungsgeschichten, die nicht von der großen schöpferischen Persönlichkeit, sondern von Alltagsmenschen mit ihren Problemen und teils frustranen Suchbewegungen handeln, von Schicksalen, die im Extremfall gar im Zuchthaus oder in der Psychiatrie enden – diesen quasiklinischen Bereich hat die Psychoanalyse mit ihren Krankengeschichten für die Biographieforschung erschlossen – wobei allerdings die klassische Psychoanalyse Freuds immer in der Gefahr war, sich den verstehenden Zugang zu derartigen biographischen Bildungsprozessen durch einen allzu klinisch diagnostizierenden und subsumierenden Blickwinkel auch wieder zu verstellen.

Daher mag es sinnvoll sein, den Blick auf die manchmal allzu klinisch sich artikulierende Freud'sche Krankengeschichte durch die Würdigung der Beiträge Jungs und seiner Schüler zu ergänzen, in denen das Selbstfindungs- (und damit Bildungs-)Moment der Lebensgeschichte explizit zur Sprache kommt.

5.1 Die psychoanalytischen Krankengeschichten – »wie Novellen zu lesen«

In der Medizin ist die Krankengeschichte eine ziemlich dürre und trockene Angelegenheit. Dem Klinischen Wörterbuch von Pschyrembel entnehme ich zu diesem Stichwort: »patientenbezogene Aufzeichnungen des behandelnden Arztes, zu denen der Arzt von Rechts wegen verpflichtet ist (Dokumentationspflicht); sie umfaßt neben den administrativen Daten alle für die Behandlung wichtigen Umstände wie die Anamnese, Angaben zu Krankheitsursachen und -ablauf, diagnostische und therapeutische Maßnahmen sowie ggf. nach Behandlungsabschluß eine katamnestische Zusammenfassung« (Pschyrembel, 1994, S. 823; in späteren Auflagen komprimiert).

All das war immer sehr kurz und knapp gehalten. Die psychiatrischen Krankengeschichten waren schon immer etwas ausführlicher, wenn auch nicht viel, wie eine von Hirschmüller aufgefundene frühe Krankengeschichte Freuds bezeugt. Damals war dieser noch ein gewöhnlicher Jungarzt in der Psychiatrie, der es ebenso machte, wie es alle damals machten (vgl. Hirschmüller, 1991). Die Augen gingen Freud erst etwas später auf: durch seine Zusammenarbeit mit dem Wiener Internisten Josef Breuer und durch seinen Studienaufenthalt in Paris bei Charcot. Dort entdeckte er, dass hinter jedem psychischen Krankheitsfall ein ganzer Lebenszusammenhang steht, der erzählt werden muss, wenn der Patient bzw. die Patientin verstanden und geheilt werden soll.

Die Ur-Patientin der Psychoanalyse war die Anna O., mit ihrem wirklichen Namen Bertha Pappenheim, eine sehr begabte junge Frau, an der die sogenannte »talking cure« entwickelt wurde. Sie musste alle ihre (allerdings »erfundenen«) Geschichten in der Hypnose loswerden; diese steckten sozusagen in ihr und machten sie krank: »Konnte sie mir in der Abendhypnose einmal die Geschichte nicht erzählen, so fehlte die abendliche Beruhigung, und am andern Tag mußten zwei erzählt werden, um diese zu bewirken« (zit. nach Bally, 1961, S. 239).

Bertha Pappenheim war eigentlich Breuers Patientin. Freud sammelte in seiner späteren Praxis eine Reihe ähnlicher Geschichten, aus denen erst 1895 das gemeinsame Buch »Studien über Hysterie« entstand. Es enthält fünf Krankengeschichten, eine von Breuer, vier von Freud, und ein gemeinsames Einleitungs- und Schlusskapitel. Dieses Buch war sozusagen die Geburtsstunde der großen psychoanalytischen Krankengeschichte.

5.1.1 Die gewandelte Rolle der Krankengeschichte in der Psychoanalyse

Später hat Freud nur noch einige wenige, allerdings sehr ausführliche und innerhalb des Gesamtzusammenhangs der psychoanalytischen Literatur hochbedeutsame Krankengeschichten niederge schrieben: »Bruchstück einer Hysterie-Analyse« (1905e), »Analyse der Phobie eines fünfjährigen Knaben« (1909b), »Bemerkungen über einen Fall von Zwangsneurose« (1909d), »Aus der Geschichte einer infantilen Neurose« (1918b).

Ihm war selbst schon frühzeitig aufgefallen, dass seine Krankengeschichten in ihrer Ausführlichkeit und Differenziertheit mehr Verwandtschaft mit der Seelenschilderung von Dichtern als mit den lakonischen Krankengeschichten seiner ärztlichen Kollegen hätten (vgl. Freud, 1895d, S. 227). Im Widerspruch dazu bestand ein wesentliches Stück von Freuds wissenschaftlichem Selbstverständnis freilich gerade darin, dass er sich als Kliniker sah, der seine wissenschaftlichen Aussagen auf Beobachtungen am Krankenbett gründete.

Klinische Kasuistik nimmt in seiner Beweisführung einen bevorzugten Platz ein, vor allem auch unter dem Aspekt, die Wirksamkeit der psychoanalytischen Behandlungsmethode daran zu erweisen. Die Schwierigkeiten klinischer Validierung nimmt er wohl wahr, aber nur eingeschränkt: »Wenn man einen schwierigen Fall hergestellt hatte, so konnte man hören: das ist kein Beweis, der wäre auch von selbst in dieser Zeit gesund geworden. Und wenn eine Kranke, die bereits vier Zyklen von Verstimmung und Manie absolviert hatte, in einer Pause nach der Melancholie in meine Behandlung gekommen war und drei Wochen später sich wieder zu Beginn einer Manie befand, so waren alle Familienmitglieder, aber auch die zu Rate gezogene hohe ärztliche Autorität, überzeugt, daß der neuerliche Anfall nur die Folge der an ihr versuchten Analyse sein könne« (Freud, 1916–1917a, S. 481).

»Ich will Ihnen anstatt vieler Fälle einen einzigen erzählen« (S. 479) – einen einzigen, der sozusagen alles Wissen aus den vielen Fällen verdichtet: Das ist das Wesen der »klinischen Beweisführung«, wegen der Freud später so heftig in die Kritik geraten ist (vgl. Grünbaum, 1988).

Grünbaum findet Freuds klinische Beweisführung wissenschaftlich nicht zureichend. Er belegt dies unter anderem an Freuds berühmter Fallgeschichte des »Rattenmannes«, worin er postuliert habe, dass frühzeitige sexuelle Aktivität – etwa exzessive Masturbation –, die rigoros verdrängt wurde, die spezifische Ursache für die Zwangsneurose darstelle. An der Geschichte des »Rattenmannes« weist Grünbaum auf, dass es ein »epistemisch völlig hoffnungsloses Unterfangen« (Grünbaum, 1988, S. 407) sei, retrospektiv aus der Krankengeschichte die Tatsächlichkeit oder gar die kausale Relevanz eines solchen Ereignisses zu erschließen. Noch so viele Fälle, in denen ein angeblich pathogenes Ereignis in der Kindheit (z. B. frühkindliche Masturbation) mit einer späteren Neurose einhergehe, könnten nicht entscheiden, ob hier nicht ein »post hoc« mit einem »propter hoc« verwechselt werde.

»Um hierzu eine Analogie zu finden, wollen wir annehmen, es gelte die Hypothese, Kaffeetrinken sei kausal relevant für die Überwindung von Schnupfen. Man stelle sich weiter vor, es erweise sich in einem Fall, daß ein vom Schnupfen Befreiter während seiner Erkältung Kaffee getrunken hat. Dann wäre ein solches Beispiel für sich genommen wohl kaum dazu geeignet, die Hypothese von der kausalen Relevanz zu untermauern« (Grünbaum, 1988, S. 409).

In der Psychoanalyse hat sich seither eine kritische Neubewertung der Krankengeschichte vollzogen. Dabei spielten die Argumente Grünbaums sicher eine gewichtige Rolle, welche den Erklärungswert der Krankengeschichte bezweifelten – nach streng empirischen Maßstäben wohl mit Recht. Es kam aber noch etwas Weiteres hinzu: Auf dem Kongress der Internationalen Psychoanalytischen Vereinigung (IPV) in Rom 1989 hatten die Psychoanalytiker mit einem Schock feststellen müssen, dass ihre Behandlungspraxis – trotz einheitlicher Terminologie, einer Art von psychoanalytischem »Kirchenlatein«, wie ein Kritiker ironisch formulierte – weit divergierte. Es erschien notwendig, sich über Behandlungsabläufe in ihrer Tatsächlichkeit wissenschaftlich zu verständigen; es erhob sich die Forderung nach einer »argumentationszugänglichen« (Körner, 2003, S. 28) Krankengeschichte. Der IPV-Kongress in Toronto 2003 war diesem neuen Verständnis der Krankengeschichte als Behandlungsgeschichte gewidmet. All dies lief auf eine zunehmende Verwissenschaftlichung der Krankengeschichte hinaus.

Nun haben Freuds Krankengeschichten aber noch eine andere Seite, auf die u. a. Hillman (1986) hingewiesen hat. Freud, von

Hause aus Mediziner und Neuropathologe, wundert sich selbst, was aus seinen Krankengeschichten hysterischer Patientinnen unter der Hand geworden ist: dass sie nämlich »wie Novellen zu lesen sind, und daß sie sozusagen des ernsten Gepräges der Wissenschaftlichkeit entbehren. Ich muß mich damit trösten, daß für dieses Ergebnis die Natur des Gegenstandes offenbar eher verantwortlich zu machen ist als meine Vorliebe«, dass »eine eingehende Darstellung der seelischen Vorgänge, wie man sie vom Dichter zu erhalten gewohnt ist, mir gestattet, bei Anwendung einiger weniger psychologischer Formeln doch eine Art von Einsicht in den Hergang einer Hysterie zu gewinnen« (Freud, 1895d, S. 227).

»Wie kam es«, fragt Hillman, »dass Freud Belletristik und Fachliteratur zu vermischen begann, als er versuchte, psychologische Krankengeschichten zu schreiben? War er nicht auf der Suche nach einer neuen Form des Schreibens, für die es noch keine Vorbilder gab? Er fühlte und dachte wohl wechselweise im Sinne der einen und im Sinne der anderen großen Tradition: der naturwissenschaftlichen und der geisteswissenschaftlichen« (Hillman, 1986, S. 10). »Krankengeschichte: Falldokumentation als (literarische) Fiktion« hat Hillman dieses Kapitel seines Buches über »psychotherapeutische Poetik« überschrieben. Am Beispiel von Freuds Dora-Geschichte analysiert er eingehend die Stilmittel, deren sich Freud bei der Darstellung bedient.

Freuds Krankengeschichten hätten sich anfangs spontan und sozusagen naiv zwischen »Belletristik und Fachliteratur« bewegt; es waren bewegende Geschichten, in denen der Leser bzw. die Leserin sich wiederfinden konnte – wie in einer Novelle auch. Krankengeschichten, sagt Hillman, »sind subjektive Erscheinungen, Seelengeschichten«. »Die größte Bedeutung haben sie für den Menschen, von dem sie handeln. Er hat in seiner Krankengeschichte eine Erzählung, eine literarische Fiktion, in die sein Leben eingebettet wird« (Hillman, 1986, S. 73).

In einem fulminanten Text hat Walter Jens »Freud als Schriftsteller« (1991) charakterisiert. Seine sogenannten Krankengeschichten seien »in Erzählungen verwandelt, die eher in Anthologien als in medizinische Aktenschränke gehören«. Vor allem die

Dora-Geschichte hat es ihm angetan: »mit dem Psychogramm eines pubertierenden Mädchens, zugleich ein viktorianisches Gesamt-Panorama [...] – ein Panorama mit Ehebrechern und lüsternen Gouvernanten [...] mit Bürgern, die von Moral reden und sich als zynische Macchiavellisten gerieren« (S. 959 f.). Dabei übersieht Jens keineswegs, dass der »Hauptakteur«, Sigmund Freud, persönlich in dieser Behandlung auf höchst zweifelhafte Weise agiert, wie dies auch neuere psychoanalytische Kritiker hervorgehoben haben – aber dieses Agieren mit grandioser Darstellungskunst in Literatur umsetzt.

5.1.2 Die psychoanalytische Krankengeschichte – auch eine Bildungsgeschichte?

Die Idee, psychoanalytische Krankengeschichten als Bildungsgeschichten zu lesen, geht letzten Endes auf Rehm (1968) zurück. Dieser zeigte an Freuds eigenen Behandlungsgeschichten der 18-jährigen Dora und des fünfjährigen »Kleinen Hans«, dass solche Behandlungsberichte immer auch Erziehungsmilieus differenziert dokumentieren. Rehm bezeichnet sie demnach als »Berichte über Erziehungsverhältnisse«. Den Ausdruck »Bildungsgeschichten« verwendet er freilich noch nicht.

Einen Schritt weiter in dieser Richtung ist Datler in seiner Wiener Habilitationsschrift »Bilden und Heilen« (1995) gegangen. Er begründet dort die These, psychoanalytische Praxis sei als Spezialfall von pädagogischer Praxis und der psychoanalytische Heilungsprozess sei als ein Bildungsprozess zu begreifen. Bildungsprozesse in seinem Verständnis sind »Veränderungsprozesse [...], die in ihrem Kern im Bereich des Psychischen angesiedelt sind und überdies – in welcher Hinsicht auch immer – als wünschenswert angesehen werden« (Datler, 2006, S. 96).[1]

---

1 Datler weist an dieser Stelle darauf hin, dass diese letztere Bedingung für den von mir vertretenen Bildungsbegriff nicht gilt; ich komme auf diese Kontroverse zurück.

Die nachfolgenden Überlegungen sollen also von der psychoanalytischen Fallstudie als »Bildungsgeschichte«, d.h. als Dokumentation eines in der Geschichte der Erkrankung selbst und im Verlauf der nachfolgenden Behandlung durchlaufenen Bildungsprozesses handeln.

An der Krankengeschichte des »Rattenmannes«, einer der weniger diskutierten neben den berühmteren der »Dora«, des »Kleinen Hans« und des »Wolfsmannes«, habe ich – teils im Disput mit Rüdiger Bittner – schon früher einiges für mich abgearbeitet, vor allem die kontroverse Frage, ob der ganze aufwendige Apparat psychoanalytischer Nomenklatur und Theorie notwendig sei, um die Genese seiner Zwangssymptome – vor allem der »Rattenstrafe« und des Geld-Zurückgebens an den grausamen Hauptmann – zu verstehen (vgl. R. Bittner in G. Bittner, 1998).

Im gegenwärtigen Zusammenhang geht es um etwas Weiterreichendes, nämlich um die Frage, ob und in welchem Sinn diese Geschichte als Bildungsgeschichte gelesen werden kann. Ich könnte darauf hinweisen, dass gleich in der ersten Textzeile das Wort »Bildung« vorkommt, allerdings im Sinn von akademischer Bildung, d.h. des konventionellen Bildungsverständnisses. So ist es hier gerade nicht gemeint, sondern im Sinn meiner Definition: Bildung ist, was ich aus meinem Leben gemacht habe bzw. was mein Leben aus mir gemacht hat.

Das Leben des »Rattenmannes« hat Verschiedenes aus ihm gemacht, zum Beispiel einen Akademiker (wir erfahren allerdings an dieser Stelle nicht, was sein Beruf ist), einen Reserveoffizier und einen nach dem Urteil seines Freundes wertvollen und moralisch hoch stehenden Menschen. Aber auch einen Zwangskranken; zugleich einen sexuell und erotisch Gehemmten. Als solcher präsentiert er sich dem Arzt und erzählt ihm seine Geschichte.

»Mein Sexualleben hat sehr früh begonnen. Ich erinnere mich einer Szene aus meinem 4. bis 5. Jahre (vom 6. Jahre an ist meine Erinnerung überhaupt vollständig), die mir Jahre später klar aufgetaucht ist. Wir hatten eine sehr schöne, junge Gouvernante, Fräulein Peter [...]. Die lag eines Abends leicht bekleidet auf dem Sofa und las; ich lag neben ihr und bat sie um die Erlaubnis, unter ihre Röcke zu kriechen. Sie erlaubte es, wenn ich niemand etwas davon sagen würde. Sie hatte wenig an und ich betastete sie an den Genitalien und am Leibe, der mir kurios vorkam. Seitdem blieb mir eine brennende, peinigende Neugierde, den weiblichen Körper zu sehen. Ich weiß noch, mit welcher Spannung ich im Bade, wohin ich noch mit dem Fräulein und den Schwestern gehen durfte, darauf wartete, bis das Fräulein ausgekleidet ins Wasser stieg« (Freud, 1909d, S. 386).

Der Patient erinnert sich an die junge, schöne Gouvernante, an der er erstmals seine sexuelle Neugierde stillen konnte. Freud selbst erinnert sich an anderer Stelle an seine eigene Kinderfrau, die er als seine »Lehrmeisterin« in sexuellen Dingen bezeichnet. Ist das wörtlich zu nehmen, sind solche Erlebnisse, wie von dem Patienten geschildert, als Lernsituationen, gar als »Bildungserlebnisse« anzusehen?

Sicher handelt es sich um ein »Schlüsselerlebnis« im oben entwickelten Sinn (vgl. Kap. 2.3), das dem Patienten erstmals etwas vom Bereich des sexuellen Lebens und Erlebens erschlossen hat. Insofern bestünden keine Bedenken, dies als ein Stück seiner sexuellen Bildung zu bezeichnen.[2]

Alles Begegnende, das uns einen bis dahin unverstandenen Lebensbereich aufschließt, ist in diesem Sinn ein Bildungserlebnis, unabhängig von dessen moralischer oder pädagogischer Erwünschtheit. Im vorliegenden Fall zeigt sich bald, dass diese Bildungserlebnisse mit den Gouvernanten das Kind in einen Konflikt bringen: Sein weiterhin brennender Wunsch, Mädchen nackt zu sehen, erzeugt zugleich die »krankhafte Idee, die Eltern wüßten meine Gedanken«, die sie besser eben nicht wissen sollten, und »ein unheimliches Gefühl, als müßte etwas geschehen, wenn ich das dächte, und ich müßte allerlei tun, um es zu verhindern«. Als Probe solcher Befürchtungen gibt er an, »mein Vater würde sterben« (S. 387). Es »bildet sich« ein innerer Widerstreit, den er auf

---

2 Aus einem späteren Lebensalter wäre diesem Beispiel etwa die Episode aus Thomas Manns Geschichte des Hochstaplers Felix Krull an die Seite zu stellen, wo dieser berichtet, wie er als 19-Jähriger von einer Hure, mit der er sich anfreundete, in eine erotische »Schule« genommen wurde.

seine Weise zu bewältigen sucht. Dieser frühe Bewältigungsversuch selbst ist nach Freud der »Elementarorganismus« der Krankheit, »der Kern und das Vorbild des späteren Leidens« (S. 388).

Freud gebraucht eine organismische Metapher: die Krankheit als ein Organismus mit einer eigenen »Bildungsgeschichte«. Dies wäre indessen allzu organismisch-wachstümlich gedacht; Freud meint es wohl auch nicht so. Bildungsprozesse sind, folgen wir Goethe (wie in Kap. 4.1 ausgeführt), Dämon *und* Tyche, Eros *und* Ananke – so sieht es auch Freud. Das Bildungsschicksal des »Rattenmannes« ist personifiziert in der Gestalt des Vaters, und, hieraus resultierend, des verinnerlichten Vaters im väterlichen Introjekt. »Der Vater als Schicksal«, könnte man in Abwandlung des seinerzeit bekannten Buchtitels »Die Mutter als Schicksal« von Schottlaender (1947) sagen. Rüdiger Bittner (2006) hat das Prekäre des Verhältnisses zwischen Paul H., dem »Rattenmann«, und seinem Vater beleuchtet; es muss wohl erheblich komplexer gewesen sein als bloße unbewusste »Feindseligkeit«, wie von Freud unterstellt.

Freud war von der Krankengeschichte des Paul H. vor allem fasziniert, weil sie reichliches Material bot, um die Genese manifester Zwangsvorstellungen zu erklären. Das Objekt bzw. Introjekt »Vater« und seine Bedeutung für Paul H.s Lebensschicksal war damals für ihn noch nicht fassbar. Man bedenke, dass Paul H. noch neun Jahre nach dem realen Tod des Vaters fürchtet, dieser könnte sterben, wenn er, der Sohn, gewisse Tabus missachtet. Freud registriert dies einfach als eine Merkwürdigkeit, ohne weitere Schlüsse zu ziehen.

Unter bildungstheoretischer Perspektive wäre man geneigt, eine spätere Formulierung Freuds aus »Trauer und Melancholie« rückwirkend auf Paul H. zu beziehen: »Der Schatten des Objekts fiel [...] auf das Ich« (Freud, 1916–1917g, S. 435). Der Schatten des Vaters ist recht nachhaltig auf Paul H.s Leben gefallen. Sein Ich war lebenslang »verlötet« mit diesem väterlichen Introjekt. Sein eigenes, vom Vater getrenntes Ich realisierte sich allein in der archaischen Form der »Allmacht der Gedanken« – eine geniale terminologische Erfindung, die Freud für eine Schöpfung des Paul H. ausgibt.

Erst ganz am Ende beleuchtet Freud in wenigen Sätzen die Ich-Positionierung des Paul H., das Resultat seines krankheitsdeterminierten Bildungsprozesses: »Daß er gleichsam in drei Persönlichkeiten zerfallen war: [...] in eine unbewußte und zwei vorbewußte [...]. Sein Unbewusstes umschloß die frühzeitig unterdrückten, als leidenschaftlich und böse bezeichneten Regungen; in seinem Normalzustande war er gut, lebensfroh, überlegen, klug und aufgeklärt, aber in einer dritten psychischen Organisation huldigte er dem Aberglauben und der Askese.« Das weltzugewandte ist sozusagen das offizielle Ich, das zweite das vor der Welt verborgene neurotische, während bei diesen Patienten dahinter als drittes Ich das »völlig unbekannte Unbewußte ihres Wesens« aufzufinden ist (S. 463).

Dies war das Resultat eines Bildungsprozesses, welcher in die Krankheit führte: der Zwang als »Versuch zur Kompensation des Zweifels« (S. 459), der sein ganzes Leben wie ein roter Faden durchlief, ein Versuch, sich mit seiner Angst und seinen Zweifeln in der Welt zu positionieren – ein Bildungsprozess, der aber auf Kosten der eigenen Tiefenschicht, des »unbekannten Unbewussten« des eigenen Wesens gegangen ist.

Auch die Therapie stellt sich als ein Bildungsprozess dar, der zu einer bekömmlicheren Positionierung in der Welt führen soll. Wir erfahren nur wenig über die Einzelheiten. »Mit der Lösung, die sich uns ergab, war das Rattendelirium beseitigt« (S. 438) – schön und gut: Aber wie sah die Neupositionierung aus? In seinem Konflikt, »ob er dem Vater gehorsam und ob er der Geliebten treu bleiben solle«, scheint »mit Unterstützung der normalen Besinnung« die Geliebte den Sieg davon getragen zu haben – aber für wie lange? Freuds Erzählung schließt mit einem »Zusatz 1923«: »Der Patient, dem die mitgeteilte Analyse seine psychische Gesundheit wiedergegeben hatte, ist wie so viele andere wertvolle und hoffnungsvolle junge Männer im großen Krieg umgekommen« (S. 463).

Meine Sicht dieser Fallgeschichte könnte zwei grundsätzlichen Einwänden begegnen:

1. Datler hat den psychoanalytischen Behandlungs- als einen Bildungsprozess diskutiert und dabei auf eine Diskrepanz zu meinem Konzept hingewiesen. Für ihn ist der Bildungsprozess

ein Prozess der inneren Veränderung, dessen Resultate »als wünschenswert angesehen werden«. In diesem Sinn wäre zwar die psychoanalytische Behandlung ein Bildungsprozess, die Konstellierung der neurotischen Erkrankung hingegen nicht. Damit ist in der Tat eine der zentralen Prämissen pädagogischer Biographienanalyse, wie ich sie vertrete, tangiert: die Prämisse der Wertfreiheit. Datler begründet sein von meinem abweichendes Verständnis nicht näher; ich will es im Hinblick auf mein Postulat der Wertfreiheit in der Biographienanalyse wenigstens versuchen.

– Biographienanalyse ist eine qualitativ-empirische Forschungsmethode und muss sich als solche der Bewertung der untersuchten Prozesse enthalten. Datlers eigenes Zögern im Hinblick auf die Zielkategorie des »Wünschenswerten« macht sich in der Einschränkung bemerkbar »in welcher Hinsicht auch immer«. Tatsache ist, dass ein theoretisch fundierter Konsens über die Kategorie des »Wünschenswerten« heute kaum mehr besteht.

– Jeder Konsens ist immer nur praktisch-pragmatisch: Als Berater und Therapeuten werden wir uns leicht darüber verständigen, dass der »Bildungsweg« eines Amokläufers tunlichst durch geeignete Interventionen unterbrochen werden sollte; als Biographienwissenschaftler hingegen sollten wir sine ira et studio untersuchen, wie einer biographisch dahin kommt, Amok zu laufen.

– Mein Aha-Erlebnis in diesem Punkt war Thomas Manns »Felix Krull«: Warum nicht den Bildungsroman bzw. die fiktive Autobiographie eines Hochstaplers schreiben? Jedenfalls scheint mir, diese uneigentlichen Bildungsromane wie der »Felix Krull«, die »Blechtrommel« oder das »Parfum« seien zumindest unterhaltsamer, vielleicht sogar lehrreicher als der »Wilhelm Meister«.

– Mir scheint weiterhin, dass die – zumindest theoretische – Wertfreiheit auch aus der Sicht der Psychoanalyse dem Respekt vor dem Patienten und den Lösungen, die er für seine Lebenskonflikte gefunden hat, bevor er in Analyse kam, geschuldet ist. Der »Rattenmann« mit seinem Schwanken zwischen der Geliebten und dem Vater, das er nicht zu beenden wusste, »erfand« seinen Zwang. Den Umständen entsprechend eine respektable Erfindung!

– Am Rande sei schließlich vermerkt, dass Freud selbst davon spricht, die »Konstellation« vergegenwärtigen zu wollen, »in welche die Bildung [!] der großen Zwangsidee fiel« (S. 437). Freud verwendet hier unbefangen jenen alten Sprachgebrauch, wo »bilden« ein recht vieldeutiges Wort war (vgl. Trübner, 1939): die Bildung einer Pflanze, eines Menschen, die »edle Bildung« eines Gesichts – warum nicht auch die Bildung eines neurotischen Symptoms? Etwas von dieser Weite des Sprachgebrauchs möchte ich zurückgewinnen.

2. Gegen die Behandlung von psychoanalytischen Krankengeschichten im Kontext von Autobiographien ließe sich einwenden, es sei ja der Analytiker, nicht der Patient, der die Geschichte des Patienten und seiner Interaktion mit ihm erzählt. Ausgehend von Freuds »Rattenmann« halte ich dem entgegen, dass die Erzählung anhebt mit einem ausführlichen, in Anführungsstriche gesetzten Eigenbericht des Patienten – sicher nicht tonbandgetreu, aber doch der Text, der dem O-Ton Paul H. am nächsten kommt (vgl. R. Bittner, 1997, S. 365). Im Grunde erzählt in der Analyse der Patient seine Geschichte, der Analytiker protokolliert und kommentiert sie und versieht sie gleichsam mit erklärenden und interpretierenden Fußnoten. Es gibt sicherlich auch analytische Krankengeschichten, z. B. aus der Schule Melanie Kleins, wo die Fußnoten den Text überwuchern, so dass er unkenntlich wird. Aber das ist eine bedauerliche Verirrung.

Das Dilemma der psychoanalytischen Krankengeschichte, wie auch schon am »Rattenmann« ablesbar, besteht darin, dass nicht nur die bewusste, sondern zugleich die unbewusste Geschichte, Text und Subtext zugleich, erzählt werden sollen. Den Subtext kann der Patient nicht erzählen, eben weil er ihm nicht bewusst ist. Er ist darauf angewiesen, dass ein anderer, d. h. der Analytiker, ihm die unbewusste Geschichte vorerzählt (sozusagen als sein autobiographischer Ghostwriter) und der Patient

dann ehrlichen Herzens sagen kann: Ja, das ist meine Geschichte, darin erkenne ich mich wieder. Er müsste freilich die
volle Freiheit haben, die ihm vorerzählte Geschichte zu verwer-
fen und zu sagen: Nein, das ist meine Geschichte nicht.
Hier liegt das eigentlich Prekäre der analytischen Geschichten-
konstruktion: dass der Analytiker aus der Interaktion mit dem
Patienten Elemente der unbewussten Geschichte erschließen
muss, die dem Patienten nur als prozedurale Arbeitsmodelle,
nicht aber als deklarative Erinnerung verfügbar sind. Dieser
Übersetzungsprozess ist hoch gefährdet dadurch, dass der Analytiker immer in der Versuchung steht, seine eigene Lesart als
die des Patienten zu nehmen, und der Patient ihm die Lesart
abnimmt, ohne wirklich überzeugt zu sein. Der Idee nach ist
die analytische Krankengeschichte erweiterte Autobiographie:
Dem Patienten wird seine eigene Geschichte als vollständigere
zugespielt und in die eigene Verfügung zurückgegeben.
Hier eine Momentaufnahme aus einer eigenen psychoanalytischen Behandlung: Der Patient, ein pensionierter Gymnasial-
lehrer Ende sechzig, kommt schon seit Jahren zu mir, teils in
lockeren Abständen, inzwischen wieder regelmäßig. Er hatte
mich lange Zeit idealisiert, was mich teils belastete und mir die
Unbefangenheit nahm; jetzt idealisiert er seinen Gemeinde-
pfarrer, was mir ganz recht ist, weil es mir mehr Raum lässt,
spontan mit ihm umzugehen. Er entfernt sich ein Stück von
mir, aber wenn die Entfernung zu groß wird, kommt er zurück
und sucht das alte Idealisierungsverhältnis wiederherzustellen.
So lobt er in dieser Stunde überschwänglich die große Geduld,
die ich all die Jahre mit ihm gehabt hätte, es müsse eine wahre
Sisyphusarbeit gewesen sein!
Ich frage: »Was ist denn die Sisyphusarbeit?« Er erzählt umständlich die Geschichte von Sisyphos, wie er vergeblich den
Stein wälzt, der immer wieder zurückrollt. Das hatte ich gar
nicht hören wollen, das wusste ich selbst. Meine Frage ging dahin, was denn meine angeblich so mühsame und vergebliche
Arbeit mit ihm gewesen sei. Seine Antwort nun: dass ich ihn
über all die Jahre »ausgehalten« hätte.

Ich sage: »Ich glaube, jeder Mensch ist Sisyphos. Jeder wälzt seinen Stein, erlebt seine Vergeblichkeit«, und dachte dabei lebhaft
an mich selbst. Ich glaubte, er wolle nicht gern Sisyphos sein –
er stimmt lebhaft zu –, ich hätte ihn statt seiner aushalten sollen, weil er selber sich nicht aushalten konnte oder wollte. Er ist
sichtbar beeindruckt, wirkt lebhaft, und ich sage bei der Verab-
schiedung, das hätte mir heute gut getan, ihm das zu sagen.
Ich meine, hier habe ich etwas bewusst gemacht, was ihm und
auch mir bis dato nicht bewusst, aber zutreffend war. Dieses
Stück seiner – und unserer gemeinsamen – Geschichte über die
langen Jahre konnte er nicht selbst erzählen; ich musste es ihm
erzählen. Dennoch war es seine – und meine – Geschichte, insofern beiderseits »erweiterte Autobiographie«. Meine spontane
Bemerkung am Ende nahm ich als Indiz dafür, dass hier tatsächlich etwas lange Versteinertes (bei ihm, bei mir?) ausgesprochen und angeeignet worden war.

5.1.3 Krankengeschichten aus der Sicht des Patienten

Diese Art Krankengeschichten, wie sie die Psychoanalyse schreibt,
kann ja, da sie Unbewusstes zum Thema hat, eigentlich nur von
einem Außenstehenden, eben dem behandelnden Therapeuten, erzählt werden – aus dem einfachen Grund, weil der Betroffene selbst
das, was ihm unbewusst ist, nicht erzählen kann.

Allerdings gilt das auch wieder nicht uneingeschränkt: Aus der
Rückschau, wenn ihm Unbewusstes bewusst geworden ist, kann
auch der Patient seine Geschichte erzählen. Solche Analyseerzäh-
lungen ehemaliger Patienten verdienen im Rahmen der Autobiographienliteratur besonderes Interesse. Ich werde auf zwei solcher autobiographischer Krankengeschichten im Folgenden näher eingehen.

Peter Heller: Eine Kinderanalyse bei Anna Freud

Der reflektierteste Patientenbericht über eine psychoanalytische
Behandlung, den ich kenne, scheint mir der von Heller über seine

Kinderanalyse bei Anna Freud (1929–1932) zu sein. Dieses Urteil ist freilich parteilich und deshalb mit Vorbehalt zu genießen, weil ich am Zustandekommen und der letztendlichen Gestalt dieses autobiographischen Buches einigen Anteil hatte.

Heller berichtet über die Vorgeschichte seines autobiographischen Projekts: »Im November 1972 schickte Anna Freud mir eine Sammlung meiner Kindergedichte mit der Anfrage, ob ich wünschte, daß sie mir die Dokumente meiner Kinderanalyse nach ihrem Tod überlassen oder aber sie verbrennen sollte; ob ich den Dossier (›the file which refers to your analysis‹) ›upsetting‹ finden würde oder ›merely very interesting‹. Ich antwortete dankbar mit der Bitte, sie möge mir das Material nicht erst nach ihrem Tod hinterlassen, was sie dann auch – nach einigem Zögern – tat, so daß ich das Paket 1974 erhielt« (Heller in Bittner und Heller, 1983, S. 30).

Es handelt sich bei Hellers Bericht also um eine Rückerinnerung anhand von Aufzeichnungen, die ihm die Analytikerin überließ. Die Schwierigkeit, das Material zu gruppieren, liegt auf der Hand; Heller schildert die zeitraubenden Suchbewegungen, die der endgültigen Gestaltung vorausgingen. Ich finde nachträglich, es gab keine andere Lösung als die, die wir letztendlich gefunden haben.

Was gegen die Analyseerinnerungen von Analysanden immer wieder eingewandt wird, ist, dass sie ihre Analyse gar nicht wirklich beschreiben könnten, weil sie nicht den notwendigen Abstand haben, weil sie noch ganz in den Prozess hineinverwickelt sind – dieser Einwand kann hier nicht gelten: Durch die lange zeitliche Distanz von 50 Jahren hat Heller den erforderlichen inneren Abstand, so dass hier ein lebhaftes Zwiegespräch des betroffenen Patienten mit den lange zurückliegenden, aus der damaligen Aktualität geschaffenen Aufzeichnungen der Analytikerin stattfinden kann.

Was mir an diesem autobiographischen Dokument besonders gefällt, ist die Verschränkung von Fremdperspektive (d. h. der Analytikerin Anna Freud) und der Eigenperspektive des Analysanden. Heller benutzt das Material von Anna Freud als Erinnerungsstütze und erzählt daran entlang seine eigene Geschichte.

Auch von der Methodik der Biographieforschung her bin ich
sehr zufrieden mit diesem Projekt. Ich finde, es ist uns gut gelungen, alle beteiligten Stimmen unverfälscht zu Gehör zu bringen:
-   Anna Freuds Aufzeichnungen, die wir abgedruckt haben, ohne
    auch nur ein Tüpfelchen daran zu ändern,
-   Hellers persönlich-erzählend gehaltene Rückerinnerung,
-   und schließlich, davon abgetrennt, meinen fachlichen Kom-
    mentar,
-   wobei es auch immer wieder zu dialoghaften Rückbezügen
    kam: Heller sagt, Bittner sieht das so und so; ich aber finde, der
    Zusammenhang war so und so, usw. Wir haben dabei die kri-
    tik-zugängliche Krankengeschichte vorweggenommen, wenn
    nicht gar übertroffen.

Hellers Text ist zunächst einmal eine schöne, lebendige, sprachlich
gelungene Erzählung – erzählt mit dem Stil- und Nuancengefühl
eines an Nietzsche und Thomas Mann gebildeten Literaten, zum
Teil mit echt Thomas Mann'schen Schachtelsätzen, die man zweimal lesen muss, bis man sich durchfindet.
    Farbig und teils ironisch-humorvoll schildert er das Kind, das er
war, dieser »allzu lebhafte, untersetzte kräftige, schwarzwuschel-
haarige, ein wenig verwahrloste, verwöhnte, rauflustige, ängstliche
kleine Bub, der sich mitunter als armes Schwein und als ›Unsterb-
licher‹ aufführt und fühlt« (Heller, S. 7); ebenso seine Familie, die
wohlhabende Dynastie von Wiener Zuckerl-Fabrikanten: Der Ur-
großvater in Böhmen flößte noch die Baumstämme die Szasawa
hinunter, dessen Söhne wurden Kapitalisten mit ihrer prosperie-
renden Zuckerl- und Schokoladenfabrik. Der Vater »gehörte zur
zweiten Generation des Geldes«, war jugendbewegt, Psychoanalyse-
begeistert, wollte nicht ins väterliche Geschäft, ging aber dann
doch. Auch die Mutter war und blieb in gewissem Sinn ein »Mädchen aus reichem Haus«, zugleich »radikal antikapitalistisch, kunst-
orientiert, lebenshungrig« – die Trennung der Eltern war sicher das
bestimmende Ereignis während Peters Analyse bei Anna Freud.
    Die private Schule, die Peter mit den Burlingham-Kindern be-
suchte, mit Peter Blos und Erik Homburger als Lehrern – Erik

Homburger, der »an keinem Spiegel vorbeikam, ohne hineinzuse-
hen« (S. 14) –, und nicht zuletzt das Ambiente der Berggasse 19, die
Flurbegegnungen mit dem großen Alten, der vorbeikommt: »Vorn-
übergebeugt, mümmelnd – er litt damals längst an seinem Kiefer
und Krebs, hatte seine Prothese, die unzähligen Operationen« (S. 7)
– und schließlich Anna Freud, neben Peter die Protagonistin dieser
Analyse. Diese ganze bunte Wiener Welt wird vor den Augen des
Lesers lebendig. Hier nun die erste Aufzeichnung der Anna Freud:

»Zum Pavor nocturnus«
Peter Heller tritt Anfang Februar 1929 in die Analyse ein. Seine
Anfälle werden wie folgt beschrieben: er wacht aus dem Schlafe
auf, steht im Bett mit weit aufgerissenen Augen, als ob er etwas sehen würde, und ruft meistens: bitte, bitte, bitte nicht. Er zeigt auch
bei Tag Angst, wenn er durch den dunklen Vorzimmergang geht,
ferner vor dem Tod und davor, daß er als schwächliches Kind wieder auf die Welt kommen könnte. Sonst ist er sehr heiter und zu-
traulich« (Anna Freud in Bittner und Heller, S. 32).

   Den Angsttraum selbst, der ihn in Behandlung brachte, hat er
Anna Freud anscheinend nicht verraten, aber noch als 60-Jähriger
erinnert er ihn genau: »Im oberen Belvedere gehe ich längs des um
den großen Teich führenden Rondells an der Kante zwischen Rasen und Kiesweg entlang, trällere so und pfeife. Da kommt eine
große, schwarzblaue Maschine mit Hebeln und Schachten auf mich
zu. Ich kann ihr nicht aus dem Wege. Sie greift mich, zieht, drückt
mich mit ihrem Eisengestänge in ihre Schachte und ›malmt‹ mich,
so daß ich anhaltend brülle, bis endlich von fern her, wie Tropfen
durchs schwarze, dröhnende Dickicht Stimmen dringen, meinen
Namen rufen, ganz leise zuerst, dann lauter, und ich, von der hoch-
dramatischen Aufführung, die ich im Bette stehend, ohne mich
aufwecken zu lassen, lieferte, ermattet, so scheint es mir jetzt, mit
einigem Schuldbewußtsein und einiger Beschämung, die Aufmerksamkeit genieße, die mir die um mein Bett Stehenden, mich
Beruhigenden gewidmet haben. – Das ist das große Schreien, das
sich nicht etwa jede Nacht, aber häufig genug wiederholte. Von Anfang an war wohl anzunehmen, daß es eine – gewiß nicht als solche

bewußte – Veranstaltung war, anklagend die Aufmerksamkeit meiner, in ihren Trennungs- und Liebschaftsschwierigkeiten befangenen Eltern auf mich zu lenken; wie man mich ja dann auch wohl wirklich zum Teil aus Schuldgefühl – man empfand damals Scheidung noch als Schuld – in Analyse gab« (Heller, S. 158).

Die Ausgangslage also: Bedrohung, zermalmt werden durch das Zerbrechen der Familie; die Analyse selbst als Veranstaltung, die das Schuldgefühl der Eltern vermutlich beschwichtigen sollte. Anna Freud, fixiert auf die damals dominierenden psychoanalytischen Theoriestücke Ödipuskomplex und frühkindliche Sexualität, hat lange gebraucht, um die reale Destabilisierung der Heller'schen Familienverhältnisse und Peters Schmerz durch die Trennung von der Mutter wirklich wahrzunehmen, mit der Zeit gelang es aber doch. Eindrucksvoll für mich eine lakonische, trockene Bemerkung in ihrem Protokoll, als die Rede davon ist, dass er keine Ordnung halten kann, seine Sachen herumstreut: »Behandelt die Dinge so, wie die Eltern ihn behandeln.«

Die Trennung von der Mutter – er nennt sie Mem oder Menga – tritt immer deutlicher als der rote Faden dieser Analyse hervor. Noch ganz am Ende hin reflektiert der 60-Jährige: »Warum, fragt P. (= Peter), haben mich Vater und Mutter verlassen? Gemäß A. F.'s Deutung [...] lautet die Antwort: Nicht weil ich ein Schwein bin, werde ich verlassen, sondern nur weil ich verlassen bin, werde ich zum Schwein (bleibt mir nur ›die Regression zum Analen‹)« (Heller, S. 245).

Dies spielt auf eine zwischen ihm und seinem Kindermädchen Thesi Bergmann (später auch eine bekannte Kinderanalytikerin) gebräuchliche Redensart, die Peter so nachhaltig internalisierte, dass er sie noch aus der Jetzt-Perspektive des 60-Jährigen bekräftigte: »Das Schwein bleibt mein Lieblingstier, ›Schmutzliebe‹ als character indelebilis?« (Heller, S. 189).

Ich echauffierte mich in meinem Kommentar: »»Schwein bleibt Schwein‹, war eins der traurigen Dogmen der älteren Psychoanalyse. Freud selbst empfand das lebhaft so. Er fühlte sich bei seinen Forschungen wie ein neuer Midas, dem alles, was er anfaßt, sich in Dreck auflöst. Welcher Hohn wurde über C. G. Jung ausgegossen, der angeblich ›allen Dreck für höhere Seelenmarmelade‹ ausgegeben habe (Freud und Pfister, 1963, S. 90). Ein bißchen von dieser ›höheren Seelenmarmelade‹ wäre der Analyse des kleinen Peter gewiß bekömmlich gewesen. Es war dies ein Pathos der Wahrhaftigkeit, der Illusions- und Schonungslosigkeit in der älteren Psychoanalyse, das selber wieder Unwahrhaftigkeit und Illusion schaffte. ›Schwein bleibt Schwein‹, das ist eben einfach nicht wahr!« (Bittner in Bittner und Heller, S. 283).

Ansonsten war Hellers rückblickende Bewertung seiner Kinderanalyse und späteren Analyse skeptisch-positiv: Die Analyse habe z. B. seine Arbeitsweise als Philologe beeinflusst: »Das Problem des wunden Egos, das megaloman und seiner selbst ungewiß ist, hat die Psychoanalyse nicht gelöst, auch einen Hang zu zwanghaften sexuellen Phantasien und etwas perversen Halbzwängen beseitigte sie nicht. [...] Sie hat vielleicht auch geschadet: durch Förderung der Neigung zur Reflexion, die sicherem Auftreten, unbekümmerter Selbstgewissheit, die ganzem Gelingen günstig sind, entgegenwirkte. Aber sie hat mich auch über mich selbst belehrt, mich auf in mir liegende Gefahren aufmerksam gemacht; und aus der Reflexivität konnte grade ich manchen Nutzen ziehen.

Die Analyse repräsentiert eine Entdeckung, ermöglicht einen Vorstoß in Phantasiebereiche, von denen man vorher meist ab- oder weg-sah. In ihr liegt Hoffnung auf Befreiung und Bereicherung, Entwicklung eines Sinns für noch nicht erlaubte, noch nicht ergriffene Möglichkeiten, die auch manchen vorschweben, die nicht in Analyse waren« (Heller, S. 253 f.).

Eine eindrucksvolle Bildungsbilanz mit Licht und Schatten: Die Veränderung des Lebens ins Freiere und Offenere, Befreiung des Gedankens und der Phantasie – und daneben die Fixierung auf das Schwein, fast möchte ich sagen: die »Bildung zum Schwein« durch die Analyse.

Ernst Blums Analyse bei Sigmund Freud

Zum Freud-Jahr 2006 (150. Geburtstag) erschien ein Buch von Pohlen: »Freuds Analyse. Die Sitzungsprotokolle Ernst Blums«. Dieses

Buch entstand aus der Absicht, Freuds originäre Analysepraxis zu
rekonstruieren, mit kritischer Wendung gegen die heutige organisierte Psychoanalyse, die geradezu zu einer »Dissidentenbewegung«
gegen Freud geworden sei. Diese Psychoanalyse-kritische Intention
hat meine uneingeschränkte Sympathie; sie ist aber hier nicht mein
Thema. Ich lese Blums Aufzeichnungen und Rückerinnerungen
–   als autobiographische Mitteilungen eines Analysanden über
    den durchlaufenen analytischen Prozess,
–   unter der speziellen Frage: In welchem Sinn war die Analyse ein
    Bildungsprozess?

Pohlen lernt 1961 den damals fast 70-jährigen Blum kennen, der
1922 bei Freud eine Analyse gemacht und diese – mit Zustimmung
Freuds – protokolliert hatte. »Freuds offensichtliches Interesse an
einer Dokumentation seiner Analyseführung schien uns deutlich
zu machen, dass er einen authentischen Bericht seiner Analyse
überliefern wollte« (Pohlen, 2006, S. 21). Es geht Blum, der seine
Originalprotokolle von 1922 für Pohlen in den Jahren 1972/73 rückblickend ergänzt und mit einem Resümee versehen hat, um eine authentische Vergegenwärtigung der Praxis Freuds – im Kontrast zu
deren offizieller Rezeptionsgeschichte in der organisierten psychoanalytischen Bewegung, die sich in den Augen Blums und Pohlens
als eine Verleugnungs- und Verfälschungsgeschichte präsentiert.
    Ich lese in die Aufzeichnungen Blums hinein: Er ist zusammen
mit seiner Verlobten Elsa nach Wien gekommen, wo er die Analyse
bei Freud machen will. In der ersten Eintragung seines Analysenta-
gebuchs schildert er, wie er nach einem Koitus mit seiner Braut anderen Frauen in der Stadt nachgelaufen sei. In den nächsten Eintra-
gungen setzt sich dieses Thema der frustranen sexuellen Er-
oberungsversuche fort. »Diese sind doch von vornherein schon so
angelegt, daß sie misslingen, daß ich nur den Beweis gebe von meiner Insuffizienz« (Blum in Pohlen, 2006, S. 75). Blums Schwester,
seine »Inzest-Geliebte« aus Kindertagen, schreibt an Freud: Er solle
ihm diese Verlobung ausreden. Freud setzt den Analysanden in
Kenntnis, weil er kein Geheimnis mit der Schwester vor ihm haben
will, und verabredet mit ihm, »er werde meiner Schwester schrei-

ben, [...] daß es Aufgabe der Analyse sei, den inneren Menschen frei zu machen, so ein freieres Urteil zu bekommen, und er hoffe, dass ich auch durch die Analyse werde, daß ich mich in dieser Angelegenheit entscheiden könne« (hier fällt mir die Wendung vom »inneren Menschen« auf, die man sonst bei Freud nicht findet) (Blum in Pohlen, S. 79).

Freud bemerkt zu Blums Nachlaufen nach anderen Frauen: »Ob dies nicht, außer der von mir geäußerten Ansicht, ich wolle mir die Unfähigkeit, ein neues Verhältnis anzufangen [bestätigen – d. Verf.], die Versuche darstellen, mich von meiner Braut frei zu machen, die allerdings Versuche bleiben. Dies wird als vollkommen richtig von mir akzeptiert« (Blum in Pohlen, S. 79).

Eine ganz schlichte Intervention Freuds, die aber mitten in Blums Konflikt hineinführt: heiraten und dann gebunden sein oder in die Ferne schweifen, mit neuen, unbekannten Frauen Abenteuer erleben. Er wünscht es sich, sagt Freud, aber er will es dann doch nicht wirklich. Im Hängen am Altvertrauten klingt seine Inzestbindung an die Schwester nach.

Jetzt aber ist die Verlobte in der Position der Altvertrauten und Bindenden. Andererseits verkörpert sie auch das verlockende Fremde: Sie kommt von weit her, aus Estland; sie ist Christin und wird Blum dem Judentum entfremden, wogegen die Schwester, die ältere Rechte auf ihn geltend macht, bei Freud wütenden Protest erhebt.

In welcher Richtung also liegt einerseits das Neue, das ganz Andere, die Befreiung aus den Fesseln des Herkömmlichen, und in welcher Richtung andererseits das Inzesthafte, das Heimlich-Altvertraute? Und: Wo liegt das Recht, wo das Unrecht, wo die Wahrheit, wo die Lüge? Die Richtung ist nicht eindeutig vorgegeben.

Pohlen benennt zwei »Kristallisationspunkte« in Blums Analyse: Die Geschichte vom »Aalschwindel« und die Phantasie, Anna Freud zu heiraten. Als Freud einmal eine Interpretation gibt, sagt Blum: Dasselbe habe er auch gerade sagen wollen. Freud antwortet mit einem jüdischen Witz: Ein Jude hat für den Sabbat einen schönen Karpfen gekauft. Zwei andere Juden verabreden sich, ihm diesen abzuschwindeln. Sie sprechen ihn nacheinander an: Was hast du denn da? Einen Aal (den Juden nicht essen dürfen!). Um ihm seine Gewis-

sensnöte zu ersparen, »befreien« sie ihn von dem verbotenen Aal.
Der Mann kommt nach Hause; die Frau schimpft über den verlorenen Karpfen, der Mann rechtfertigt sich: »Wenn zwei Juden sagen, es
ist ein Aal, dann ist es ein Aal!« (Blum in Pohlen, S. 278).

Pohlens Interpretation dieser Szene kann ich nicht ganz folgen.
Mir scheint, Freud habe etwas Schlichteres sagen wollen: Wenn
zwei Juden (er und sein Analysand) »dasselbe sagen«, dann könnte
es trotzdem ein »Aal« (d. h. eine Lüge) sein. Der »Wahrheitskarp-
fen« kommt dabei unter die Räder. Übereinstimmung ist in der
Analyse noch lange kein Wahrheitsbeweis – all denen ins Stamm-
buch geschrieben, die heutzutage von »interpersoneller Validierung« schwärmen.

Den zweiten Kristallisationspunkt sieht Pohlen in Blums Phantasie, Anna Freud zu heiraten, und Freuds Reaktion darauf. Freud
sieht den Konflikt, der sich in der Einleitungsszene bereits andeu-
tete, nunmehr in einem »Endkampf« kulminieren: hier die »zwanghafte Neigung zur exogamen Frau«, der Braut aus dem fernen Estland, dort die ebenso »zwanghafte Neigung zum anderen Extrem,
der Schwester-Imago«, also der inzesthaften, endogamen Liebe
(wobei mir nur scheint: Man weiß letzten Endes nie, wo das Exo-
game und wo das Endogame ist).

Freud sagt: »Ich habe nichts dagegen, wenn Sie meine Tochter
heiraten wollen. Sie sind ein junger Mann mit guten Manieren, Sie
sind Analytiker, Sie sind Schweizer, alles Eigenschaften, die mir gut
gefallen« (Blum in Pohlen, S. 305).

Blum erlebt rückblickend den Ausgang dieses »Endkampfes«
als »versöhnte Verschmelzung« der beiden Frauentypen (so ähnlich, wie ich oben ausführte: Jede Frau kann das eine und im nächsten Moment schon wieder das andere sein). Pohlen hingegen
scheint der Lösung des Endogamie-Exogamie-Konflikts, die Blum
für sich gefunden hat, eher kritisch gegenüberzustehen: Blum habe
mit seiner exogamen Heirat versucht, dem »jüdischen Makel« und
damit zugleich seiner »Sendung« zu entkommen.

So imponierend frei sich Freud in dieser Szene präsentiert, indem er ohne Hemmung die Denkmöglichkeit ins Auge fasst, dass
Blum seine Tochter heiraten und sein Schwiegersohn werden

könnte (was würden heutige Ethik-Kommissionen zu einem solchen Vorgehen sagen?) – ich zweifle doch, ob diese jüdische, endogame Heirat für Blum die bessere Lösung gewesen wäre.[3]

Ein Aspekt, der in Blums Protokollen (und auch in Pohlens Kommentierungen) nur am Rande anklingt, hat mich besonders interessiert. Blum betont, dass »sich Freud während der ganzen Analyse nie als Übertragungsobjekt ›anbot‹, sondern als zuverlässiger Analysegesprächs-Partner, der eine offene Gleichsetzung mit ihm gestattete oder gar forderte, wobei die Übertragungs-Identifizierungen (Vater-Imago) als Abwehr sich immer wieder ›aufheben‹ konnten« (Blum in Pohlen, S. 283).

Blum will vermutlich sagen: Freud war ein reales Gegenüber. Er forderte geradezu vom Patienten ein, ihm von gleich zu gleich, auf Augenhöhe zu begegnen. Dass damit die Übertragung, die vielfach in der Psychoanalyse *nach* Freud so hochgespielt wurde, eher relativiert erscheint, ist nicht nur behandlungstechnisch, sondern auch bildungstheoretisch von Bedeutung: Der Patient wird gerade nicht infantilisiert, gleichsam in die Kinderstube zurückgeschickt; er bleibt ein mündiges Gegenüber, das aufgefordert ist, seinen eigenen Verstand zu gebrauchen.

Inhaltlich-materiell geht es um die Polaritäten von Endogamie und Exogamie, familiäres und neues Objekt, Bindung und Freiheit in der Geschlechterbeziehung. In Bezug auf die Frauen war es ganz offensichtlich ein Bildungsprozess, in dem Blum sich vorfand. Er zeichnet eine »artistische Grundorientierung« Freuds, die darin besteht, »den Menschen als das künstlerisch-schaffende Subjekt zu sehen« (S. 316).

Im Anschluss daran folgt eine Stelle, die die Analyse als Bildungsprozess par excellence charakterisiert: »Er stellt in der Analyse mehrmals den Vergleich mit Vergil/Dante und (der) Führung

---

3 Mein Freund Heller, dessen Kinderanalyse bei Anna Freud ich ähnlich wie hier Pohlen die Blum-Analyse mit ihm zusammen rekonstruiert und kommentiert habe, hat wirklich in den Freud-Clan eingeheiratet, indem er die Tochter Dorothy Burlinghams, der langjährigen Lebensgefährtin Anna Freuds, ehelichte. Die Ehe währte nicht lange – und stellte sich in Hellers Retrospektive doch eher als ein Irrtum dar.

durch Inferno und Purgatorium [an] und (erwähnte) dabei auch
die Situation, in der Vergil zurückbleibt und Dante ohne ihn wei-
tergehen kann. Ein andermal vergleicht er die Analyse mit einem
Kristall, das aufgelöst wird, ohne seine Struktur zu verlieren und in
größerer Reinheit sich wieder als Kristall bildet. (Es braucht den
Mut, sich ›auflösen‹ zu lassen.) Ich wiederhole die illustrativen
Äußerungen Freuds zu der Abfolge meiner Objektwahlen: ›Es
stellen diese Frauen gleichsam Vorstufen dar zur Gestaltung des
aktuellen Liebesobjekts. Gleichwie man zu einem Kunstwerk verschiedene Entwürfe macht, die man noch nicht akzeptiert und
schließlich den Entwurf findet, aus dem man dann das Werk gestaltet‹ (Freud). [...] Der Analytiker führt den Adepten durch die
Gefahren und Ängste vertrauensvoll und sicher (Dante/Vergil) zur
geliebten Frau« (S. 316 f.).

Blum charakterisiert hier zum einen die Auffassung Freuds,
wie sie sich ihm darstellte, zugleich aber das, was er selbst als den
Ertrag seiner Analyse erlebte. Die Analyse wird hier in zwei unterschiedlichen Bildern als Bildungsprozess charakterisiert:

– als »Seelen-Bildungsreise« durch die Höhen und Tiefen der inneren Topographie in Anlehnung an die »Göttliche Komödie«
   (der Analytiker als »Reisebegleiter« wie Vergil für Dante)
– und der analytische Prozess als quasikünstlerische »Selbstschöpfung«.

5.1.4 Der Ertrag für die pädagogische
          Biographieforschung

Welche Bedeutung hat die psychoanalytische Krankengeschichte
für die Entwicklung der pädagogischen Biographieforschung?

Rein historisch und faktisch gesehen: Baacke und (vor allem)
Schulze waren bei ihrer Initiative von der Psychoanalyse inspiriert;
Schulze sagte drastisch, er wollte bei der Psychoanalyse Interpreta-
tionsgesichtspunkte »klauen«.

Faktisch waren bei der Konstituierung der pädagogischen Biographieforschung im Jahr 1978 Psychoanalytiker beteiligt – Alfred

Lorenzer und ich selbst. Ich war damals auf der Suche nach Berührungspunkten zwischen Psychoanalyse und Pädagogik, d. h., wo ich etwas von dem, was ich in der Psychoanalyse gelernt hatte, in die wissenschaftliche Pädagogik einbringen konnte.

Die Gefahr in den 1970er Jahren war, dass die Psychoanalyse rein terminologisch-begrifflich rezipiert wurde, d. h., dass alle mit den psychoanalytischen Fachausdrücken wie Trieb und Abwehr, Identifikation, orale, anale und phallische Phase, Penisneid usw. um sich warfen. Diese Art Psychoanalyse-Rezeption war unfruchtbar und war sicher mit schuld daran, dass in der Folgezeit eine brüske Abwendung einsetzte.

Mir war an der Psychoanalyse nicht die exotische Begrifflichkeit wichtig. Mich hat immer beeindruckt und überzeugt, was Felix Schottlaender, einer der großen Psychoanalytiker in meiner Jugend- und Studentenzeit, über die Begabung zum Psychoanalytiker geschrieben hat: Die wichtigste Voraussetzung für die Eignung zum Psychoanalytiker sei »das biographische Interesse. Ein Anfänger, der niemals Romane liest, sich für persönliche Schicksale in der Literatur überhaupt nicht interessiert, ist von vornherein verdächtig. Er wird den Anforderungen einer psychotherapeutischen Praxis gegenüber versagen, weil ohne vertieftes biographisches Interesse die Mitteilungen unserer Patienten ihm auf die Dauer unerträglich langweilig vorkommen müssen. [...] Gerade darum kümmert sich das biographische Interesse: es ist auf der Suche nach der Integration aller Einzelheiten in ein möglichst vollkommenes Bild der seelischen Gestalt unseres Patienten« (Schottlaender, 1959, S. 182).

Der Psychoanalytiker sollte sich also für menschliche Lebensschicksale in ihrer Komplexität interessieren. Und ich dachte: Das ist etwas, das ich an die Pädagogen weitergeben will.

Die Psychoanalyse ist für die pädagogische Biographieforschung wichtig zur Erweiterung des Interpretationsspektrums. Die autobiographische Erzählung, wie sie uns vorliegt, schriftlich oder mündlich, gibt ja zunächst immer nur das wieder, was dem Ich-Erzähler von seinem Leben bewusst ist. Die Psychoanalyse hingegen hat die Kategorie des Unbewussten eingeführt. Der psychoanalytische Biographieforscher kann fragen: Was sagt der Erzähltext *noch*, über die

bewusste Mitteilungsabsicht hinaus? Was lässt er offen, was verschweigt er, was beschönigt er? Was deutet er nur zart und auf Um-
wegen an, so dass man es eher zwischen den Zeilen lesen muss?
Freud hat einen für die Biographieforschung wichtigen Aufsatz
»Über Deckerinnerungen« geschrieben, worin er zeigt, dass man
manchmal ganz nebensächliche Dinge erinnert, die aber auf andere
Dinge verweisen, die viel wichtiger, aber aus irgendeinem Grund
verdrängt sind. Bei jedem autobiographischen Erzähltext lässt sich,
wenn man die Psychoanalyse im Hinterkopf hat, fragen: Was erzählt
der Text, was deutet er nur an – und was verschweigt er?

Das Unbewusste in die Biographieninterpretation einzuführen
ist freilich zweischneidig: Einerseits ist es notwendig, damit die Interpretation nicht flach und banal wird und nur mit anderen Worten noch einmal wiederholt, was der Erzähler selbst schon gesagt
hat. Andererseits besteht die Gefahr, wenn man sich auf das Unbewusste beruft, dass man in den Text etwas hineinlegt, was nicht
drin ist, was man nur hineinphantasiert. Darum gilt für mich als
eiserne methodische Regel (gegen die in meinen Augen viele Psychoanalytiker verstoßen): Wo etwas Unbewusstes unterstellt wird,
muss diese Unterstellung ihre Stütze im Erzähltext selbst finden.

Vor der Psychoanalyse habe ich hier den klassischen (Wilhelm
Meister) und den nachklassischen Bildungsroman (Thomas Mann,
Günter Grass usw.) behandelt. Ist auch die psychoanalytische
Krankengeschichte eine Art »Bildungsroman« oder, genauer, die
Geschichte eines Bildungsprozesses?

Blum berichtet, Freud habe in seiner Analyse öfter den Vergleich
mit Vergil und Dante und die Führung durch Inferno und Purgatorium als Gleichnis für den analytischen Prozess gebraucht. Und Blum
selbst hat das Gefühl, dass seine anfangs etwas wilde Reise durch die
Welt der Frauen mittels Analyse doch zu einem brauchbaren Abschluss kommen konnte – was ist das anderes als eine »Bildungsreise«,
zwar nicht durch die äußere, sondern durch die innere Welt der erotischen Bilder und Sehnsüchte? Auch Heller, der seiner Analyse zwar
im Rückblick ambivalent gegenübersteht, ist überzeugt, dass die Analyse und die Begegnung mit Anna Freud seine Lebensauffassungen
und seine Lebensführung sehr tief gehend beeinflusst haben.

Ich erwähnte schon die These von W. Datler (1995, 2006): die Analyse sei ein Bildungsprozess. Was bei ihm nicht ausdrücklich thematisiert wird, ist, dass dieses Verständnis einen an Biographie und Lebenslauf orientierten Begriff von Bildung voraussetzt, wie ich ihn hier expliziere. Die Analyse ist im Kern ein Bildungsprozess, würde ich mit Datler sagen, und die Heilung, wenn sie denn erfolgt, ereignet sich mehr nebenbei und en passant.

5.2 Die Autobiographie als »Seelengeschichte« (C. G. Jung und die Jungianer)

Es war offenbar nicht leicht, Jung zum Schreiben einer Autobiographie zu überreden. Dem amerikanischen Verleger Wolff ist es schließlich gelungen; Jungs langjähriger Mitarbeiterin Aniela Jaffé wurde die Aufgabe der »Biographin« übertragen. Es sollte aber ausdrücklich eine *Auto*biographie sein; d. h., Jung selbst sollte zu Wort kommen. Jaffé sah ihre erste Aufgabe darin, »Fragen zu stellen und Jungs Antworten zu notieren« (Jaffé in Jung, 1962, S. 1). Später hat er wohl auch Teile selbst aufgeschrieben.

Dabei hatte das Wort »Autobiographie« für ihn einen eher negativen Klang. In einem Brief an einen Jugendfreund schreibt er ausführlich über seine Einstellung zu diesem Projekt, das er erst total ablehnte, zu dem er aber dann doch einen positiven Zugang fand: »In letzter Zeit wurde ich verschiedentlich angeregt, etwas wie eine ›Autobiographie‹ von mir zu geben. So etwas konnte ich mir schon gar nicht vorstellen. Ich kenne zu viele Autobiographien und deren Selbsttäuschungen und Zwecklügen und weiß zuviel von der Unmöglichkeit einer Selbstbeschreibung« (S. 3).

Im Grunde berührt Jung hier dasselbe Problem, das Eissler in Bezug auf Goethe ansprach: Eine Autobiographie kann das »Eigentliche« nicht zur Sprache bringen, aussagekräftiger ist der Roman. Jung meinte indessen, einen Weg gefunden zu haben, wie er doch zu einer aussagekräftigen Autobiographie gelangen konnte.

Er habe entdeckt, fährt er in diesem Brief fort, »daß in meinem Erinnerungsmaterial gewisse objektive Probleme stecken, die einer genaueren Betrachtung wohl würdig wären«. Was er damit meint, führt er an dieser Stelle nicht weiter aus. Um seine Objektivität zu sichern, mußte er sich zunächst versprechen, »die Resultate zu meinen Lebzeiten nicht zu veröffentlichen. Diese Maßnahme schien mir nötig, um mir die Ruhe und Distanz zu sichern« (S. 3 f.).

Was sich dann zunehmend herauskristallisiert, ist das Konzept einer »inneren Geschichte«: Von den äußeren Manifestationen seines Daseins sei ihm unendlich vieles entschwunden. »Umso lebhafter und farbiger ist meine Erinnerung an die ›inneren‹ Erlebnisse« (S. 4).

5.2.1 C. G. Jung: Erinnerungen, Träume, Gedanken

Das 1962 auf Deutsch erschienene Buch trägt den Titel »Erinnerungen, Träume, Gedanken«. Es ist sparsam mit äußeren Daten, wohltuend zurückhaltend mit Berichten über Begegnungen mit bekannten Persönlichkeiten, was aber, nach dem Urteil der Herausgeberin, reichlich aufgewogen wird durch die Schilderung der inneren Erlebnisse Jungs und durch eine Fülle von Gedanken. Mit seinen eigenen Worten: »Mein Leben ist in gewissem Sinne die Quintessenz dessen, was ich geschrieben habe und nicht umgekehrt. [...] Alle meine Gedanken und mein ganzes Streben, das bin ich. So ist die ›Autobiographie‹ nur noch das Pünktchen auf dem i« (S. 7 f.).

Das Werk beginnt mit einem »Prolog«: »Mein Leben ist die Geschichte einer Selbstverwirklichung des Unbewussten. Alles, was im Unbewussten liegt, will Ereignis werden, und auch die Persönlichkeit will sich aus ihren unbewussten Bedingungen entfalten. [...] Was man der inneren Anschauung nach ist [...] kann man nur durch einen Mythus ausdrücken [...] So habe ich es heute, in meinem dreiundachtzigsten Lebensjahr, unternommen, den Mythus meines Lebens zu erzählen« (S. 10).

»Den Mythus meines Lebens«: Dazu gehören an erster Stelle die Kindheitsmythen, allen voran der Phallus-Traum, den er als Fünfjähriger geträumt haben will (S. 18 f.), auch die vielen Stellen im realen

Kindheitsleben als Pfarrerskind in einem Schweizer Dorf, wo er häufig auf das Rätselhafte und Unbegreifliche stieß: Leichen und Begräb-
nisse, die Begegnung mit einem katholischen Priester im schwarzen
Talar, Unverständliches in religiösen Texten, z. B. seine phantastische
Auslegung des Choraltextes »Breit aus die Flügel beide«.

Dann wieder Tagphantasien und innere Erlebnisse, in denen
die Pubertät sich ankündigte: die Phantasie von Gottes Exkrement
auf dem Basler Münsterdach oder die Erfahrung eines zweiten Ich,
das außerhalb der historischen Gegenwart stand. Der halbwüch-
sige Junge, der er damals war, erlebte sich zugleich als eine herausragende Persönlichkeit im 18. Jahrhundert, mit weiß gepudertem
Kopf und Schnallenschuhen. Überhaupt zieht sich die Erfahrung
einer inneren Multiplizität (er nennt dies seine »Persönlichkeiten
Nr. 1 und Nr. 2«) durch seine ganze Jugendgeschichte hindurch.

Besonders gefallen hat mir immer (sicher aufgrund persönlicher Affinität) die Geschichte von Gottes Exkrement auf dem
Basler Münsterdach: »An einem schönen Sommertag desselben
Jahres (1887) kam ich mittags aus der Schule und ging auf den
Münsterplatz. Der Himmel war herrlich blau, und es war strahlen-
der Sonnenschein. Das Dach des Münsters glitzerte im Licht, und
die Sonne spiegelte sich in den neuen, buntglasierten Ziegeln. Ich
war überwältigt von der Schönheit dieses Anblicks und dachte:
›Die Welt ist schön, und die Kirche ist schön, und Gott hat das alles
geschaffen und sitzt darüber, weit oben im blauen Himmel, auf einem goldenen Thron und –‹ Hier kam ein Loch und ein ersticken-
des Gefühl. Ich war wie gelähmt und wußte nur: Jetzt nicht weiter-
denken! Es kommt etwas Furchtbares, das ich nicht denken will, in
dessen Nähe ich überhaupt nicht kommen darf. Warum nicht?
Weil du die größte Sünde begehen würdest« (S. 42).

Von da an beschäftigte er sich mit dem Nicht-Denken des sich
aufdrängenden Gedankens und war so lange ziemlich verstört,
schlief schlecht, und seine Mutter dachte, er sei krank, bis er in der
dritten Nacht erwachte und wusste, dass er den beunruhigenden
Gedanken denken musste. Qualvoll überlegte er, ob er es dürfe; er
dachte über den Willen Gottes nach, über seine Ahnen, bis hin zu
Adam, Eva und der Schlange. Es ging um sein Seelenheil, wollte

Gott, dass er sündigte, oder seinen Mut? »Ich faßte allen Mut zusammen, wie wenn ich in das Höllenfeuer zu springen hätte und ließ den Gedanken kommen: Vor meinen Augen stand das schöne Münster, darüber der blaue Himmel, Gott sitzt auf goldenem Thron, hoch über der Welt, und unter dem Thron fällt ein ungeheures Exkrement auf das neue bunte Kirchendach, zerschmettert es und bricht die Kirchenwände auseinander« (S. 45).

Auch wenn der Zwölfjährige sich in seinem bewussten, kirchlich-religiös sozialisierten Pfarrerskinder-Ich dabei mit allerlei Sündenskrupeln quält: Die Selbstinszenierung ist herostratisch; er lässt Gott so handeln, wie es seine eigene aufrührerische Phantasie ihm eingibt: Scheiß was auf die Kirche!

Das symbolische Motiv der zerbrochenen Kirchen- bzw. Klostermauern spielt – freilich in dezenter Form – auch sonst im Kontext religiöser Reformationen eine Rolle. Uhland bezieht es in seinem Gedicht »Die Ulme zu Hirsau« auf Luther, der ähnlich wie diese Ulme zum Klosterdach hinausgebrochen sei, das zu eng gewordene Klosterdach gesprengt habe. Auch Jung fühlte sich wohl später nicht als Herostrat, sondern als eine Art religiöser Reformator.

Jungs autobiographische Selbstvergegenwärtigung ist nicht lückenlos chronologisch; sie greift dieses und jenes heraus, mit unterschiedlicher Dichte der Darstellung. Die zweite eindrucksvolle Verdichtung nach der Kindheits- und Jugendgeschichte stellt der Bericht über seine Krise nach der Trennung von Freud dar: seine Individuationsgeschichte. »Damals nahm mein selbständiger Weg – nolens volens – seinen Anfang«. Nach der Trennung von Freud machte er eine Phase der »Unsicherheit, ja Desorientiertheit« durch; er fühlte sich »völlig suspendiert« (S. 174). Er überließ sich seinen Phantasien, ja er fing sogar – als erwachsener Mann von bald 40 Jahren! – wieder an, wie ein Kind zu spielen:

»So machte ich mich daran, passende Steine zu sammeln, teils am Ufer des Sees, teils im Wasser, und dann begann ich zu bauen: Häuschen, ein Schloß – ein ganzes Dorf. Es fehlte noch die Kirche und so machte ich einen quadratischen Bau mit einer sechseckigen Trommel darauf und einer quadratischen Kuppel. Zu einer Kirche gehört auch ein Altar. Aber ich scheute mich, ihn zu bauen.

Mit der Frage beschäftigt, wie ich diese Aufgabe lösen könnte, ging ich eines Tages wie gewöhnlich am See entlang und sammelte Steine im Uferkies. Plötzlich erblickte ich einen roten Stein: eine vierseitige Pyramide, etwa 4 cm hoch. Es war ein Steinsplitter, der vom Rollen im Wasser und in den Wellen in diese Form geschliffen worden war – ein reines Zufallsprodukt. Ich wußte: das ist der Altar! So setzte ich ihn in die Mitte unter die Kuppel, und während ich das tat, fiel mir der unterirdische Phallus aus meinem Kindertraum ein. Dieser Zusammenhang erweckte in mir ein Gefühl der Befriedigung.

Jeden Tag baute ich nach dem Mittagessen, wenn das Wetter es erlaubte: Kaum war ich mit dem Essen fertig, spielte ich, bis die Patienten kamen; und am Abend, wenn die Arbeit früh genug beendet war, ging ich wieder ans Bauen. Dabei klärten sich meine Gedanken, und ich konnte die Phantasien fassen, die ich ahnungsweise in mir fühlte« (S. 177 f.).

Dies alles fasste er als ein Experiment auf, das er mit sich anstellte bzw. das mit ihm angestellt wurde (vgl. S. 181): »Um die Phantasien, die mich unterirdisch bewegten, zu fassen, mußte ich mich sozusagen in sie hinunterfallen lassen. Dagegen empfand ich nicht nur Widerstände, sondern ich fühlte auch ausgesprochene Angst. Ich fürchtete, meine Selbstkontrolle zu verlieren und eine Beute des Unbewußten zu werden, und was das heißt, war mir als Psychiater nur allzu klar« (S. 182).

Allmählich konnte er die »psychische Wandlung von Tag zu Tag beobachten«. Er spürte den Drang, seine inneren Erfahrungen sprachlich und bildhaft auszudrücken, Letzteres in Form der sogenannten »Mandalas«, d. h. Kreiszeichnungen in den verschiedensten Varianten, die er als Kryptogramme über den Zustand seines Selbst verstehen lernte: »Ich sah, wie das Selbst, d. h. meine Ganzheit, am Werke war« (S. 199).[4]

---

4   Das »Rote Buch«, in dem er seine Phantasien jener Zeit festgehalten hat, ist in einer bibliophilen Faksimile-Ausgabe erschienen (Jung, 2009). Es ist ein noch unerschlossenes (und von mir im gegenwärtigen Kontext auch nicht mehr erschließbares) persönliches Dokument zu Jungs »innerer Geschichte«.

Diese Zeit dauerte von 1913 bis 1917, dann flaute der Strom der Phantasien ab.

Reaktionen auf Jungs »Erinnerungen«

Winnicott hat eine ausführliche und sehr persönliche Rezension zu Jungs »Erinnerungen« geschrieben. Seine Diagnose war, Jung habe an einer kindlichen Schizophrenie gelitten, doch sei seine Persönlichkeit so stark gewesen, dass er sich selber heilen konnte. »Wenn ich sagen will, dass Jung verrückt war und sich geheilt hat, dann tue ich nichts Schlechteres als wenn ich von mir selber sage: ich war gesund und durch Analyse und Selbstanalyse bin ich ein Stück weit verrückt geworden« (Winnicott, 1964, S. 450).

Jung also habe an einer Ich-Spaltung, einer Desintegration gelitten, wie dies vor allem in seinen Schilderungen der Persönlichkeiten Nr. 1 und Nr. 2 zum Ausdruck komme. Ein erster Heilungsschritt sei es gewesen, dass er der Versuchung widerstanden habe, sich von Freud analysieren zu lassen – damals auf der gemeinsamen Amerika-Reise, als sie sich gegenseitig über ihre Träume austauschten. Jung erzählte Freud damals eine Lüge über seinen Traum, und das, meint Winnicott, sei gut für ihn gewesen. Auf diese Weise sei er zu einem einheitlichen Wesen geworden mit der Fähigkeit, Geheimnisse bei sich zu behalten, während eine gespaltene Persönlichkeit keinen Raum habe, um irgendetwas zu verbergen.

Jung habe sein Leben damit verbracht, auf sein eigenes Selbst zu schauen, das er nie ganz gefunden habe – außer vielleicht am Ende seines Lebens, als er »Erinnerungen, Träume, Gedanken« schrieb: »Im Alter jedenfalls scheint er seine Persönlichkeit Nr. 1 großenteils fallengelassen und aus seinem wahren Selbst heraus gelebt zu haben, und auf diesem Weg fand er ein Selbst, das er sein eigenes nennen konnte. Vielleicht erreichte er sogar das Zentrum seines Selbst« (S. 454).

Etwas unglücklich sei nur Jungs Präokkupation durch das Mandala gewesen: »Das Mandala ist für mich ein furchtbares Ding, weil es überhaupt nicht in der Lage ist, mit Destruktion und Chaos zurechtzukommen, mit Desintegration und anderen Verrücktheiten.« Jungs Beschreibung seiner letzten Lebensjahre, die er mit der Suche nach dem Zentrum seines Selbst verbrachte, »erscheint mir wie ein langsamer und müder Abschluss einer Lebenszeit mit glänzendem Streben (endeavour)«. »Das Zentrum des Selbst ist ein relativ nutzloses Konzept. Wichtiger ist es, zu den Grundkräften durchzudringen, aus denen heraus ein Individuum lebt« (S. 454 f.).

Winnicott erkennt das, was Jung bewegte, als ein wichtiges Menschheitsthema: »Es bleibt eine Tatsache, die Suche nach dem Selbst und nach einem Weg; um sich real zu fühlen und mehr vom wahren als vom falschen Selbst her zu leben – dass alles das eine Aufgabe ist, die nicht nur Schizophrene angeht, sondern einen großen Teil der Menschheit. Freilich muß auch gesehen werden, dass für viele dies nicht das Hauptproblem ist« (S. 455).

Der Post-Jungianer Hillman behandelt Jungs autobiographischen Versuch unter einer etwas eigenwilligen Perspektive: Er unterscheidet Historie, die von faktischen Ereignissen handelt, und Roman bzw. Fiktion, die die innere Geschichte eines Menschen zum Gegenstand haben. Bei Freud sieht er diese Fiktion in die Krankengeschichte, die sich doch an Fakten halten sollte, sozusagen hineingeschmuggelt; Jung hingegen bewege sich in seiner Autobiographie ganz auf der Ebene der inneren Geschichte, also der Fiktion: »Er trat ein in ein inneres Drama, wurde Teil einer Fiktion; und da begann wohl nicht, wie viele es sehen, sein Scheitern, sondern – vielleicht – seine Heilung [...]. Damals wurde er zu dem außergewöhnlichen, wegbereitenden Fürsprecher und Beschreiber seelischer Wirklichkeit, als den wir ihn kennen« (Hillman, 1986, S. 76).

Hillman räumt ein, den Kontrast »Seelengeschichte versus Lebensgeschichte« (S. 38) etwas überscharf pointiert zu haben; auch ließe sich aus meiner Sicht einwenden, dass der Begriff »Fiktion« für alle diese inneren Prozesse und Imaginationen vielleicht doch dem Missverständnis Vorschub leisten könnte, alles dies seien nur unverbindliche »romanhafte« Erfindungen, und könnte ihm entgegenhalten, dass gerade Jung auf der Suche nach dem »Objektiven« der Psyche, dem subjektiver Willkür Entzogenen der »inneren Geschichte« war – doch zu einer ersten plakativen Abgrenzung ist Hillmans Antithese von »Seelengeschichte versus Lebensgeschichte« sicher nützlich.

Ein weiteres Buch ist zu erwähnen, das sicher in gewisser Weise von Jungs Versuch beeinflusst ist, obwohl er keine Erwähnung darin findet: die »Mythobiographie« des nach Italien emigrierten deutsch-jüdischen Jungianers Ernst Bernhard.

Bei seinem Unternehmen, so betont er, »handelt es sich nicht um eine Autobiographie. Das hätte für mich keinen Belang gehabt. Das, was mir am Herzen liegt, ist hingegen der Versuch einer Mythobiographie. Hierunter verstehe ich die aufdeckende Darlegung des Mythologems, das dem Einzelschicksal zugrunde liegt. Das Persönlich-Biographische ist hier nur insofern von Interesse, als es Funktion des Mythologems ist« (Bernhard, 1974, S. 132).

Sein persönliches Mythologem sieht er eng verbunden mit dem jüdischen Schicksal, immer wieder heimat- und wurzellos, hinausgejagt in die Wüste zu sein.

Ich habe seinerzeit die Frage nach den geheimen »Konstrukteuren« der Biographie aufgebracht. Die Frage der Jungianer nach dem Mythologem, das dem Einzelschicksal zugrunde liegt, zielt wohl auf etwas Ähnliches.

5.2.2 Jungs systematischer Ertrag: Proto-Selbst und Proto-Symbolik

Fragt man heute einen Wissenschaftler »Wer oder was ist eigentlich ›ich‹?«, wird er vermutlich antworten: Es ist das Bewusstsein, das wir von uns selber haben. Diese Aussage wird, wenn einer modern sein will, vermutlich neurowissenschaftlich untermauert. Den Hirnforschern, zumindest solchen der älteren Generation, scheint die Gleichung Ich = Bewusstsein jenseits aller Diskussion gültig (Kap. 3.2).

Jung war wohl der erste, der jene andere Spur verfolgte, der ich in Kapitel 3.3 nachging: Ich und Selbst als zwei darzustellen, die

erst zusammen das Individuum ausmachen – die Lebensgeschichte
sodann als die »Geschichte einer Selbstverwirklichung des Unbewussten«, d. h. des tieferen Selbst. Was Jung das Selbst nannte, bezeichne ich hier als Proto-Selbst, um die seit Jungs Zeiten reichlich
inflationierte und konturlos gewordene Verwendung des Selbst-
Begriffs zu umgehen. Zugleich rücke ich durch die Einführung
dieses neuen Begriffs auch ein Stück von Jung ab, da mir Winni-
cotts Kritik einleuchtet, das »Zentrum des Selbst« sei ein ziemlich
nutzloses Konzept: »Wichtiger ist es, zu den Grundkräften durchzudringen, aus denen heraus ein Individuum lebt.« Eine ähnliche
Kritik an Jung hat Hillman vorgebracht, der dessen Konzeption
des Individuationsweges als »monotheistisch« und zentristisch
kritisierte und stattdessen für eine »polytheistische« Psychologie
plädierte (Hillman, 1979).

Bei allen Unterschieden im Einzelnen, scheint mir, ziehen
Jung, Winnicott und Hillman im Grunde doch am gleichen
Strang: Es vereint sie die Überzeugung, dass ein Lebenslauf nicht
allein von den faktisch durchlaufenen Stationen und den rationalen Begründungen dafür, warum gerade diese und keine anderen Stationen durchlaufen werden etc., verstanden werden kann,
sondern dass die Frage nach den Grundkräften, aus denen
einer lebt (Winnicott), den »Göttern«, von denen er auf seiner
Lebensbahn oder auf einigen Teilstrecken geleitet wurde (Hillman), oder nach den »Organisatoren« seiner Biographie, wie ich
das einmal genannt habe – dass diese Frage allen dreien (und
auch mir) gemeinsam ist; eine Frage, die uns auf eine Ebene führt,
auf die eine empirische Biographieforschung uns kaum folgen
könnte.

Zu beherzigen bleibt für den Biographieforscher, wie er mir
vorschwebt, Jungs Erkenntnis: »Was man der inneren Anschauung
nach ist [...], kann man nur durch einen Mythus ausdrücken«
(Jung, 1962, S. 10). Der Grund liegt darin, dass dieses Proto-Selbst
in einem psychischen Bereich angesiedelt ist, der sich der Wort-
sprache immer wieder entzieht und der sich einer Bild- und Meta-
phernsprache eher erschließt, was dem exakten Biographieforscher
naturgemäß ein Ärgernis sein muss. Bei Metaphern gibt es kein

gesichertes Wahr und Falsch, nur eine größere oder geringere Nähe und Stimmigkeit zum eigenen Erleben.

Von Jung könnten Biographieforscher lernen, ihr Ohr zu schärfen für die Proto-Symbolik und -Metaphorik autobiographischer Aussagen, wie ich es am Beispiel der Episode vom Basler Münsterdach skizzierte: das herostratische Grundmotiv darin.

Mehr oder weniger erzählen wir alle unser Leben als ein Märchen bzw. einen Mythos, als ein Heldenepos: Nicht ganz so explizit wie Hesse, der seine »Kindheit des Zauberers« ein »autobiographisches Märchen« nannte; aber mythologische Erzählmuster wie Heldenleben, Höllenfahrt, Liebestod und viele andere sind auch alltäglichen autobiographischen Erzählungen inhärent, man muss sie nur zu finden wissen.

Fazit

Was ist, biographientheoretisch gesehen, das Besondere an Jungs »Erinnerungen«?

In keiner anderen Autobiographie des 20. Jahrhunderts steht die »innere Geschichte« dermaßen im Vordergrund wie hier, so dass die äußeren Lebensereignisse ganz in den Hintergrund treten. Insofern wird die Forderung der alten Theoretiker des Bildungsromans besonders eindrucksvoll eingelöst, dass der Roman und entsprechend auch die Autobiographie vornehmlich diese innere Geschichte darzustellen haben.

Jungs Autobiographie thematisiert das Erzähler-Ich auf der Folie seines »inneren Grundes«, wie dies im Bild von der Pflanze und ihrem Rhizom oder in der Spekulation über den »Mythus«, der dem eigenen Leben zugrunde liegt, ihren Ausdruck findet. Das sind Gedanken, die auch mich immer wieder bewegt haben, mit »Ich« und »Grund-Ich«, z. B. in der Beschäftigung mit Märchen, verstanden als die Suche nach dem Mythus, der dem eigenen Leben zugrunde liegt.

Wichtig war mir auch immer Jungs Einstellung zur der Frage: Bin ich eigentlich der Schöpfer oder eher das Geschöpf meiner Biographie? Typisch sein Satz, er habe die Konfrontation mit dem Unbewussten als wissenschaftliches Experiment aufgefasst, das er mit sich selber anstellte bzw. das mit ihm angestellt wurde. Die Autonomie des Unbewussten war ein für mich bedeutsames Theorem Jungs: »Man ist ein psychischer Ablauf, den man nicht beherrscht oder doch nur zum Teil.«

Was Jung in seinen »Erinnerungen« persönlich-autobiographisch als seine Individuationserfahrung vergegenwärtigt, hat er in mehreren seiner Schriften grundsätzlich und mit dem Anspruch auf allgemeinere Gültigkeit dargelegt. Diesen ganzen Prozess, den er am Beispiel der eigenen biographischen Erfahrung wie auch an Patientenbeispielen immer wieder beschrieben hat, angefangen vom Fixiertsein im Kollektiven, in der Persona, über die Begegnungen mit Schatten, Anima und Animus, Altem Weisen bzw. Großer Mutter bis hin zur Erfahrung des Gegründetseins in einem »tieferen Ich«, das bei ihm »Selbst« heißt: Das ist seine theoretische Umschrift dessen, was ich hier als »Bildung« expliziere. Den eigenen Weg in der Welt finden, wie er mir von einer vis a tergo, d.h. von den »hinter meinem Rücken« in mir und durch mich hindurch wirkenden Strukturen und Tendenzen, den »Konstrukteuren« meiner Biographie – zumindest in groben Umrissen – vorgezeichnet ist, bis ich schließlich zu einem Ich in einem umfassenderen Sinn geworden bin, Mittelpunkt einer Bewegung, zum »aus sich rollenden Rad«, um mit Nietzsche zu reden. Das alles zusammen genommen ist in meinen Augen »Bildung« (vgl. Bittner, 2007).

Von daher gesehen ist auch die Skepsis Jungs und der Jungianer gegenüber Autobiographien für die Biographieforschung beherzigenswert. Die Flachheit von narrativen Interviews, mit denen wir uns herumschlagen, und die damit korrespondierende Flachheit der Interpretationen, die jedes Äh und Oh registrieren und kommentieren – all das ödet schon gelegentlich an und weckt eine Sehnsucht nach »Tiefe« wie wir sie bei Jung reichlich finden.

Es könnte daher lohnen, Jungs Perspektive einzunehmen: die autobiographische Erzählung nicht als Bericht über den Lebensverlauf, sondern als das »Tüpfelchen auf dem i« eines gelebten Lebens selbst aufzufassen, das seinerseits die »Geschichte einer Selbstverwirklichung des Unbewußten« ist.

6 Biographische Schlüsselerlebnisse – oder: das Ich des Lebens und das Ich der Erzählung

»Das Leben bildet«, d. h., auf der Matrix zahlloser subliminaler Einflüsse und Austauschprozesse mit der umgebenden Welt positioniert sich ein individuelles Ich, ausgestattet zunächst mit einer stetig anwachsenden Menge prozeduralen Wissens, mit individuellen Arbeitsmodellen zur Bewältigung aller möglichen alltäglichen Lebenssituationen. Diese Wissensbestände sind, wie die Hirnforscher sagen, nur im prozeduralen Gedächtnis aufbewahrt und bleiben damit von der expliziten Erinnerung und damit von der autobiographischen Erzählung mehr oder weniger ausgeschlossen. Nur wenige Menschen werden erzählen können, wie sie das erste Mal mit Erfolg aufs Töpfchen gegangen sind und wie sie das Zähneputzen gelernt haben – es sei denn, es habe mit diesen Lernprozessen eine besondere Bewandtnis gehabt. Nehmen wir z. B. an, der Vater des Kindes war Zahnarzt und hat ihm die Wichtigkeit der Zahnpflege besonders eindrücklich vor Augen geführt, und noch mehr: Die Erinnerung an die Zahnpflege-Unterweisung *ist* zugleich die Vergegenwärtigung des Vaters.

Solche Erlebnisse, die mehr an Bedeutung komprimieren und transportieren, als ihnen auf den ersten Blick anzusehen ist, habe ich Schlüsselerlebnisse genannt (Kap. 2.3). Diese werden, selbst wenn sie im Kern prozedural und daher unbewusst sind, dennoch erinnert, mit dem unbestimmten Gefühl einer Bedeutung, die aber zunächst nicht in Worte gefasst werden kann (die von Freud analysierten Deckerinnerungen könnten nach diesem Prinzip funktionieren). Dann ist das Erlebnis selbst zwar mitteilbar, der darum herumgelagerte Hof von Bedeutungen aber nur eingeschränkt. Für die Positionierung des Subjekts, das sich an ihnen sozusagen festmacht in der Welt, ist die explizite Erzählbarkeit auch nicht von ausschlaggebender Bedeutung: Das Subjekt konstituiert sich eben nicht durch selbstbezogene Kognition und Reflexion, wie die philosophischen und psychologischen Kognitivisten meinen, sondern im Durchleben solcher präreflexiv bildhafter, proto-symbolischer Schlüsselerlebnisse.

Das Proto-Subjekt, das sich auf diese Weise in der Welt positioniert, ist allerdings keineswegs vorzustellen als ein für allemal feststehender »Kern der Persönlichkeit«, vielmehr ist es durch jede neu hinzukommende Schlüsselerfahrung wieder modifizierbar. Diesen Prozess, der in der frühen Kindheit beginnt, aber sich durch das ganze Leben hin fortsetzt, bezeichne ich als die Bildung des Proto-Subjekts. Ich könnte auch sagen: Das Proto-Subjekt *ist* dieser Prozess, der aller Erzählbarkeit vorausliegt und in der autobiographischen Erzählung nur lückenhaft abgebildet werden kann. Das Leben und damit zugleich das Subjekt des Lebens liegt der Erzählung voraus. Wir verstehen, wie Dilthey sagt, »das Leben nur in einer beständigen Annäherung«, weil es, von verschiedenen Standpunkten aus betrachtet, »ganz verschiedene Seiten uns zeigt« (Dilthey, 1907–1910/1979, S. 236).

Psychoanalytische Annäherung an autobiographische Texte, stelle ich mir weiter vor, besteht darin, die Bedeutungslinien, die von solchen Schlüsselerlebnissen ausgehen bzw. in ihnen sich verdichten, ein Stück weit zu verfolgen und das der Erzählung zugrunde liegende Bedeutungsgeflecht sichtbar und damit das Subjekt, den Träger dieser Bedeutungslinien, sich selbst erlebbar zu machen. Erschöpfend kann diese Selbstvergegenwärtigung in keinem Fall sein. Es geht hier ähnlich wie bei der Traumdeutung, die, wie Freud sagt, jedes Mal an den Punkt kommt, wo nicht mehr weiter gedeutet werden kann: an den »Nabel des Traums, die Stelle, wo er dem Unerkannten aufsitzt« (Freud, 1900a, S. 530).

Das nachfolgende Kapitel dient der Einübung in das Entwirren solcher proto-symbolischer Bedeutungsgeflechte. Ich beginne mit extremen Ich-Erfahrungen, wie sie in der ausbrechenden Psychose, in emotionalen Kurzschlussreaktionen oder in traumatischen Belastungssituationen erfahrbar werden. Dann rekonstruiere ich anhand fremder und eigener autobiographischer Texte proto-symbolische Selbsterfahrungen, die mehr im Normalbereich liegen:

subjektkonstituierende Schlüsselerlebnisse im Bereich erotischer Liebe, von Krankheit und Scheitern, von der Begrenztheit des Lebens.

Überflüssig zu betonen, dass diese Auswahl subjektiv, dass die Reihe solcher Schlüsselerlebnisse, in denen das Proto-Subjekt sich positioniert, prinzipiell unabschließbar ist.

6.1   Extreme Ich-Zustände

In extremen Ich-Zuständen ist das Alltags-Ich mit seiner Alltagsvernunft suspendiert: Das limbische Ich beherrscht mehr oder weniger unmaskiert die Szene. Darin liegt der besondere Wert autobiographischer Texte, die unmittelbar aus psychischen Grenzsituationen heraus – oder wenigstens aus zeitlicher Nähe im Rückblick auf sie – niedergeschrieben wurden.

6.1.1 Dokumente der Psychose

Schrebers »Denkwürdigkeiten eines Nervenkranken« (1903) sind einer der bedeutendsten, sozusagen klassischen Texte dieser Sorte. Das Ich des glanzvollen Juristen und frisch bestellten Senatspräsidenten am Oberlandesgericht Dresden hat sich – bereits zum zweiten Mal und nunmehr definitiv – von der realen Welt verabschiedet, in der er sich »schon nach einigen Wochen geistig übernommen hatte« (S. 95). Im Zustand anhaltender Schlaflosigkeit registriert Schreber zu Beginn seines erneuten Krankheitsschubs ein »merkwürdiges Vorkommnis«. »In mehreren Nächten, in denen ich keinen Schlaf zu finden vermochte, machte sich in unserem Schlafzimmer ein in kürzeren oder längeren Pausen wiederkehrendes Knistern in der Wand bemerkbar, welches mich jedes Mal, wenn ich im Einschlafen begriffen war, aus dem Schlaf wieder erweckte« (S. 95 f.).

Die naheliegende Vermutung, es könnte sich um eine Maus gehandelt haben, verwirft er; stattdessen sieht er Kräfte am Werk in
der Absicht, »meinen Schlaf [...] zu einem vorläufig noch nicht näher zu bezeichnenden Zwecke zu verhindern«. In der Wand knis-
tert es; eine Sphäre, die sonst festgegründet erscheint, belebt sich
auf beunruhigende Weise. Mäuse gelten seit alters her als Teufels-
getier; bei Jung sind sie Repräsentanten des vegetativen Nervensystems, das eine unheimliche Belebung erfährt. Auch die Schlaflosigkeit selbst ist Anzeichen einer dysfunktionalen Belebung der
Nervensphäre.

Die Erregungen steigern sich, er entschließt sich zur stationären
Behandlung bei Professor Flechsig in der Leipziger Universitätskli-
nik. Die Beunruhigung wächst, er ist beherrscht von »Todesgedan-
ken« (S. 98). Der »Nervenanhang« mit Professor Flechsig verdrängt
alles andere; selbst seine Frau wird zu einer schattenhaft »hinge-
wunderten Menschengestalt« (S. 101).

Zur Erklärung seiner inneren Vorgänge entwickelt Schreber die
Theorie von den zwei Sprachen: »Außer der gewöhnlichen menschlichen Sprache gibt es noch eine Art Nervensprache, deren sich der
gesunde Mensch in der Regel nicht bewußt wird.« Dies ist eine Art
innerer Sprache (wie bei einem »stillen Gebet«, sagte er): »Der
Mensch veranlaßt seine Nerven, sich in diejenigen Schwingungen
zu versetzen, welche dem Gebrauch der betreffenden Worte entsprechen.« »Der Gebrauch dieser Nervensprache hängt unter normalen [...] Verhältnissen natürlich nur von dem Willen desjenigen
Menschen ab, um dessen Nerven es sich handelt [...] Bei mir ist [...]
der Fall eingetreten, daß meine Nerven von außenher und zwar
unaufhörlich ohne jeden Unterlaß in Bewegung gesetzt werden«
(S. 103).

Die Sphäre der »Nervensprache« (in meiner Terminologie: der
limbische, der Grund-Ich- bzw. Proto-Selbst-Bereich) ist seiner
bewussten Kontrolle entglitten und wird »von außen« (oder von
irgendwoher, er weiß nicht woher) gesteuert. Darin besteht seine
Krankheit. Freud war so beeindruckt von Schrebers Theorien, speziell von dieser Theorie der »Nervensprache« bzw. »Grundsprache«
(vgl. Freud und Jung, 1974, S. 396), dass er sie geradezu kongenial

zu denen der Psychoanalyse empfand: Schrebers Wahnbildungen zeigten »eine auffällige Übereinstimmung mit unserer Theorie« (Freud, 1911c, S. 315).

Schreber schreibt noch mitten aus seiner Wahnwelt heraus; er distanziert sich nicht von ihr. Andere haben rückblickend über ihre psychotischen Krisen berichtet, z. B. Susanna Kaysen über ihr Erleben als Psychiatrie-Patientin.

Sie beschreibt die Zähflüssigkeit ihrer Gedanken damals, als sie in ihrem Ausnahmezustand war: »Die stumme Lähmung der Zähflüssigkeit stammt zum Teil daher, daß man jede Einzelheit bereits im voraus kennt und darauf warten muß, daß sie eintritt. Da kommt der Gedanke: *Ich tauge nichts.* Der reicht für heute. Den ganzen Tag das penetrante Tröpfeln von *Ich tauge nichts.* Der nächste Gedanke, am nächsten Tag, ist *Ich bin der Todesengel.* [...] Diese Gedanken haben keine Bedeutung. Es sind idiotische Mantras, die sich in einem vorgegebenen Kreis wiederholen: Ich tauge nichts, Ich bin der Todesengel, Ich bin dumm, Ich kann nichts [...] Es ist wie bei einer Grippe: zuerst Halsschmerzen, dann, unausweichlich, eine verstopfte Nase und Husten« (Kaysen, 1994, S. 102).

Gesetzt den Fall, Susanna Kaysen hätte ihren Zustand der Gedankenlähmung aktuell protokolliert: Es wäre nichts herausgekommen als eine Wiederholung des in sich kreisenden Mantras. Da sie aber schreibt, als der Zustand vorüber ist und das cerebrale Ich seine Funktion wieder wahrnimmt, vermag sie, sich und dem Leser etwas von der Zwangsläufigkeit des Gedankenablaufs nunmehr reflexiv aus der Distanz zu erklären: »Es ist wie bei einer Grippe.« Sie kann das mantrahaft in sich kreisende Proto-Subjekt reflexiv wieder »einfangen«.

6.1.2 Suizid und erweiterter Suizid (Amokläufer)

Eine zweite Fallgruppe, bei der das Ich-Gefühl sich von der »corticalen« Common-Sense-Logik abkoppelt, sind die verschiedenen Arten von sogenannten Kurzschlusshandlungen bzw. Verzweiflungstaten. Im Folgenden sollen autobiographische Ich-Botschaften von jugendlichen Suizidanten und von Amokläufern, deren Handeln typischerweise auf einen erweiterten Suizid angelegt ist, nebeneinander gestellt werden.

Als charakteristisches Beispiel eines Abschiedsbriefes eines jugendlichen Suizidanten nehme ich den folgenden, der einem älteren Buch über »Selbstmord bei Jugendlichen« (Jacobs, 1974) entnommen ist:

»An meine Familie und Freunde:
Es tut mir leid, daß es so sein muß. Aus irgendeinem Grund habe ich mir selbst unerreichbare Ziele gesetzt. Es tut weh zu leben, und das Leben ist voll von so vielen Enttäuschungen und Schwierigkeiten. Was ich wirklich sagen möchte ist, daß ich den Problemen nicht so ins Auge sehen kann, wie ich sollte. Die Gesellschaft verurteilt einen immer und sagt einem, was man tun soll. Ich glaube, mein Problem besteht darin, daß ich immer nur an Bill gedacht habe [er selbst – Anm. von Jacobs]. Alles, was ich getan habe, hat mich nicht befriedigt. Warum das so ist, kann ich nicht sagen. Ich habe immer so ein komisches Gefühl, wenn ich mich hinsetze, um etwas zu tun. Vielleicht, als ob das, was ich schreibe oder tue, nicht von der Gesellschaft akzeptiert wird. Auch den Konkurrenzkampf hasse ich so. Vielleicht habe ich zuviel vom Leben erwartet. Bitte weint nicht und nehmt es nicht zu schwer. Ich weiß, was ich tue und warum ich es tue. Ich glaube, ich habe niemals wirklich erfahren, was Liebe oder Verantwortung war.

Bill

Vielleicht sollte ich noch hinzufügen, daß ich in den letzten Jahren keine große Lust hatte weiterzuleben. Wenn ich allen denen von Euch, denen ich nahestand, Auf Wiedersehen sagen wollte, würde es mir die Sache nur schwerer machen. Glaubt mir, ich habe versucht, mit meinen Problemen fertig zu werden, aber ich konnte es nicht« (Jacobs, 1974, S. 134f.).

Der Kern seiner Mitteilung betrifft dieses »komische Gefühl«, das ihn bei all seinem Tun begleitet. Darum herum kristallisieren sich die rationalen Erklärungsversuche: Er sei irgendwie »nicht richtig« und deshalb von der Gesellschaft nicht akzeptiert. Daraus resultiert dann das, was am auffälligsten ins Auge springt: Er setzt sich in seinem Wert herab, bekennt sich schuldig und unfähig, sein Leben zu meistern. Klagen über die Umwelt sind eher verdeckt und unterschwellig vorhanden. Seine Abschiedsbotschaft lautet: *Ich habe versagt.*

Anders lauten Abschiedsverlautbarungen von Amokläufern, z. B. von Basti B. aus Emsdetten, der einen längeren Abschiedsbrief ins Internet gestellt hat, aus dem ich zitiere (http://up2date. wordpress.com/2006/11/20/amoklaufer-in-emsdetten-abschiedsbrief/):

»Wenn man weiss, dass man in seinem Leben nicht mehr Glücklich werden kann, und sich von Tag zu Tag die Gründe dafür häufen, dann bleibt einem nichts anderes übrig als aus diesem Leben zu verschwinden. Und dafür habe ich mich entschieden. Es gibt vielleicht Leute die hätten weiter gemacht, hätten sich gedacht ›das wird schon‹, aber das wird es nicht.

Man hat mir gesagt ich muss zur Schule gehen, um für mein leben zu lernen, um später ein schönes Leben führen zu können. Aber was bringt einen das dickste Auto, das grösste Haus, die schönste Frau, wenn es letztendlich sowieso für'n Arsch ist. Wenn deine Frau beginnt dich zu hassen, wenn dein Auto Benzin verbraucht das du nicht zahlen kannst, und wenn du niemanden hast der dich in deinem *******Haus besuchen kommt!

Das einzigste was ich intensiv in der Schule beigebracht bekommen habe war, das ich ein Verlierer bin.«

Als Erstes gibt er kund, was er als seine »Einsicht« bezeichnet: dass er aus diesem Leben verschwinden muss, weil er eingesehen hat, dass er »in seinem Leben nicht glücklich werden kann«. Wie sich später zeigen wird, will er viele mit in den Tod reißen, aber sein Hauptvorhaben ist anscheinend der Suizid. Insofern ist das, was er vorhat, ein erweiterter Suizid. Auch zu den politischen Selbstmordattentätern lassen sich Parallelen ziehen, insbesondere da auch bei ihm politische Vorstellungen anklingen. Ein erstaunliches Detail: Wenn er irgendwas mit »Scheiß« sagen will, ersetzt er dieses Wort durch Pünktchen.

Er fährt fort: »Für die ersten Jahre an der GSS stimmt das sogar, ich war der Konsumgeilheit verfallen, habe danach gestrebt

Freunde zu bekommen, Menschen die dich nicht als Person, sondern als Statussymbol sehen: Aber dann bin ich aufgewacht! Ich erkannte das die Welt wie sie mir erschien nicht existiert, das sie eine Illusion war, die hauptsächlich von den Medien erzeugt wurde. Ich merkte mehr und mehr in was für einer Welt ich mich befand. Eine Welt in der Geld alles regiert, selbst in der Schule ging es nur darum. Man musste das neuste Handy haben, die neusten Klamotten, und die richtigen ›Freunde‹. hat man eines davon nicht ist man es nicht wert beachtet zu werden. Und diese Menschen nennt man Jocks. Jocks sind alle, die meinen aufgrund von teuren Klamotten oder schönen Mädchen an der Seite über anderen zu stehen. Ich verabscheue diese Menschen, nein, ich verabscheue Menschen.

Ich habe in den 18 Jahren meines Lebens erfahren müssen, das man nur Glücklich werden kann, wenn man sich der Masse fügt, der Gesellschaft anpasst. Aber das konnte und wollte ich nicht.«

Die Gesellschaftskritik dieses Textes erinnert an Ähnliches aus Gruppierungen der 68er-Bewegung, vor allem an Baader-Meinhof, wenn auch das Argumentationsniveau dort höher war. Aber die Kritik am Konsumzwang und überhaupt am gesellschaftlichen Anpassungszwang war ähnlich. Er sieht sich als radikalen Individualisten und grenzt sich ab von Pseudo-Individualisten, die es lediglich schick finden, Nietenarmbänder mit smarten Aufschriften zu tragen:

»Wozu das alles? Wozu soll ich arbeiten? Damit ich mich kaputtmaloche um mit 65 in den Ruhestand zugehen und 5 Jahre später abzukratzen? Warum soll ich mich noch anstrengen irgendetwas zu erreichen, wenn es letztendlich sowieso für'n Arsch ist weil ich früher oder später krepiere? Ich kann ein Haus bauen, Kinder bekommen und was weiss ich nicht alles. Aber wozu? Das Haus wird irgendwann abgerissen, und die Kinder sterben auch mal. Was hat denn das Leben bitte für einen Sinn? Keinen! Also muss man seinem Leben einen Sinn geben, und das mache ich nicht indem ich einem überbezahlten Chef im Arsch rumkrieche. [...] Vielleicht hätte mein Leben komplett anders verlaufen können. Aber die Gesellschaft hat nunmal keinen Platz für Individualisten. Ich meine richtige Individualisten, Leute die selbst denken, und nicht solche ›Ich trage ein Nierenarmband und bin alternativ‹ Idioten!

Ihr habt diese Schlacht begonnen, nicht ich. Meine Handlungen sind ein Resultat eurer Welt, eine Welt die mich nicht sein lassen will wie ich bin.«

»Ihr habt diese Schlacht begonnen.« Wer ist »ihr«? Das bleibt unbestimmt. Im Grunde sind es wohl alle, aber speziell denkt er an die Leute von seiner Schule.

Früher war er auch so wie die anderen, wollte Freunde haben, Spaß haben usw. Er nennt Jahreszahlen: 1994, 1998 und 2003/04. Wenn er heute 18 Jahre alt ist, war er 1994 sechs Jahre, war also in der Grundschule. 1998 kam er mit zehn Jahren auf die Realschule. Dort fing es mit den »Statussymbolen« an. 2003/04, also mit 15 oder 16 Jahren, »wachte er auf«, erlebte dies alles als »hohl«.

Das zeitliche Grundmuster entspricht einer normalen Pubertätsgeschichte. Schon Spranger hat beschrieben, dass sich der Jugendliche ganz allein, fremd und unbehaust auf der Welt fühlt. Nun kommt aber etwas hinzu, was den von Spranger beschriebenen Normalrahmen sprengt: der brennende Wunsch, Rache zu nehmen, »euch« (wer immer das sein mag) einen Denkzettel zu verpassen. Wofür er Rache nehmen will, bleibt zunächst unklar: Er sei »der Dumme« für andere gewesen, man habe sich über ihn lustig gemacht.

Er hält sich sozusagen rhetorisch entgegen, dass die meisten seiner Schüler-Feinde gar nicht mehr auf der Schule sind. Aber er findet, in den Köpfen dieser nachrückenden Schüler nisteten dieselben Gedanken und Werte (»Programme«) und er sei das Virus, das diese Programme zerstört. Und außerdem seien die Lehrer von damals noch fast alle da. Auf diese bezieht sich der Vorwurf, dass sie unberechtigt in sein Leben eingegriffen hätten.

»S.A.A.R.T. – Schule, Ausbildung, Arbeit, Rente, Tod
Das ist der Lebenslauf eines ›normalen‹ Menschen heutzutage. Aber was ist eigentlich normal? Als normal wird das bezeichnet, was von der Gesellschaft erwartet wird. Somit werden heutzutage

Punks, Penner, Mörder, Gothics, Schwule usw. als unnormal
bezeichnet, weil sie den allgemeinen Vorstellungen der Gesellschaft nicht gerecht werden, können oder wollen. Ich ******* auf
euch! [...]

S.A.A.R.T. beginnt mit dem 6. Lebensjahr hier in Deutschland,
mit der Einschulung.

Das Kind begibt sich auf seine persönliche Sozialisationsstre-
cke, und wird in den darauffolgenden Jahren gezwungen sich der
Allgemeinheit, der Mehrheit anzupassen. Lehnt es dies ab, schalten
sich Lehrer, Eltern, und nicht zuletzt die Polizei ein. Schulpflicht ist
die Schönrede von Schulzwang, denn man wird ja gezwungen zur
Schule zu gehen. Wer gezwungen wird, verliert ein Stück seiner
Freiheit. Man wird gezwungen Steuern zu zahlen, man wird gezwungen Geschwindigkeitsbegrenzungen einzuhalten, man wird
gezwungen dies zu tun, man wird gezwungen das zu tun. Ergo:
Keine Freiheit!«

Ziemlich unvermittelt also springt der Gedankengang ins Allgemeine: Schule, Ausbildung, Arbeit, Rente, Tod. Das Leben – eine
einzige Strecke von Zwang. Die Lösung, die ihm vorschwebt, heißt
Anarchie.

Solche Abschiedsbriefe von Amokläufern (wie auch ähnlich
von Suizidanten) verfolgen ein bestimmtes Ziel: ihre bevorstehende
Tat als begründet bzw. gerechtfertigt hinzustellen, wobei – wenigstens aus der Sicht von außen – massive Projektionen und Realitäts-
verfälschungen unterlaufen. So schrieb der Blacksburg-Todes-
Schütze Cho in seinem hinterlassenen »Manifest«: »Ihr habt mich
in die Ecke gedrängt. Jetzt müsst ihr damit leben, daß Blut an eu-
ren Händen klebt.« Oder eben Basti B.: »Seit meinem 6. Lebensjahr
wurde ich von allen verarscht. Jetzt müsst ihr dafür bezahlen!«

Was den Blacksburg-Attentäter Cho betrifft, der ein ganzes
Konvolut von Ich-Botschaften hinterlassen zu haben scheint, kann
ich mich nur auf Presseberichte stützen: Seine Videoclips etc.,
schreibt »Der Spiegel«, »ergeben das Bild eines Massenmörders, der
sich als Opfer begreift«, dem »ins Gesicht gespuckt wurde« und der
»den ganzen ›Müll die Kehle runterwürgen musste‹« (http://www.
spiegel.de/spiegel/print/d-51292068.html).

Diese Aussagen der Täter von Emsdetten und von Blacksburg sind dem Sinn nach deckungsgleich. Beides sind Menschen, die sich als Opfer erleben, als erniedrigt, gezwungen, zerstört, und die Rache suchen, in einer Handlung mit Symbolkraft gegen ihre Erniedrigung, Verletzung etc. ein Zeichen des Aufstandes setzen wollen.

Solche Abschiedsbriefe, ob bei Suizidanten oder bei politisch-religiös motivierten Selbstmordattentätern, aber auch bei den gegenwärtigen Amokläufern, dienen dazu, das eigene Handeln zu erklären, es als logisch, notwendig und unabweisbar hinzustellen. Die Argumentationsfiguren sind besonders bei Suizidanten gut untersucht, sie laufen meist darauf hinaus, ihre Unfähigkeit oder Lebensunwürdigkeit hervorzuheben. Bei den Amokläufern, wo es nicht allein um Suizid, sondern auch um die Tötung anderer geht, spielen andere Begründungsfiguren eine Rolle, stärker anklagend nach dem Motto: Ihr seid schuld. Aber auch diese Begründungen gehen zum Teil ganz offensichtlich und erkennbar unlogisch an der Sache vorbei; so z. B. wenn Basti B. sagt, es habe keinen Sinn, Kinder in die Welt zu setzen, weil sie ja doch irgendwann einmal sterben müssten.

Es besteht bei Menschen allgemein das Bedürfnis, ihre Handlungen mit der Angabe von Gründen zu rechtfertigen. Manche Philosophen (vgl. Bittner, 2008b, S. 56 ff.) erklären dies gerade als das Wesensmerkmal von Handlungen, dass der Betreffende Gründe angeben kann, weshalb er so und nicht anders gehandelt hat. Die vorliegenden Abschiedsbriefe können uns darüber belehren, wie unsinnig dieses Kriterium ist, denn selbst für die unsinnigsten, verrücktesten, auch verbrecherischen Handlungen lassen sich immer Gründe angeben, die dem Betreffenden einleuchtend erscheinen mögen, sich dem Außenstehenden aber als unlogisch, nicht überzeugend, eventuell gar nicht zur Sache gehörig darstellen.

Alles dies sind eigentlich keine Argumente, denen mit Gegenargumenten begegnet werden könnte. Es sind Selbst-Positionierungen, in denen einer die Position des Suizidanten bzw. des Amokläufers oder Selbstmordattentäters bezieht.

6.1.3 Traumatische Belastungsstörung – Das Beispiel des Entführungsopfers Reemtsma

Eine Grenzerfahrung ganz anderer Art hat Reemtsma zu Protokoll gegeben. Der vermögende Erbe der bekannten Zigarettendynastie, zugleich studierter und promovierter Soziologe, wurde in den 1990er Jahren von Kidnappern entführt, um ein Lösegeld zu erpressen. Reemtsma hat in seinem Buch minutiös die Zerstörung seines Ich im Kerker seiner Erpresser protokolliert. Er sieht sich noch heute in Alpträumen, in Flashbacks vom damaligen Geschehen heimgesucht. »Begleitet ist diese terroristische Präsenz der Vergangenheit von ihrer psychischen Exterritorialität, von der Unfähigkeit, das Ereignis zu verarbeiten« (Reemtsma, 1997, S. 53).

Die Zerstörung vollzieht sich in vielen, zum Teil vergleichsweise harmlos erscheinenden Etappen, z.B. als er für zwei Tage ohne Uhr ist, weil die Entführer seinen Zeitsinn zerstören wollen. Und dann das andauernde Gefühl der Ohnmacht: »Er konnte nur warten, bis es anderen gefiel, ihn wieder hinauszulassen« (S. 191). Das unsinnige Gefühl der Beschämung, dass einem etwas Derartiges zugestoßen ist: »Eine Übermächtigung macht einen klein, reduziert einen, liefert einen aus, ist stets auch dann eine Schändung und Schmach, wenn für den Außenstehenden scheinbar gar nichts Peinliches dabei ist.« Das Ganze hat irgendwie auch kein Ende: »Er hatte in seinem Keller oft das Gefühl, aufgeben zu wollen; er empfand es als gleichsam ungerecht, daß er gar nicht die Chance hatte, aufzugeben. Mit der Möglichkeit aufzugeben war ihm auch die Möglichkeit genommen, nicht aufzugeben und aktiv durchzuhalten« (S. 190). Und schließlich der Umgang mit der permanent gegenwärtigen Angst. »Viereinhalb Wochen Todesangst. Das ist das, was am leichtesten zu vermitteln scheint, denn fast jede und jeder hat Angst vor dem Tod« (S. 194 f.).

Alle diese Einzelerfahrungen und -erlebnisse führen Reemtsma dazu, die Frage nach dem »Ich« in solchen Extremsituationen zu stellen: »Das Missverständnis besteht darin, in der Seele des Menschen etwas wie einen Kern anzunehmen, den man ›Ich‹

nennt. Man stößt auf ihn, wenn man nur konsequent genug in sich geht, und er ist es auch, der durch den ganzen Lebenslauf hindurch derselbe bleibt. Man steigt nie in denselben Fluß, aber der, der hineinsteigt, soll derselbe bleiben. Und warum bleibt er derselbe? Weil es dieses Ich gibt. In Extremsituationen steht dieses Ich auf dem Prüfstand. Werden Körper und Geist geschunden, erleidet es auch Blessuren, aber am Ende hat es das durchgestanden, und alle können sagen: Er ist trotzdem der alte geblieben!« (S. 197).

»Das Bild vom Kern der Person hatte nichts mit dem zu tun, was er empfand. Viel eher traf das Bild eines leeren Raumes zu, durch den die Gefühle zogen. Sie kamen, blieben, gingen, wurden durch andere abgelöst. Es gab keinen Ort der Resistenz, von dem aus etwas hätte bewahrt oder unberührt gehalten werden können« (S. 201).

Gruen hat Reemtsma wegen dieser Sätze etwas besserwisserisch kritisiert: »Menschen, die eine innere Kohärenz entwickeln konnten und daraus ihr Identitätsgefühl beziehen, verlieren auch unter extremen Frustrations- und Deprivationsbedingungen nicht ihr Vertrauen und ihren Glauben an sich selbst. Die für unsere Kultur typische Identität, die auf einer Identifikation mit Angst einflößenden Autoritäten beruht, ist dagegen ständig von Auflösung bedroht« (Gruen, 2000, S. 28).

Gruen hält Reemtsma entgegen: »Die Ärztin Evelyn Bone war sieben Jahre lang in Isolationshaft in einem ungarischen Gefängnis. Ihre reiche innere Erlebnis- und Gedankenwelt hielt sie jedoch aufrecht.« Anders Reemtsma, den sein Entführungserleben dazu brachte, »zu glauben, daß ein Mensch keinen inneren Kern besitzt«. Gruen kontert: »Reemtsmas Suche nach dem zuverlässigen Ich erfolgt unter dem Blickwinkel, der das Innere negiert. Deshalb kann er auch nicht erkennen ...« (S. 29). Eine selbstgerechte und böse Art zu argumentieren: Wer zu einem anderen Ergebnis kommt als ich, der muss einen unpassenden Blickwinkel haben.

Ein hoch reflexiver und sprachmächtiger Selbstbeobachter wie Reemtsma schildert hier etwas für das normale, alltägliche Ich-Bewusstsein höchst Beunruhigendes: Die vitale Basis dieses schein-

bar fest gegründeten Bewusstseins »Ich bin ich« zerrinnt unter der
Extrembelastung, löst sich auf in Gefühle, die kommen und gehen.
Wie störbar von den »limbischen« Fundamenten her dieses stolze
Ich-Gebäude doch ist! Was ich »Proto-Selbst« nenne ist nichts
Festes, wie Gruen unterstellt, sondern ein Prozessgeschehen; ein
Prozess, der unter Extrembelastung wie bei Reemtsma sich sogar
als (wenigstens temporär) reversibel erweist; das Gefühl eines kon-
sistenten Ich löst sich zeitweise auf.

Fazit

Ich bilde mich – oder: »Das Leben« (wissenschaftlicher ausgedrückt mit Schulze: Der »biographische Prozess«) bildet mich – zu
einem Menschen, der auf seine Art mehr oder weniger zurecht-
kommt mit der Welt, vielleicht aber auch zum seelisch Kranken,
zum Amokläufer oder zu einem, der unter übermenschlichen
Belastungen sich selbst zeitweise abhanden kommt.

Freilich: Keiner stellt absichtlich und reflektiert die Weichen
zum »biographischen Prozess« eines Psychotikers, eines Amokläufers und schon gar nicht zum Lebensweg eines Menschen, der
unter die Räuber fällt und eine traumatische Belastungsstörung
erleidet.

Dieser biographische Prozess greift am Proto-Selbst an. Eine
Gestimmtheit zum Leben hin kristallisiert sich zum symbolisch
aufgeladenen Schlüsselerlebnis: das bedeutsame Knistern in der
Wand bei Schreber, das Gefühl unendlicher Verlangsamung des
Gedanken-Mantras »Ich tauge nichts« bei Susanna Kaysen, ähnlich
das undefinierbare »komische Gefühl« des Suizidanten Bill; die
Vorstellung »ihr sollt mir büßen« (dafür, dass ich mich so schlecht
fühle) bei den Amokläufern und das Sich-Auflösen des Ich bei
Reemtsma – dies sind präreflexive Zuständlichkeiten, die – vor
allem bei den beiden Amokläufern – sich »rationalisierend«, d. h.
schein-rational zu begründen suchen. Biographische Prozesse, soll
hier gezeigt werden, resultieren aus solchen proto-symbolischen
Selbst-Positionierungen.

6.2 Bildet Liebe?

Der Titel dieses Kapitels spielt auf den Aufsatz von Henningsen, »Unglück bildet« (in Henningsen, 1981), an, dessen Inhalt zum Thema dieses Buches tatsächlich Entsprechungen aufweist. Nicht etwa, dass ich die Liebe generell für ein Unglück erklären wollte; wohl aber, dass gerade die unglückliche Liebe (wenigstens vom Bildungsstandpunkt aus gesehen: glücklicherweise) eine besondere Intensität der bildenden Wirkung ausübt. Indem ihr nämlich ihr »Objekt« abhanden kommt, verweist sie das Ich mit besonderer Radikalität auf sich selbst. Diese Unglücks-Liebe als bildende sozusagen »in Reinkultur« wird im Folgenden expliziert.

6.2.1 Das Ich und das Du in der Liebe

Vor Jahren schrieb ich einen Aufsatz über Liebe als Thema autobiographischer Texte, den ich »Unerzählbare Geschichten« nannte (Bittner, 1995). Warum sind Liebeserfahrungen derart »unerzählbar«? Meine Antwort damals (und noch heute): Weil sich das Ich dabei in einer alle konventionellen Grenzen überschreitenden Weise entblößen müsste.

Das gilt natürlich nicht für die gängige, seichte Memoirenliteratur. Die einfachste Art, Autobiographien zu schreiben, ist die von Politikern, Wirtschaftsführern oder Wissenschaftlern. Sie erzählen einfach ihre Großtaten, erwähnen die bedeutenden Persönlichkeiten, die ihren Weg kreuzten, und behandeln eventuelle Schwachpunkte apologetisch. Weder in den Memoiren von Wilhelm Wundt noch von Konrad Adenauer oder Hermann Josef Abs (diese fielen mir damals 1995 ein) wird man Nennenswertes über Liebe finden. Der Erzählstandpunkt deckt sich in allen diesen Fällen mit der gesellschaftlichen Erscheinung, dem öffentlichen Auftreten, der »Persona« des betreffenden Autors.

Anders geht es, wenn das je eigene »gelebte Leben«, dessen »Innenansichten« (Herrmann, 1991) als Zusammenhang, wie er durch die »Selbigkeit der Person« in der »Intellektualität der inneren Wahrnehmung« gegeben ist (Dilthey, 1907–1910, zit. nach Herrmann, 1987, S. 318), zum Gegenstand der autobiographischen Erzählung wird. Erst bei dieser Art von Texten kommt die Frage nach den Liebeserfahrungen ins Spiel – und eben bei diesen Texten reißt die Kluft zwischen dem Erzählbaren und dem Unerzählbaren auf.

Meine These von den Liebesgeschichten als unerzählbar behauptete damals, dass Wesentliches, was dem erzählendem Ich nahegeht (und was ginge ihm näher als die Liebe), in der autobiographischen Ich-Form nicht erzählbar ist: teils aus Scham, teils mit Rücksicht auf den Partner – vor allem aber, weil dieser historisch wahrheitsgetreuen Erzählform sich Wesentliches anscheinend mit innerer Notwendigkeit immer wieder entzieht. Das erzählwillige Ich findet Auswege: im nichtöffentlichen Erzähltext, in der Aufhebung der Grenzen von Faktizität und Fiktion im autobiographischen Roman.

Um das, was sich da entzieht, näher einzukreisen, ist ein Exkurs in die psychoanalytische Theorie erforderlich. Das Ich ist von der Psychoanalyse unter vielfältigen Aspekten beschrieben worden; uns interessiert im gegenwärtigen Zusammenhang nur einer davon: das Ich als Ensemble seiner verinnerlichten Objekte. Freud hat diesen Gesichtspunkt eingeführt in seinem Aufsatz »Trauer und Melancholie«. Das Ich präsentiert sich als nicht einheitlich, sondern gleichsam gespalten: »Wir sehen [...], wie sich ein Teil des Ichs dem anderen gegenüber stellt, es kritisch wertet, es gleichsam zum Objekt nimmt« (Freud, 1916–1917g, S. 433). Dies versteht Freud als den Niederschlag einer früher bestandenen tatsächlichen Objektbeziehung: »Der Schatten des Objekts fiel so auf das Ich« (S. 435).

Das objektpsychologische Modell macht verständlich, warum gerade die Liebeserfahrungen in der autobiographischen Erzählung so schwer zu erreichen sind, denn alle späteren Liebeswahlen stehen ja, wie Freud in anderem Zusammenhang gezeigt hat, in engem Zusammenhang mit den infantilen Prototypen (Freud, 1905d, S. 123, 129 f.), die Objektfindung ist eigentlich eine Wiederfindung, und das heißt: Sie rühren an die Konstitution des Ich.

Wenn ich also die Geschichte einer Liebe erzählte – sozusagen schonungslos, ohne Auslassungen und Entstellungen –, würde ich bei diesem Erzählen meine basalen Introjekte zur öffentlichen Disposition stellen, würde ich mich meines Ich zumindest partiell entäußern.

Psychoanalytisch geht es darum, die erzählten Liebeserfahrungen nicht nur als faktische und aktuelle zur Kenntnis zu nehmen, sondern im Blick auf die Hintergrundkonfigurationen: die infantilen Prototypen, die narzisstische Wunde, das Lebensskript. Erst indem sie an diesem Grund rühren, werden Liebesgeschichten relevant für die Konstitution einer Biographie. Denn, wie Freud sagt, die Objektfindung ist eigentlich eine Wiederfindung: Die aktuellen Liebesobjekte stehen symbolisch stellvertretend für die infantilen Prototypen. Freilich sind diese, weil im Kern proto-symbolisch, zugleich der Inbegriff des Unerzählbaren.

Wenn Liebesgeschichten autobiographisch insoweit unerzählbar sind, als in ihnen Unbewusstes, Infantiles zum Ausdruck kommt – gilt dann der Wittgenstein'sche Satz »Wovon man nicht sprechen kann, darüber muß man schweigen« (Wittgenstein, 1921/1998, S. 115) – oder doch wieder nicht ganz? Denn gerade das Unerzählbare drängt sich danach, erzählt zu werden. »Wessen Lippen schweigen, das schwätzt mit den Fingerspitzen; aus allen Poren dringt ihm der Verrat« (Freud, 1905e, S. 240). So will ich Wittgensteins Satz dahingehend abwandeln: »Worüber man nicht Prosa reden kann, darüber rede man poetisch.« Über diese Ich-konstituierenden Erfahrungen kann nur indirekt verweisend, poetisch (was wiederum heißt: proto-symbolisch) gesprochen werden.

Wie ich in meinem damaligen Text psychoanalytisch ableitete: Bei Liebesgeschichten steht nur scheinbar ein Du im Mittelpunkt, eigentlich aber ein Ich, das sich zu einem Du hinpositioniert und von dorther positioniert wird, das sich in einem Du verliert, versteckt, mit ihm verschmilzt, in ihm aufgeht oder wie immer wir das nennen wollen. In Zuständen heftiger Liebesemotionen gilt: Ich bin Du und Du bist ich. Insofern ist die Liebe – oder besser, die Verliebtheit – zunächst geradezu ein Zustand der Un-Bildung: Ein Ich geht sich selbst verloren.

Mit diesem Rüstzeug in der Hand will ich zwei neuere Liebes-
erzählungen vergleichend betrachten. Der Schriftsteller Gorz hat
seiner Frau, mit der er seit 58 Jahren verheiratet ist, einen sozusagen öffentlichen Liebesbrief in Form eines kleinen Büchleins
geschrieben: »Brief an D. – Geschichte einer Liebe« (Gorz, 2007/
2009). Er beschreibt dort das erste Zusammentreffen, die »Liebe
auf den ersten Blick«, das Kennenlernen dieser Frau aus einem
fremden Land, einer Engländerin, das Erleben des Sexuellen, die
Geschichte ihrer Krebserkrankung usw.

Der letzte Absatz dieses Buches: »Soeben bist Du zweiundacht-
zig geworden. Und immer noch bist Du schön, anmutig und begeh-
renswert. Seit achtundfünfzig Jahren leben wir zusammen, und ich
liebe Dich mehr denn je. Kürzlich habe ich mich von neuem in
Dich verliebt« (S. 89). Und, wie man vernimmt, haben die beiden
den gemeinsamen Freitod gewählt.

Warum klingt die Geschichte für mein Ohr unwahr, sentimen-
tal? Ich glaube, es ist dies, dass die Symbiose »Ich bin du, du bist
ich« bis zum Ende festgehalten wurde. Einmal hat er wohl in
jungen Jahren in einem autobiographischen Text versucht, einen
getrennten Blick auf sie zu werfen. Dieses Buch nannte er »Der Verräter« (Gorz, dt. 1980): sich aus der Un-Unterschiedenheit lösen,
die Geliebte als ein Nicht-Ich sehen, »Verrat« üben – auch das kann
ein Stück einer Liebesbiographie sein.

Eine andere Geschichte, sie fängt ganz ähnlich an, wie überhaupt alle Liebesgeschichten irgendwie ähnlich anfangen, stammt
von Schneider, einem Schriftsteller, der ein Protagonist der 1968er-
Bewegung war. Seine Geliebte nennt er L.; sie stammt aus der
Tschechoslowakei. Auch sie also eine Frau »aus der Fremde«. Alles,
wie gesagt, am Anfang ziemlich ähnlich wie bei Gorz, nur mit fata-
lem Ausgang, ein Fall von »Scheitern« einer Liebe.

In der Liebesgeschichte von Gorz bleibt das Ich sich selbst ver-
borgen; die Geschichte der Liebe ist eine Geschichte des Gaffens
auf die Vorzüge der angehimmelten Geliebten.

Auch für Schneider war die Geliebte L. das damals Wichtigste
im Leben. Trotzdem musste er sie verlieren, weil er sagte (ehr-
licherweise sagen musste): Ich kann es noch nicht, ich kann noch

kein Kind mit dir haben. Ein Ich, das zu sich steht und die Geliebte dabei verliert. Sie konnte ihm nicht verzeihen, dass er das gemeinsame Kind nicht wollte.

»Warum eigentlich war es für den damals 26-Jährigen undenkbar, L. zu heiraten und ein Kind mit ihr zu haben? L. war die Frau, die er gewollt hatte, er begehrte keine andere. Und war es eigentlich undenkbar, daß er eine Kleinfamilie ernährte? [...] Was hinderte ihn daran, die Gelegenheit beim Schopf zu packen und den Wunsch seiner Geliebten zu erfüllen? [...] Der Schriftsteller in spe hatte Angst, daß er sich gegen L.s Sicht der Dinge und gegen ihre Ansprüche auf Dauer nicht behaupten würde, daß er sich mit einer Frau, die nie einen Fehler eingestand, in ein prächtiges Gefängnis einsperren und darin kaputtgehen würde« (Schneider, 2008, S. 112 f.).

6.2.2 Die These: Gerade die prekäre Liebe bildet

Wenn die Grundthese zutrifft, die in diesen Texten expliziert wird, dass nämlich »das Leben«, und das heißt »irgendwie alles«, bildet: Warum sollte dann ausgerechnet die Liebe – und, sagen wir genauer, die Geschlechterliebe – nicht zur Bildung eines Menschen beitragen?

1. Um volkstümlich zu beginnen: In meiner Jugend, als offiziell von der kirchlichen und staatlichen Moral voreheliche Beziehungen noch verpönt waren, gab es doch schon immer den Volksmund, der sagte, die Jugend müsse sich zuerst die Hörner abstoßen, um reif für die Ehe zu werden. Schon das Bild der Hörner legt nahe, dass hier vor allem an die männliche Jugend gedacht war, während die weibliche eher wie Dornröschen auf den Erweckungskuss zu warten hatte – freilich eher in der Theorie. Heute jedenfalls ist klar, dass beide Geschlechter derart abstoßensbedürftige Hörner tragen.

   Das waren volkstümliche, bäuerliche Bilder, geschöpft aus dem Umgang mit Rindern, Schafen und Ziegen. Es gab also Beziehungen, die nicht auf Dauer und Ehe angelegt waren, sondern der »Bildung«, d. h. der Ich-Umwandlung dienen sollten. Sie endeten, wenn sie ihren »bildenden« Zweck erfüllt hatten.

2. Von den volkstümlichen Bauernweisheiten zur hohen Literatur:
    Der »Zauberberg« von Thomas Mann (1924) war von ihm explizit
    als »Bildungsroman« bezeichnet und als solcher hier bereits einge-
    führt worden. Zweifellos gehört die Liebesgeschichte des jungen
    Hans Castorp mit Madame Chauchat, der Frau mit den Kirgisen-
    augen – übrigens wieder, wie in den Geschichten von Gorz und
    Schneider das Motiv der Frau aus der Fremde: diesmal von jenseits
    des Ural! –, gipfelnd in der einmaligen Liebesnacht, hervorgegan-
    gen aus der Unwirklichkeit eines Faschingsabends, zu den heraus-
    ragenden Eckpunkten in der Bildungsgeschichte des jungen Ro-
    manhelden. Die Liebesnacht, unmittelbar gefolgt vom Verlust:
    Am nächsten Morgen reist Madame Chauchat ab mit dem vagen
    Versprechen wiederzukommen – Hans Castorp wartet jahrelang.
    Dann kommt sie zwar, aber in Begleitung eines anderen Mannes,
    und nichts ist mehr so, wie es vorher war. Den »bildenden« Liebes-
    erfahrungen folgt scheint's die Trennung auf dem Fuße.
3. Warum, so fragen wir, und ist die Trennung überhaupt notwen-
    diges Element einer »bildenden Erfahrung«? Nehmen wir ein
    Märchen zu Hilfe: »Die kluge Bauerntochter«. Sie hat die un-
    mögliche Aufgabe erfüllt, die der König ihr gestellt hat (komm
    zu mir, nicht bekleidet, nicht nackt, nicht im Weg, nicht außer
    dem Weg usw.), und nun ist sie Frau Königin. Jetzt missbraucht
    sie ihre Klugheit, um den Ehemann zu blamieren, und wird von
    ihm verstoßen. Sie willigt ein zu gehen, wenn sie ihr Liebstes
    mitnehmen dürfe. Sie gibt ihm einen Schlaftrunk, packt ihn auf
    ihren Rücken und nimmt ihn mit.
    So gewinnt die Beziehung Dauer durch ein beständiges schöpferi-
    sches Überbrücken der Gegensätze von Verbundenheit und Ge-
    trenntsein. Wenn dieses Motiv der Verbindung von Sich-Trennen
    und Sich-Wiederfinden in einer Beziehung etabliert werden kann,
    kann sie beides sein: Dauerbeziehung und »bildende« Liebe. Dies
    scheint mir in der Beziehungsgeschichte von Gorz nur ansatz-
    weise und unverstanden anzuklingen: die Erkenntnis, dass der
    Liebende zum Verräter werden muss, damit die Liebe leben kann.
    Ich habe den Aufsatz über dieses Märchen (Bittner, 2004b) ge-
    schlossen mit einem der schönsten Liebesgedichte, die ich

kenne (ich habe es in einem Roman gefunden). Es soll ein Volkslied sein, aber ich weiß nicht, ob das wahr oder selbst eine literarische Fiktion ist:
»Sag mir nicht willkommen,
wenn ich komme,
nicht Lebwohl, mein Liebster,
wenn ich geh.
Denn ich komme nimmer,
wenn ich komme,
und gehe nimmer,
wenn ich geh.«
(le Fort, 1949, S. 262)

4. Mich hat immer die Frage beschäftigt: Warum ist die Künstler-liebe in vielen Fällen dermaßen anomisch, prekär, mit Krisen und Abbrüchen? Die Beispiele sind Legion; ich erwähne nur ei-nen, dessen Liebesleben besonders gut dokumentiert (und kommentiert) worden ist: Picasso. Treffend kommentiert wurde das Verflochtensein seiner Beziehungen zu Frauen mit seinen schöpferischen Prozessen von Ursula Stenger. Sie zitiert eine Äußerung von ihm: »Wenn ich eine Frau liebe, dann sprengt das alles auseinander, besonders meine Malerei« (zit. nach Sten-ger, 2002, S. 90). Sie erläutert: »Picasso war als Mensch immer in Bewegung. Für ihn gab es keine tragfähige Alltäglichkeit wie für die meisten Menschen. Welt und Mensch existierten für ihn nur im Augenblick ihrer Neuschöpfung. Auch in seiner Bezie-hung zu den Frauen hat er immer, sobald eine Form von Stabi-lität, von Sein sich abzeichnete, diese wieder zerstört, damit aus den Trümmern etwas Neues entstehen konnte. Dieser Moment interessierte und faszinierte ihn, für ihn riskierte er alles.«
Das bedeutet: Für Picasso, wie wohl für Künstler generell, über-wiegt in der Liebe das Element der Selbsterkundung, der ex-perimentellen Selbst-Positionierung bei weitem alle anderen Motive. Das Liebesobjekt muss im Extremfall weggeworfen wer-den, damit das Ich in diesem Wegwerfen sich wieder ganz auf sich beziehen, ja sich in diesem Zerstören der Zweisamkeit selbst

hervorbringen kann. Wie Picassos Beziehung zu Françoise Gillot zeigt, muss dieses Wegwerfen nicht notwendig »das Ende« bedeuten, es kann eine ganze Weile gehen, wenn die Frau sich stark genug fühlt, das Spiel mitzuspielen. Ursula Stenger zitiert eine Äußerung über ihn: »Er ist wohl das, was man einen Abgrund nennt, ein Chaos [...] Er existiert nicht – er schöpft sich selbst« (S. 91). Das bedeutet ungefähr dasselbe, wie wenn ich sage: Er bildet sich selbst.

5. Warum liegt das (Ich-)Bildende gerade im Verlieren? Eine erste Antwort gibt Freud in seinen Gedanken zur »Trauerarbeit«: Die Libidobesetzungen werden im Trauerprozess vom geliebten und verlorenen Objekt abgezogen und in das Ich zurückgenommen. Sie werden damit frei verfügbar, entweder um sich neue Objekte in der Außenwelt zu suchen oder um im Ich zu verbleiben. In einem Brief an Ferenczi schreibt er über sich selbst nach dem Scheitern der Freundschaft mit Fließ: »Ein Stück homosex. Besetzung ist eingezogen und zur Vergrößerung des eigenen Ichs verwendet worden« (Brief vom 6. 10. 1910, zit. nach Schur, 1973/1982, S. 307).

6. Konkreter auf die Geschlechterliebe bezogen sind diesbezügliche Gedanken bei C. G. Jung. Seine Konzeption des Individuationsprozesses, an anderer Stelle ausführlicher dargelegt, entspricht ziemlich genau dem, was ich mit »Bildung« meine: »angefangen vom Fixiertsein in der Persona, d. h. in der heutigen Sprache: in den sozialen Rollen, über deren Aufweichung ins Gefühl, die trotzige Selbstbehauptung im Schwimmen gegen den Strom, bis ich schließlich ein Ich bin, der Mittelpunkt einer Bewegung, ein ›aus sich herausrollendes Rad‹ mit Nietzsche zu reden – das alles zu-sammen ist Bildung« (Bittner, 2007, S. 57). Bei diesem Aufweichen der sozialen Rollen ins Gefühl hinein spielt bei Jung der Archetypus der Anima die zentrale Rolle. Unsere beiden Muster-Erzählungen von Gorz und Schneider zeigen das Erzähler-Subjekt im Zustand der Anima-Faszination: die rätselhafte »Frau aus der Fremde«, ob nun aus England oder der Tschechoslowakei, von einmaliger Schönheit (ob nun rotblond oder dunkel), von unwiderstehlichem sexuellem Appeal – im ersteren Fall wird sie geheiratet und die Szene er-

starrt; mir kommt es etwas merkwürdig vor, wenn er seine 80-jährige Lebensgefährtin anhimmelt, als wenn sie beide noch 25 wären. Der zweite Erzähler Schneider muss mehr leiden, und vor allem: Er hat mit der Abtreibung seine angebetete L. verletzt und sie leiden lassen – aber für die Entwicklung seines Gefühlslebens hat er wohl mehr profitiert.

Nach Jungs Idee ist die Anima-Erfahrung für den Mann entwicklungsnotwendig; aber das Projekt muss scheitern. Entweder zerbricht die Liebe wie zwischen Schneider und L. oder es kommt zu einer »Erdung«: Der Mann erkennt, dass die Angebetete nicht Venus höchstpersönlich, sondern ein ganz normales Menschenwesen, Frauenwesen mit all den dazugehörigen liebenswerten Seiten, aber auch mit all den Reibungsflächen ist, die sich im gemeinsamen Alltag zeigen.

Jung meint, dass die Anima eine Projektion sei, die zurückgezogen werden müsse. Der Mann müsse erkennen, dass das Weibliche *in ihm selbst* sei. Dieses sei zu entdecken und zu pflegen, dann erübrige sich die Vergötterung der Venus. Dieses »das Weibliche in sich selbst entdecken« habe ich zeitlebens für Unsinn gehalten und treffe mich darin mit Böhm und seiner temperamentvollen Brandrede »Zur Kritik der androgynen (Un-)Vernunft« (Böhm, 1994) und zur Verteidigung der Geschlechterdifferenz und des aus ihr entspringenden Eros.

7. In einer anderen Hinsicht aber meine ich inzwischen verstanden zu haben, dass Jung mit seiner Zurücknahme der Projektionen doch recht hat: Diese besteht darin, die Liebe als Selbst-Positionierung zu begreifen, zu verstehen, dass *ich* es bin, dass *meine* Phantasie- und Gefühlskräfte es sind, die es vermocht haben, die Geliebte zu einer Göttin umzuschaffen. Dieses Sich-zurückverwiesen-Sehen auf die eigene Liebes- und Gefühlskraft im Akt der erotischen Vergötterung – darin sehe ich die bildende Kraft der Liebeserfahrung.

Mein allererster Text, der 1961 gedruckt erschien, trug den Titel »Verlieren und verzichten« und suchte eine unglückliche Liebe psychologisch aufzuarbeiten – in heute für mich etwas verwunderlicher Anlehnung an Goethes »Marienbader Elegie«. Goethe

hatte sich 74-jährig in eine junge Frau verliebt, von der er zu-
rückgewiesen wurde. Ich zitiere nur die eine Strophe dieses lan-
gen Gedichts, die für mich stimmig beschreibt, was unter »Zu-
rücknahme der Projektion« verstanden werden kann. In den
Wolken am Himmel meinte er das Bild der verlorenen Gelieb-
ten zu sehen, bis er sich selber zuredet:
»Doch nur Momente darfst dich überwinden
ein Luftgebild statt ihrer festzuhalten.
Ins Herz zurück! Dort wirst du's besser finden.
Dort regt sie sich in wechselnden Gestalten.
Zu vielen bildet eine sich hinüber
So tausendfach und immer, immer lieber.«
(Goethe, Bd. 1, S. 383)

Keine Rede davon, wie bei Jung die Weiblichkeit im eigenen Innern
zu entdecken, sondern: die bereichernde Welt der Erinnerungsbilder, die weiterspielen als Phantasiebilder, das Verlorene im Innern
finden als Bild, als Erinnerung, als Positionierung bzw. Erweiterung des Ich, eben als Bildung.

Fazit

Mein Text »Unerzählbare Geschichten« von 1995, den ich in das
gegenwärtige Kapitel zu integrieren versuchte, ist mir in seiner
klassisch psychoanalytischen Diktion teils fremd geworden. Andererseits behandelt er genau das Thema, um das es mir aktuell geht:
dass nämlich Liebesbeziehungen nicht nur aus Gründen der Kon-
vention und der Diskretion unerzählbar sind, sondern vor allem
deshalb, weil sie sich in diesem Proto-Bereich der symbolischen
Schlüsselerlebnisse abspielen, die den Ich-Positionierungen die
Richtung vorgeben und die vielleicht in ihrer Faktizität bewusst, in
ihrem symbolischen Bedeutungshof aber für die autobiographische
Reflexion mehr oder weniger unerreichbar bleiben.
    Gorz meint, seiner D. eine Wiedergutmachung dafür schuldig
zu sein, dass er sich in seinem Buch »Der Verräter« treulos äußerte;

Schneider wundert sich, dass es ihm unmöglich schien, seiner Geliebten L. den Kinderwunsch zu erfüllen. Das Eigentliche und Schicksalsbestimmende an solchen Geschichten ist eben wirklich seiner ganzen Natur nach unerzählbar.

Und weiterhin: Das gegenwärtige Thema gibt Anlass, meine alte Definition von Bildung zu ergänzen, die da lautete: »Bildung – das ist der Gang meines Lebens, unter dem Gesichtspunkt betrachtet: Was habe ich aus meinem Leben, was hat mein Leben aus mir gemacht?« Das klingt, als wäre ich allein auf der Welt. Doch das Leben, zeigt sich bei näherer Betrachtung, besteht zu einem ganz erheblichen Teil aus Menschen, die meinen Weg kreuzen, die für mich wichtig werden, die »etwas mit mir machen«. Das trifft nicht nur auf Liebesbegegnungen, auf diese aber mit besonderer Genauigkeit und Intensität zu. Insofern eignen sie sich zum Paradigma: Das Proto-Selbst positioniert sich nicht nur der Welt und den Menschen gegenüber – es wird auch von dort positioniert. Bildungsgeschichten sind auch Geschichten vom »internalisierten Anderen«, oder eben mit Freud: Der »Schatten des Objekts« fällt in der Beziehung auf das Ich und verändert es. Bildende Beziehungen sind solche, in denen sich Menschen wechselseitig positionieren und damit zugleich wandeln.

6.3 »Schiffbruch erleiden« als Bildungsereignis

»Scheitern« bedeutet vom Wort her »zu Scheitern«, d.h. zu Trümmern, in Stücke zerbrechen. Vor allem von Fahrzeugen, insbesondere von Schiffen wird dies seit alters her gesagt (Kluge, 2002, S. 797; Paul, 2002, S. 837; Grimm und Grimm, 1893, S. 2483). Das Englische und das Italienische haben »to fail« bzw. »fallire«, was einerseits einfach heißt: ein Ziel verfehlen. »Fallimento« ist aber auch der Bankrott. Das Englische kennt neben »to fail« noch ein zweites, stärkeres Wort: »to be wreckend«, d.h. zum Wrack gemacht, »abgewrackt« sein – ein Ausdruck wiederum aus der Schifffahrtssprache. Ins Spanische wird Scheitern ebenfalls mit »naufragar« übersetzt: »Naufragium« ist schon im Lateinischen der Schiffbruch, im übertragenen Sinn aber auch der Ruin ganz allgemein. Wikipedia macht noch auf einen feinen Unterschied aufmerksam: Wenn wir sagen »Ein Schiff scheitert«, meinen wir, das Schiff ist an die Klippen geworfen worden und zerborsten; sagen wir hingegen »Das Schiff strandet«, dann liegt es nur auf dem Sand und ist heil geblieben.

Diese sprachliche Unterscheidung macht das Wesentliche des Scheiterns anschaulich. Nicht jeder Fehlschlag ist ein Scheitern (wenn das Schiff strandet, ist das nur ein Fehlschlag); Scheitern im genauen Sinn schließt ein, dass nicht nur ein Ziel nicht erreicht wird, sondern der Scheiternde selbst dabei Schaden nimmt.

Wenn ich sage »Ich bin in Würzburg gestrandet«, dann heißt das nur, dass ich hier hängen geblieben bin, obwohl ich noch weiter wollte. Das hat zwar nicht geklappt, aber ich lebe ja noch. Wenn ich sage »Ich bin in Würzburg gescheitert«, dann meine ich »Würzburg hat mich beschädigt bzw. zerstört«.

6.3.1 »Gescheiterter des Jahres«

Marbaise interpretiert in den Kategorien von Lucius-Hoene und Deppermann (2002) eine Scheiternserzählung, die im Rahmen eines Wettbewerbs »Scheitern 2002« eingereicht wurde, bei dem sich der Erzähler zusammen mit zahlreichen anderen um den Preis »Gescheiterter des Jahres« bewarb.

Der Erzähler begann, nachdem er mit einer Baufirma (später auch mit mehreren) in Kontakt gekommen war, Aufträge für diese zu vermitteln und hatte Erfolg dabei. »Da ich merkte, wie gut das läuft, kam ich auf den Gedanken, mich in dieser Branche selbständig zu machen. Damit fing das Unheil an, wie ich heute weiß. Hätte ich damals den Ausgang geahnt, hätte ich meine Finger davon gelassen.«

Das Unternehmen wuchs immer weiter; er schloss sich einer Gesellschaft an: »Zuerst leaste ich mir einen großen Bus. Bis Juli hatte ich vier Mitarbeiter, ich selbst konnte natürlich nicht mehr auf Baustellen arbeiten. Im gleichen Jahr leaste ich den zweiten Bus, um zwei Kolonnen aufzubauen. Eine brauchte ich für meine selbst erworbenen Baustellen, die andere sollte die von mir der Gesellschaft (mit der ich mittlerweile einen Vertrag hatte) zugesprochenen Bauten erledigen.

Bis August hatte ich acht Mitarbeiter und eine geringfügig Beschäftigte für Büroarbeiten. Ich legte mir einen gebrauchten Mercedes zu, um schnell die weit auseinander liegenden Baustellen erreichen zu können. In der Woche fuhr ich ca. 3.000 km. [...] Bis Ende August klappte alles ziemlich gut. Bei meinen selbst erworbenen Baustellen gab es keine finanziellen Schwierigkeiten und keine Beanstandungen, dafür lief bei den anderen Baustellen sehr viel daneben. Bei Endabrechnungen habe ich immer sehr viele Defizite gehabt.« Die finanzielle Lage wird immer schwieriger: »Wenn ich Baustellen fertig stelle, muss bezahlt werden: das ist nicht immer der Fall gewesen. Hinzu kommt, dass die Gesellschaft zwar immer bezahlt hat, jedoch über einen Vermittler, der es zum größten Teil unterschlagen hat. Ich wurde immer vertröstet, doch es kam nichts. Noch war Geld da, um meine Mitarbeiter zu halten.

Im Januar bekam ich einen großen Auftrag in I. über 468.000 DM, der mir eigentlich wieder Aufschwung bringen sollte. Doch es kam anders. Die Baustelle wurde mit vier Mann besetzt, aber leider haben die nur Mist gemacht, so dass ich den Auftrag wieder verlor. Das war für meine Firma das Aus!«

Für ihn selbst war es der totale Zusammenbruch: »Ich versank in Trübsal, musste bis heute alles abgeben, was ich erarbeitete. Die Autos und die Maschinen wurden gepfändet. Man kann sagen, dass ich zum Alkoholiker geworden bin. Gesundheitlich bin ich auch am Ende. Man muss bedenken, dass ich vor fünf Jahren die Firma aufgebaut habe und nun mit 110.000 Euro Schulden, die immer weiter wachsen, leben muss. So schnell bekomme ich keinen Fuß mehr auf den Boden. Ich bin am Ende!!« (Daams, 2002, zit. nach Marbaise, 2008, S. 122 f.).

Marbaise kommentiert einleuchtend, die wesentlichen Grunderfahrungen seien die »des Aufstieges, der Krise und des Absturzes«. Der Erzähler attribuiere sich selbst den Aufstieg und anfänglichen Erfolg, den Misserfolg hingegen den anderen, z.B. vier

Mitarbeitern, die nur »Mist gemacht« und daher die Schuld daran gehabt hätten, dass ein Großauftrag, der das Unternehmen hätte retten können, wieder verloren ging.

Ich interpretiere meinerseits weiter. Die Geschichte vom achtjährigen Thomas Bernhard (vgl. Kap. 2.2) kommt mir in den Sinn, den seine Anfangserfolge beim Radfahren so berauschen, dass er, das erste Mal auf einem Fahrrad sitzend, beschließt, die Tante im 36 km entfernten Salzburg zu besuchen – was natürlich in einem Fiasko endet.

Der eine wie der andere ist berauscht von seinen Anfangserfolgen (oh, das geht ja wunderbar!), aber beide haben ihre Kräfte weit überschätzt, die sie gebraucht hätten, um das jeweilige Vorhaben zu einem guten Ende zu bringen.

Noch eine weitere Parallelgeschichte fällt mir ein: das Märchen vom »Fischer und syner Fru«. Er hat den Glücksfang des wundersamen Fisches getan, der alle Wünsche erfüllen kann – beinahe alle, nur nicht den letzten: Gott sein. Dieser Wunsch kann nicht erfüllt werden; er bringt zwangsläufig den Absturz. Mann und Frau sitzen wieder in ihrem alten Pisspott. Das Märchen fiel mir auch deshalb ein, weil der Fischer, ähnlich wie der Mann in der von Marbaise behandelten Erzählung, die Schuld fortwährend abschiebt, und zwar auf seine Frau: »Myne Fru, de Ilsebill/ Will nicht so as ick wohl will.«

Scheitern bildet? Die Geschichte vom »Fischer und syner Frau« ist höchst pädagogisch; der Hörer oder Leser soll die Lehre daraus ziehen, mit den eignen Wünschen auf dem Boden des Realisierbaren zu bleiben. Die beiden Märchenfiguren haben keine zweite Chance mehr: Einen solchen Fischzug tut man kein zweites Mal. Also müssen sie jetzt wohl lebenslang in ihrem Pisspott bleiben. Aber ist das so schlimm? Bildung ist in meinem Verständnis eine Positionierung des eigenen Ich; und jetzt haben sich die beiden wieder realistisch positioniert: Sie sind wieder dort angekommen, wo sie herkommen und wo sie sich auskennen. Denn eigentlich war ja auch der Ausflug ins Traumreich von König sein, Papst sein usw. schon irreal; sie hätten sich dort niemals halten können. Also war's ein Höhenflug mit segensreichem Absturz – zurück ins Bekannte, das zu bewältigen man sich zutraut, und also doch »Bildung«?

Schlimmer geht es bei Marbaises abgestürztem Immobilienmakler. Er ist noch tiefer gestürzt, als sein Ausgangspunkt war, buchstäblich ins Bodenlose: arbeitslos, Alkoholiker, Schulden, die er kaum jemals wird abtragen können. Er hat sich gebildet zu einem, der ins Bodenlose gestürzt ist.

6.3.2 Pestalozzi: »Schutzheiliger« aller Gescheiterten

Einer, der sich durchs Leben scheiterte, bis er schließlich den Punkt der »inneren stillen Kraft« in sich entdeckte, war der große Pestalozzi (zum Folgenden vgl. Bittner, 1997). Seine frühen Versuche mit dem Landbau und der industriellen Verarbeitung von Baumwolle auf dem Birrfeld und dem Neuhof scheiterten ebenso wie die Karriere als Schriftsteller, die er nach dem Erfolg seines Romans »Lienhard und Gertrud« erhoffte. Dieser Roman war ihm »ich weiß nicht wie« aus der Feder geflossen; er »fühlte seinen Werth, aber doch nur wie ein Mensch, der im Schlafe den Werth seines Glücks fühlt«. Ein Funke von Hoffnung keimte auf, dass es »möglich seyn möchte, meine ökonomische Lage auf dieser Bahn zu bessern« (Pestalozzi, 1826/1976, S. 237).

Doch vergeblich: Die finanzielle Lage blieb über Jahrzehnte bedrückend. Er erlebte sein Scheitern in erster Linie als ein wirtschaftliches: Erst mit der Zeit lernte er zu sehen, dass das Ökonomische nur vordergründig war, dass ihm vielmehr auf ganzer Linie die Kraft fehlte, seine Träume und Ideale praktisch umzusetzen.

In seinem Bekenntnisbrief an Nicolovius vom 1. Oktober 1793 schreibt er: »Ich war zwar freilich von meiner Jugend an für jedes Gute empfänglich und für vieles lebhaft eingenommen. Aber das Kot der Welt, durch welches ich mich hindurcharbeiten sollte, hatte eine andere Ordnung, die ich nicht verstand« (Briefe, Bd. 3, S. 299).

In seinem philosophischen Hauptwerk, den »Nachforschungen« (1797), porträtiert er sich als »Müdling« und »Träumer«, gebeugt durch »Unglück, Leiden und Irrthum«, bis zur Scheiterns-Apotheose am Schluss: Der Mann, der erfüllt war von Liebe und von »Glauben an die Menschen« (d. h. er selbst) passte in keine

Ecke der Welt: »Und die Welt, die ihn also fand und nicht fragte, ob durch seine Schuld, oder durch die eines andern, zerschlug ihn mit ihrem eisernen Hammer, wie die Maurer einen unbrauchbaren Stein zum Lükken füllen zwischen den schlechtesten Brokken«; und so lässt er diesen Mann dahinwelken und vergehen. »Wanderer, weihe ihm eine Zähre« (S. 166).

Der Zusatz zu den »Nachforschungen« von 1821 revoziert seine Totenklage über sich selbst und preist den »hohen Segen«, der ihm seither zuteil geworden sei, und die »Erheiterung«, mit der er jetzt dem »Ziel seiner Lebensbestrebungen« entgegenschreite.

So war es aber nicht. Im »Schwanengesang« (1826) hat ihn das Scheitern schon wieder eingeholt. Der Lehrerkrieg von Iferten stellt sein Werk erneut in Frage. Obwohl Pestalozzi den Ausdruck »Scheitern« nicht verwendet (wer weiß, ob er im Schweizerdeutschen mit seiner Schifffahrtsferne überhaupt geläufig ist?), erzählt er seine Geschichte als eine Kette von Scheiternserfahrungen, teils unter buchstäblicher Verwendung der Scheitern-Metapher als »in Stücke geschlagen werden«, teils auch in biblisch anklingenden Erzählmustern wie am Ende der »Nachforschungen«: »Der Stein, den die Bauleute verworfen haben, er ist zum Eckstein geworden« (Mk 12,10).

6.3.3 Tabus brechen um der Entwicklung willen. Vom Scheitern meines Lebensprojekts

Im Folgenden will ich von der Geschichte meines ganz persönlichen Scheiterns berichten, in welchem Sinn es mich »gebildet« hat.

Eichendorffs »Zwei Gesellen«

Seit langem hat mich ein Gedicht von Eichendorff angesprochen über zwei Gesellen, die im Frühling des Lebens hinaus in die Welt ziehen:

> »Die strebten nach hohen Dingen,
> Die wollten, trotz Lust und Schmerz,
> Was Recht's in der Welt vollbringen.«

Dann trennen sich die Wege der beiden. Der eine geht den bürgerlichen Weg: Er findet »ein Liebchen«, wird sesshaft (»die Schwieger
kauft Hof und Haus«) und bekommt »ein Bübchen«,

> »Und sah aus heimlichem Stübchen
> Behaglich ins Feld hinaus«.

Der andere kommt nicht zur Ruhe; ihn locken mit Sirenenklängen
»die tausend Stimmen im Grund«. Es zieht ihn in den »Schlund«,
ins Abgründige:

> »Und wie er auftaucht vom Schlunde,
> Da war er müde und alt,
> Sein Schifflein, das lag im Grunde,
> So still war's rings in die Runde,
> Und über die Wasser weht's kalt.«
> (Eichendorff, o. J., S. 62 f.)

Es ist ein Gedicht vom Scheitern, ausdrücklicher noch vom Schiffbruch, wenigstens beim zweiten (»Sein Schifflein, das lag im
Grunde«). Der erste Geselle ist so gründlich gescheitert, dass weiter von ihm nichts zu sagen ist. Gescheitert sind aber beide: Die
Metapher des Lebensaufbruchs, des vollen Frühlings, nach einer
schönen Interpretation dieses Gedichts, kann sich nicht erhalten.
»In beiden Fällen versinkt das Leitbild, dem ersten, weil es nicht
mehr leitet, dem zweiten, weil es aufgehört hat, Bild zu sein, und
vom Wirklichen überwältigt wird« (Seidlin, 1963, S. 183).
    Die letzte Strophe bringt, folgen wir weiter der Interpretation,
das Ich des Betrachters ins Spiel: »Das, was hier Ich sagt, sieht nicht
nur die Lebenswanderer vorüberziehen, sondern er ist selbst der
Wanderer, der erste Geselle und der zweite« (S. 196). Das Falsche
der beiden Schicksale habe darin bestanden, dass sie »so weit auseinander führten« (S. 195).
    Ich habe es versucht, beide zu sein: ein bürgerliches Leben zu
führen und zugleich den »tausend Stimmen im Grund« Gehör zu
schenken – das führt, wie sich im Folgenden zeigen wird, erst recht
in die Sackgasse.

»Gehorsam und Ungehorsam«

Mein Tübinger Habilitationsvortrag 1969 handelte von »Gehorsam
und Ungehorsam«, und zwar, wie es dem antiautoritären Geist der
Zeit entsprach, überwiegend von Letzterem. Ich beschrieb dort drei
Formen des Ungehorsams: den einfachen Regelverstoß, die neurotische Aufsässigkeit und den Tabubruch. Diese letztere Form bezeichnete ich als entwicklungsnotwendig: Das Kind und der Jugendliche habe zu lernen, »daß man oft gerade das tun muß, was
tabu ist – ob es sich nun um eine heimliche Entdeckungsreise, um
die erste Zigarette oder das erste Rendezvous handeln mag. [...] Indem es das tut, was tabu ist, reduziert es das magische oder mit
göttlicher Autorität sanktionierte Verbot auf ein von Menschen gemachtes.« Besonders in den Märchen spiele die Tabuverletzung
eine wichtige und letzten Endes positive Rolle. Die Märchen scheinen es auf irgendeine heimliche Weise mit dem Ungehorsamen,
dem Tabuverletzer zu halten. Gewiss, so sagte ich, »wenn Rotkäpp-
chen sich an das Gebot der Mutter gehalten hätte und auf dem
rechten Weg geblieben wäre, dann wäre es nicht vom Wolf gefres-
sen worden, doch dann lebte auch der Wolf noch heute« (Bittner,
1979, S. 65).

Mit diesen Sätzen war ein Lebensmotiv formuliert: Ich wollte
gegen den Strom schwimmen, wollte scheinbare Selbstverständ-
lichkeiten in Frage stellen, Tabus brechen, im wissenschaftlichen
Denken ebenso wie privaten Leben um der Entwicklung zu einem
besseren, volleren Leben willen. Was meine Hoffnung dabei war,
habe ich gleichfalls in dem besagten Vortrag ausgedrückt: »Unfolg-
samkeit, so scheint die heimliche Moral des Märchens zu sein,
schafft zwar Leiden und Verwicklungen, doch letzten Endes gewinnt sie alles, was das Herz begehrt: Königreiche, Reichtümer und
die schöne Prinzessin.«

In beiden Bereichen, in der Wissenschaft und im Leben, habe
ich, so scheint mir heute, beim Tabu-Brechen keine besonders
glückliche Hand gehabt. Ich frage mich: Wann ist ein Tabubruch
erfolgreich, wann fällt er auf den Tabubrecher selbst zurück und
zerbricht ihn?

Exkurs: Der Tabubruch und seine Folgen in der psychoanalytischen Theorie

Um mich einer Antwort anzunähern, werfe ich einen Blick auf die psychoanalytischen Erörterungen des Tabuthemas, vor allem auf Freuds berühmte Schrift »Totem und Tabu« (1912–1913a). Die zweite, für unsere Frage vor allem maßgebliche dieser Abhandlungen Freuds trägt den Titel »Das Tabu und die Ambivalenz der Gefühlsregungen«. Er referiert einleitend völkerkundliche Beobachtungen über die Vielzahl von Personen und Situationen, die in verschiedenen Kulturen mit dem Tabu belegt sein können. Dem Tabu wird hier immer eine Schutz- und Sicherungsfunktion zugeschrieben (vgl. S. 28). Die ältesten und wichtigsten Tabugebote seien abgeleitet aus jenen beiden Grundgesetzen des Totemismus: das Totemtier nicht zu töten und den sexuellen Verkehr mit den Totem-Genossen des anderen Geschlechts zu vermeiden (S. 42) – oder noch mehr ins Psychoanalytische übersetzt, sich der Mordgelüste gegen den Vater und der Inzestwünsche gegen die Mutter (und andere weibliche Familienmitglieder) zu enthalten. Freud hatte im Tabu die ursprünglichste, die »älteste Form« gesehen, »in welcher uns das Phänomen des Gewissens entgegentritt« (S. 85).

Den Vater zu töten und die Mutter sexuell zu besitzen – dies sind zugleich, nach Freuds Hypothese, die beiden aus dem Ödipuskomplex resultierenden Urwünsche. Je stärker der Wunsch ist, der niedergehalten werden muss, desto rigoroser muss die Sanktion sein. Dies ist der Grund für die Ächtung, die den Tabubrecher trifft: »Der Mensch, der ein Tabu übertreten hat, wird selbst tabu, weil er die gefährliche Eignung hat, andere zu versuchen seinem Beispiel zu folgen. [...] Er ist also wirklich ansteckend [...], und darum muß er selbst gemieden werden« (S. 43).

Das Merkwürdigste freilich ist diese Art der Bestrafung, die den Tabubrecher trifft: Er wird selbst tabu. Freud zitiert seine völkerkundliche Auskunftsquelle: »Personen oder Dinge, die tabu sind, können mit elektrisch geladenen Gegenständen verglichen werden; sie sind der Sitz einer furchtbaren Kraft [...] mit unheilvollen Wirkungen [...], wenn der Organismus, der die Entladung her-

vorruft, zu schwach ist, ihr zu widerstehen. Der Erfolg einer Verletzung des Tabu hängt also nicht nur von der Intensität der
magischen Kraft ab, die an dem Tabuobjekt haftet, sondern auch
von der Stärke des Mana, die sich dieser Kraft bei dem Frevler entgegen setzt« (S. 29).

Freud findet, in alledem drücke sich »ein Stück Seelenleben aus,
dessen Verständnis wirklich nicht nahe gerückt erscheint« (S. 31),
das aber bei näherer Betrachtung dem unseren doch gar nicht so
fremd sei.

Die magischen Vorstellungen von Mana und dämonischen
Mächten, die dem Tabu zugrunde liegen, sind für die Psychoana-
lyse das eigentlich Interessante, wie Freud des Weiteren an der
Zwangsneurose ausführt. An anderer Stelle hat er später einmal
allgemein geschrieben: »Die Dämonen sind uns böse, verworfene
Wünsche« (Freud, 1923d, S. 318). Das heißt also: Gerade das, was
früher »im dämonologischen Gewande« auftrat, ist heute das
Thema der Psychoanalyse.

»Totem und Tabu« ist eine der umstrittensten Schriften Freuds.
Der erste Widerspruch kam wohl von C. G. Jung, der die Realität
des Inzestwunsches nach der »hängebäuchigen, krampfadrigen
Mutter« vehement bestritt und der in seinen Briefen an Freud eine
interessante alternative Auffassung des Inzesttabus artikulierte
(Freud und Jung, 1974, S. 555 ff.). Ähnliche Einwände gab es später
aus der Völkerkunde (z. B. Neumann, 1980) und der Verhaltensbio-
logie (Bischof, 1985): Das Inzest-Verbot habe biologisch keinen
Sinn, so der Letztere, weil kein Mensch und überhaupt kein Lebewesen von Natur aus Inzestgelüste verspüre. Das Inzestverbot, das
mit großem Aufwand etwas verbiete, was ohnehin kein Mensch
wolle – das sei eben »Kultur«.

Von daher ist verständlich, dass die neuere Psychoanalyse, sofern sie überhaupt noch auf den belasteten Begriff zurückgreift, ihn
von seiner anstößigen Vorgeschichte zu befreien sucht (z. B. Kraft,
2006, 2008). Krafts Schlüsselsatz lautet: »Tabus sichern Identität –
Tabubrüche ermöglichen gegebenenfalls eine Weiterentwicklung«
(Kraft, 2008, S. 747). Dieses »gegebenenfalls« markiert den sprin-
genden Punkt: Wann und unter welchen Bedingungen ermög-

lichen Tabubrüche Weiterentwicklung? Das Problem beginnt bereits bei der Definition, die Kraft vorschlägt: »Tabus sind Meidungsgebote, deren Übertretung mit Ausschluss aus der Gemeinschaft bedroht sind« (recte: ist). Mit Hilfe von Tabus regeln Gemeinschaften (Ehen, Familien, Parteien etc.), »was und wer zu uns gehört – und wer und was nicht«.

Auch wenn Kraft an späterer Stelle eine vorsichtige Distanz gegenüber der gegenwärtigen Konjunktur solcher funktionalistischer Erklärungsversuche andeutet, finde ich seine Definition auch reichlich funktionalistisch – und obendrein zu weit und zu unspezifisch.

Nicht alle Ausschlussgründe aus irgendwelchen sozialen Verbänden haben mit »Tabus« zu tun. Zum Beispiel würde ich die Gründe, die nach dem Beamtenrecht eine »Entfernung aus dem Dienst« verlangen, nicht mit diesem Ausdruck bezeichnen. Es fehlt mir dazu das von Freud genannte Charakteristikum der »heiligen Scheu«, des Götterfrevels. Es handelt sich einfach um schwerwiegende Rechtsverstöße, die eine entsprechende Sanktion nach sich ziehen, ohne irgendeine »Aura« drumherum, die nach meinem Verständnis, das wohl hier in etwa dem Verständnis Freuds entspricht, das Charakteristische des Tabus ist.

Es hat ja mit der Strafe, die den Verletzer des Tabus trifft, eine eigene Bewandtnis. Wieder zitiert Freud seine völkerkundliche Quelle: »Die Strafe für die Übertretung eines Tabu wird wohl ursprünglich einer inneren, automatisch wirkenden Einrichtung überlassen. Das verletzte Tabu rächt sich selbst. Wenn Vorstellungen von Göttern und Dämonen hinzukommen [...], so wird von der Macht der Gottheit eine automatische Bestrafung erwartet. In anderen Fällen, wahrscheinlich infolge einer weiteren Entwicklung des Begriffes, übernimmt die Gesellschaft die Bestrafung des Verwegenen, dessen Vorgehen seine Genossen in Gefahr gebracht hat« (Freud, 1912–1913a, S. 28).

Mit Krafts funktionalistischer Definition kommt das eigentlich psychoanalytisch Bedeutsame am Tabu und seiner Übertretung abhanden: die Automatik der Bestrafung, die nicht von irgendwelchen äußeren Instanzen, sondern von unbewusst wirksamen,

»dämonischen« Mächten im Individuum selbst vollzogen wird.
Der Primitive, der das Tabu übertreten hat, stirbt den Voodoo-Tod:
Die Hand, die sich gegen den Vater oder die Mutter erhebt, muss
verdorren – eine Art limbisch-vegetativer, dämonologisch rationa-
lisierter Moral, die sozusagen »in Fleisch und Blut« übergegangen
ist (vgl. S. 30). Das Problem des Tabubrechers ist, was er an eigenem Mana den »Dämonen« entgegenzusetzen hat, welche Kraft er
gegen das Verbot der eigenen Eingeweide zu aktivieren vermag, die
ihn den Tabubruch überleben lässt.

Tabubruch: Überwindung der »limbisch-vegetativen« Moral

Von der psychoanalytischen Theorie zurück zu mir, zu meiner
eigenen Lebensgeschichte. Ich war von Kindheit an überbehütet
und ängstlich, in der Pubertät manifestierte sich eine Zwangsneurose mit religiösen Inhalten, zum Teil mit blasphemischen
Zwangsgedanken, die religiöse Tabus brachen – ähnlich wie sie
C. G. Jung beschreibt, als er als Zwölfjähriger Gottes Exkrement
auf das Basler Münsterdach fallen ließ. Eine erste therapeutische
Analyse, der ich mich als Student unterzog, beseitigte die Symptome und ermöglichte mir ein soweit normales Leben.

Was aber blieb, war die allgemeine Ängstlichkeit. Die christliche Moral blieb mir sozusagen in die Eingeweide geschrieben: eine
limbisch-vegetative Tabu-Moral. Von dieser wollte ich mich befreien, indem ich den religiösen Glauben über Bord warf – was aber
auch nicht viel half. Besser halfen die Ideen der Studentenbewegung: Ich entdeckte den Protest, die Revolte, den Tabubruch. Auch
dies freilich mehr im Kopf als in der Realität; ich habe kaum je an
einer Demo teilgenommen, aber die Ideen beeindruckten mich
und zeigten mir die Richtung, in der ich meinte, gehen zu sollen:
genau diese beiden von Freud benannten Urtabus in mir zu stürzen, das Vatermord- und das Inzestverbot (beides natürlich symbolisch verstanden).

Dass es zu einer wirklichen Befreiung allgemein unter den
68ern nicht kam, ist auch daraus zu sehen, dass die meisten Prota-
gonisten von damals es entweder »nicht mehr gewesen sein wol-

len«, weil es politisch inopportun ist, sich heute noch zu den 68er-Idealen zu bekennen (wie der ehemalige Außenminister Joschka Fischer), oder doch ein reflektiert distanziertes Verhältnis zu ihr gefunden haben (Schneider, 2008). Mir blieb die antiautoritäre Utopie dagegen ein Stachel im Fleisch, sozusagen eine unerledigte Aufgabe.

Meinen persönlichen Abgesang auf die 68er-Bewegung habe ich 1998 in einem Rückblick nach 30 Jahren zusammengefasst: »Die Utopie einer Befreiung und ihr Scheitern« (Bittner, 1998/1999). Was gescheitert ist, so die damalige These, war eine Utopie, ein Traum, eine Hoffnung auf Befreiung und ein besseres Leben. Was ich damals noch nicht sah, ist, dass, wenn eine Utopie etc. scheitert, mehr verloren ist als nur ein Projekt, das sich als undurchführbar erwiesen hat und deshalb aufgegeben werden musste: Es ist zugleich ein Stück von uns selbst zugrunde gegangen – eben jenes Stück des Ich, das diesen Traum geträumt hat. Wir sind verstümmelt seitdem. Die utopische Potenz insgesamt ist uns abhanden gekommen.

Worin habe ich versagt bei meinen, wie mir heute scheint, etwas halbherzigen Lebensexperimenten (vgl. auch Bittner, 2006d)? Während ich diesen Text schrieb, hatte ich den folgenden Traum:

Ich soll im Habilitationsverfahren meine öffentliche Antrittsvorlesung halten. Der Raum ist über Erwarten gefüllt, Kollegen sind feierlich in Anzug und Krawatte erschienen; ich hatte das alles gar nicht ernst genommen, habe eine Art Schlafanzug an und merke zu allem Überfluss bei einem Blick in die Aktentasche, dass ich das Manuskript nicht dabei habe. Alles läuft auf ein Desaster hinaus – da wache ich auf.

Meine tatsächliche Antrittsvorlesung war die zuvor zitierte über »Gehorsam und Ungehorsam« gewesen. 1969 konnte man mit einem solchen Vortrag die Habilitation erfolgreich abschließen; 1997 oder 1998 wäre das wohl nicht so einfach gewesen.

Der Traum zeigt mich nicht dem Anlass entsprechend gekleidet (d. h., ich hatte die Formalien und Rituale missachtet) und auch der Text selbst ist nicht verfügbar: Alles dies führt dazu, dass ich einem Desaster entgegengehe. Nur ein schwacher Trost bleibt mir: Dass mein Vortrag schlecht war, sagt der Traum nicht; er hatte nur keine Gelegenheit, gehört zu werden, weil er nicht zur Hand war.

Ich nehme diesen Traum als Kommentar meines Unbewussten zu diesem Thema, das mich gegenwärtig beschäftigt: Was machte, dass ich Schiffbruch erlitt? Der Traum hält mir vor, dass ich unachtsam mit meinen Ressourcen war (meinen Vortrag nicht zur Hand hatte) und meine antiautoritäre Missachtung gesellschaftlicher Rituale etwas schwächlich präsentierte: Wie soll einer ernst genommen werden, der seine Habilitationsvorlesung im Schlafanzug halten will? Dies wären die insoweit von mir selbst inszenierten Gründe meines Schiffbruchs.

Ich komme mir rückblickend vor wie das kleine Mädchen im Grimm'schen Märchen »Frau Trude«, dem die Eltern verboten hatten, zum Haus der Hexe zu gehen. Dass sie das Verbot übertrat, ist nicht das Problem – alle Märchenverbote müssen übertreten werden. Das Problem war, dass sie sich so schlecht ausgerüstet auf das gefährliche Abenteuer einließ. Sie hatte keine Ressourcen wie andere Märchenhelden: keine Zauberdinge, keine hilfreichen Tiere etc., die ihr zur Seite standen – »kein Mana«. Also ging sie unter. Auch ich bin leider kein Märchenheld geworden.

Tabu-Brechen bildet?

Für die Kinder und Jugendlichen habe ich die Entwicklungsbzw. Bildungsbedeutung des Tabubruchs in meinem oben zitierten Tübinger Vortrag in einer Weise charakterisiert, die mir heute noch gültig erscheint und die ich neuerdings bekräftigt habe (Bittner, 2010): Indem das Kind »das tut, was tabu ist, reduziert es das magische oder mit göttlicher Autorität sanktionierte Verbot auf ein von Menschen gemachtes«. Freilich ist nicht jede jugendliche Tabuverletzung an sich schon gut und entwicklungsförderlich.

Schwieriger ist die Frage für Tabubrüche im späteren Leben zu beantworten. Einen beinahe witzigen Beitrag zu diesem Punkt leistet ein unter maßgeblicher Mitwirkung von Kraft entstandenes Büchlein mit dem verheißungsvollen Titel: »Tabu. Welche Grenzen sollten wir überschreiten?« (Radeck, 2006). Ich bin diesem schwer erhältlichen Büchlein nachgerannt, weil ich mir von ihm sozusagen die Lösung eines Welträtsels erwartete: welche Grenzen wir überschreiten sollten und welche besser nicht – ja, wenn wir das wüssten, wären wir schon ein gutes Stück weiter! In diesem Büchlein, offenbar Protokoll einer Tagung in der Evangelischen Akademie Hofgeismar, steht allerdings nur wenig, das auf diesen Hoffnung weckenden Titel auch nur Bezug nimmt.

Vielleicht ist die Frage falsch gestellt. Wenn wir vorher schon wissen könnten, welche Tabus wir brechen sollten und welche besser nicht, dann wäre es leicht. Ein Tabu, bei dem vorher schon feststeht, dass man es brechen sollte, ist für den, der sich anschickt, es zu brechen, kein Tabu mehr. So bleibt als Konsequenz nur der Satz von Kraft festzuhalten: Tabus geben Sicherheit – Tabubrüche *können* Entwicklungsmöglichkeiten eröffnen. Ob sie das dann auch faktisch tun, sieht man ihnen vorher nicht an; man muss es ausprobieren, wenn man es wirklich wissen will.

Der geglückte Tabubruch, der zugleich Entwicklungsmöglichkeiten eröffnet, ist sicherlich ein Bildungsereignis ersten Ranges. Aber auch der missglückte »bildet«, denn hinterher ist man immer klüger und positioniert sich dementsprechend – so oder so.

Im Rückblick auf alle drei: Bildet Scheitern?

Scheitern bildet – wen oder was? Scheitern bildet einen Gescheiterten, d. h. ein Ich, das sich in seinem Leben und der Welt als gescheitert positioniert – nicht bloß als gestrandet, ein Ziel nicht erreicht, aber zugleich einen Schaden, eine Verletzung am Ich davongetragen hat: eine Wunde, eine Verstümmelung, mit der fortan zu leben ist.

Auf meine drei Beispielfälle bezogen: Der verhinderte Immobilienmakler in Marbaises Beispiel will es noch nicht so recht einsehen. Er denkt: Wenn dies oder das nicht so oder so gekommen wäre, hätte alles noch gut werden können. Dass er beschädigt ist, unwiderruflich und unheilbar, liest er allenfalls an seinem Schuldenstand und seinem Alkoholkonsum ab. Erfreuen würde ihn der

Titel »Gescheiterter des Jahres«. Wofür es nicht alles Auszeichnungen gibt! So läppisch das klingt mit diesem Ehrentitel – es ist was dran, wie ich gleich zeigen will.

Auch der große Pestalozzi, der sich durchs Leben scheiterte, wie ich schrieb: Scheitern war sozusagen sein Markenzeichen, und damals freute er sich, als er dieses Stigma anscheinend los war, und feierte in seinem Nachsatz zu den »Nachforschungen« von 1821 seine neue Ära.

Zu früh gefreut: Das Scheitern lief ihm nach und holte ihn wieder ein; über den Lehrerstreit von Iferten schüttelte ganz Europa den Kopf, und Pestalozzi verfasste seinen »Schwanengesang« mit erneuter und diesmal abschließender Scheiternsanalyse: Scheitern – ein character indelebilis?

Und schließlich Günther Bittner: Er wollte aus seiner persönlichen Lebenserfahrung etwas allgemein Menschliches herausdestillieren; wollte Tabus brechen, die falschen Götzen des Zeitgeists stürzen, wollte beide Eichendorff'sche Gesellen auf einmal sein – ein bürgerliches Leben führen und den »tausend Stimmen im Grund« lauschen; und muss zu guter Letzt erkennen, dass er mit allen seinen herostratischen Ambitionen nichts bewegt, nichts besiegt hat.

Wollte er vielleicht beides zugleich: die »Umwertung aller Werte« *und* die Erhaltung des Bestehenden, so dass, frei nach Tucholsky, die Revolution nicht stattfinden konnte, weil man den Rasen nicht betreten durfte? Alle drei verdienen sie keinen Sieges-, aber doch einen Trostpreis. »Gescheiterter des Jahres« ist deshalb in der Tendenz nicht schlecht.

Aber nun ernsthafter: Der Trostpreis für den Gescheiterten ist, dass er sich eine gewiss bescheidene Anwartschaft auf den Ehrentitel »Mensch« erworben hat, wie es in dem unvergesslichen Roman von Philip Roth »Der menschliche Makel« (2002) dargestellt wurde. Dieser lässt seinen Romanhelden im Kontext der Clinton-Lewinsky-Affäre träumen, wie über dem Weißen Haus, dem Ort von Clintons öffentlicher Beschämung (oval office = oral office), ein Spruchband sich entrollte: »HIER LEBT EIN MENSCHLICHES WESEN« (S. 11).

6.4 Bildet Krankheit?

In einem Aufsatz über »Patientenorientierte Medizin?« (1993/1994) – wohlgemerkt mit Fragezeichen – habe ich mich erstmals kritisch mit der Frage auseinandergesetzt, wie weit die Subjektivität des Patienten in der zunehmend apparategestützten und evidenzbasierten Medizin noch Berücksichtigung findet. Als Material dienten mir damals zum einen die sprachlich dichte Schilderung einer Herzoperation aus der Sicht des betroffenen Patienten, die Härtling in seinem autobiographisch unterlegten Roman »Herzwand« (1992) gegeben hat, und zum anderen alle möglichen Erfahrungen mit Krankheit und medizinischer Behandlung, die ich »am eigenen Leibe« oder bei Familienangehörigen und analytischen Patienten aktuell aufsammeln konnte. Das Ergebnis der damaligen Analyse war, dass die Medizin sich überwiegend an Kalkülen von Wahrscheinlichkeit orientiert, die die besonderen Umstände des Einzelfalles und die subjektiven Vorstellungen des betroffenen Patienten außer Acht lassen, wohingegen der betroffene Patient wiederum schwer mit Wahrscheinlichkeiten, bezogen auf seine Person, umgehen kann, so dass von Patientenseite Risiken und Erfolgschancen ärztlicher Interventionen teils systematisch überschätzt, teils unterschätzt werden. Arzt und Patient können sich also, nach Freuds bekanntem Bonmot, so wenig wie Eisbär und Walfisch auf einem gemeinsamen Boden treffen, weil statistisches Wahrscheinlichkeitskalkül und Subjektperspektive nicht zu einem gemeinsamen Bild verschmelzen können.

Während dieser erste Einstieg medizinkritisch angelegt war, ging es in einem weiteren Schritt darum (Bittner, 2001, S. 201 ff.), den Zugang zu dieser verloren gegangenen Patientenperspektive theoretisch und methodisch wieder freizulegen. Es ging um die Wiederaneignung von Perspektiven, die die ältere psychoanalytische und die aus ihr hervorgegangene anthropologische Medizin – Balints (Balint und Balint, 1976) Idee der »zwei Krankheiten«, von Weizsäckers Orientierung am »Patientensubjekt« (1956), Plügges Erörterung über »Wohlbefinden und Mißbefinden« (1962) –

seit den 1940er und 1950er Jahren entwickelt hatte, und die, ob-
gleich für die Medizin als Ganze konzipiert, später allenfalls noch
in der Sparte »Psychosomatische Medizin« eine bescheidene Rest-
Existenz fristeten.

6.4.1 Die Klassiker des Patientensubjekts: Balint und von Weizsäcker

Der englische Psychoanalytiker Balint unterscheidet bei jedem Patienten zwei Krankheiten. Er nennt sie – terminologisch nicht ganz
glücklich – die autogene und die iatrogene Krankheit. Mit der autogenen meint er das Bild, das sich der Patient selbst aufgrund seiner
»Empfindungen, Befürchtungen, Ahnungen und Schmerzen« von
seinem Zustand gemacht hat; mit der iatrogenen hingegen
jenes, das sich der Arzt aufgrund seiner Befunde und seines medizinischen Wissens vom Zustand des Patienten macht (Balint und
Balint, 1976, S. 264).

Die beiden Bilder sind von ungleicher Art: »Das iatrogene
Krankheitsbild ist immer in Worten ausdrückbar [...], diese Worte
und die dahinterstehenden Vorstellungen« sind »präzise, unzwei-
deutig und durch Experiment und Beobachtung nachprüfbar«
(S. 266).

Anders die autogene Krankheit. Diese beruht auf »subjektiven,
d. h. innerlichen Erlebnissen«; sie benutzt »Wahrnehmungen durch
die primitiveren Sinnesorgane, wie Schmerzgefühl, allgemeine
Körperempfindungen usw.«. Balint konstatiert einen »alarmieren-
den Unterschied« zwischen den beiden Krankheitsbildern. »Das
autogene Bild ist nebelhaft und vage [...] kein Wunder, daß der medizinische Wissenschaftler wie der praktische Arzt ihre Aufmerksamkeit mehr der greifbareren, zuverlässigeren iatrogenen Krankheit zugewandt haben« (S. 266).

Die Forderung Balints nach Berücksichtigung der autogenen
Krankheit, d. h. der Perspektive des Patienten als des von der
Krankheit betroffenen Subjekts, ist weiter denn je davon entfernt,
erfüllt zu werden. Die Gründe dafür liegen einerseits in Entwick-

lungen der Medizin, die sich gerade in den letzten Jahrzehnten, seit
Balint seine Überlegungen formulierte, zu einer Labor- und Apparatemedizin mit einem ausgeprägten Objektivierungsbedürfnis
entwickelt hat; zum anderen in der von Balint mit Recht hervorgehobenen relativen Sprachlosigkeit der Patientenperspektive (vgl.
Bittner, 2006c, S. 31 f.).

Ich plädiere daher für eine Wiederherstellung des von
Weizsäcker'schen Patientensubjekts, für eine Wiederbelebung seiner – eigenwillig formulierten – Erkenntnis, dass »das Krankhafte
zwar als Objekt genommen sein will, aber als ein Objekt, das ein
Subjekt enthält« (v. Weizsäcker, 1956, S. 248) – mit anderen Worten: Die Medizin muss Befunde, Verfahrensweisen etc. objektivieren, aber sie muss zugleich das Subjekt sehen und berücksichtigen,
an dem dieses Objektive und Objektivierbare sich abspielt.

Ein Subjekt im von Weizsäcker'schen Sinn ist u. a. dadurch charakterisiert, dass es nicht nur eine Krankheitsgeschichte im Sinn
einer medizinischen Anamnese, sondern eine Biographie besitzt,
die in der ärztlichen Exploration, wie sie sich von Weizsäcker vorstellt, zur Sprache kommt.

Wir fragen den Kranken, »wann er erkrankt, wo seine Beschwerden, was das eigentlich sei, warum so etwas entstanden sei
[...]. Nachdem aber eine solche Erweiterung des Horizonts zugelassen wurde, so daß alle möglichen, sowohl natürlichen wie sozialen,
sowohl persönlichen wie unpersönlichen Ereignisse für die Krankheitsvorgänge als mögliche Ursache in Frage kommen – danach ist
ein Embarras de richesse, eigentlich eine Verwirrung, ja ein Chaos
der Freiheit entstanden« (v. Weizsäcker, 1956, S. 243 f.).

Mir scheint, dass von Weizsäcker seine eigene Intention missversteht, wenn er diese Art von ärztlicher Exploration als der Ursachenforschung geschuldet einführt, bzw. dass diese Art von
Gespräch allenfalls bei psychosomatischen Krankheiten etwas zur
Erkenntnis von Ursachen beiträgt. Der springende Punkt, der erreicht werden kann, und zwar bei allen Krankheiten, ist eher die
»Verwirrung« und das »Chaos der Freiheit«, das entsteht, wenn
Menschen nicht mehr nur in festgelegten Rollendialogen, sondern
als zwei Subjekte miteinander kommunizieren.

Balint und von Weizsäcker haben beide das Patientensubjekt im Blick, wenn auch in unterschiedlicher Perspektive: Balint geht es mehr um die unterschiedliche Wissensform von Arzt und Patient über die Krankheit des Letzteren und um dessen Respektierung durch den Arzt; von Weizsäcker hat den Lebenszusammenhang des Patienten mit seiner Krankheit im Blick; ihm geht es um eine medizinische Biographik – womit er dem hier verfolgten Anliegen näher steht.

Beide Perspektiven sind in der heutigen auf Objektivierung (paradoxerweise auch des Subjekts) versessenen Wissenschaftswelt allgemein und der Medizinwelt im Besonderen gleichermaßen obsolet geworden: Es etablierte sich eine Medizinische Psychologie, die sich auf genau dieses paradoxe Unterfangen spezialisierte, über die Subjektseite des Krankheitsgeschehens »objektive« Aussagen zu machen. Sie erforschte die »subjektiven Krankheitstheorien« der Patienten und deren »Coping with illness«, aber stets aus einer medikozentrischen Perspektive. Die Rede von den subjektiven Krankheitstheorien beispielsweise unterstellt, dass die Medizin die objektive und gültige Krankheitstheorie besitzt, der Patient hingegen nur eine subjektive. Von Balints Erkenntnis, dass beide, Arzt und Patient, ein zwar unterschiedlich elaboriertes, aber doch ein wirkliches und gültiges Wissen über die Krankheit besitzen, sind solche Forschungsansätze weltweit entfernt.

6.4.2 Helmut Dubiel: Tief im Hirn – eine autobiographische Krankengeschichte

Das Leben, habe ich geschrieben, ist der eigentliche Bildungsprozess. Krankheiten sind Teil des Lebens, sie modulieren seinen Verlauf, sie werden zu einem Bestandteil der Biographie, des Proto-Selbst und insofern des individuellen Bildungsprozesses.

Dubiel hat die Geschichte seiner Parkinson-Krankheit in einem kleinen Buch erzählt. Er stellt zuerst die Krankheit vor: die substantia nigra, das Striatum, das Dopamin, das die Steuerung und Koordination des Bewegungsapparats beim Patienten nicht mehr richtig regelt. »Bei der Parkinson-Krankheit [...] stirbt das Dopamin produzierende Gewebe schneller ab, als es dem natürlichen Altersprozess entspräche« (Dubiel, 2006, S. 14). Die Krankheit ist unheilbar; dennoch wird eine »möglichst frühe Diagnose« gefordert, die freilich ihre Vor- und Nachteile hat: den »größeren Spielraum in der Verschreibung einer individuell angepassten Medikation« als Vorteil, aufzurechnen gegen den »Nachteil einer frühen Informiertheit«. »Schließlich nimmt man von einem unabwendbaren Schicksal am besten so spät wie möglich Kenntnis« (S. 16).

Die »Apophänie« der Krankheit

Es folgt Dubiels eigene Geschichte: der Krankheit ebenso wie seines Lebens mir ihr. Er beschreibt die ersten Manifestationen: beim Liebesakt, als seine linke Hand sich für Sekunden in fahrigen chaotischen Bewegungen selbständig machte (S. 19); darauf folgend Gefühle von Steifheit, Schwindel, Panikattacken. Im Moment der Rückreise von der Liebesbegegnung ein Ereignis von zeichenhaft bedeutsamem Charakter: Alle Uhren des Wiener Hauptbahnhofs bleiben stehen. Man ist in solchen Augenblicken empfänglich für das Zeichenhafte. Beim Aussteigen in Frankfurt versagen ihm auf dem Bahnhof die Beine. »Der Notarzt verfügte die Einweisung in die Neurologie« (S. 23).

Was Dubiel hier schildert, nenne ich die »Apophänie« einer Krankheit in Anlehnung an den Psychiater Conrad (1958), der die Apophänie des Wahns als den markanten Punkt beschreibt, an dem sich die Welt für den Wahnkranken verändert. Irgendetwas qualitativ anderes tritt in Erscheinung, was aus dem in der Situation zu Erwartenden herausfällt, auch wenn der Betroffene natürlich so lange wie möglich versucht, es sich als situationsbedingt zu erklären.

Hing das Manifestwerden der Krankheit mit der gescheiterten Liebesbegegnung zusammen (er sah »Corinna« damals zum letzten Mal)? Dubiel verwahrt sich mit Recht gegen eine simple psychosomatische Erklärung. Seine alternative Hypothese klingt plausibel: »Jeder, der physisch und psychisch hinlänglich gesund ist, verfügt neben einem intakten physischen auch über ein psychisches Immunsystem. Letzteres kann durch viele traumatische Belastungen so geschwächt sein, dass es zusammenbricht und die Manifestation einer latent schon lange angelegten Pathologie zur Folge hat« (Dubiel, 2006, S. 23).

In der Sicht der empirischen Medizinischen Psychologie wäre diese kluge und vermutlich zutreffende Hypothese das Musterbeispiel einer subjektiven Krankheitstheorie – subjektiv gewiss, insofern als erdacht von einem betroffenen Subjekt, aber zugleich doch einleuchtend und überzeugend, mit dem Anspruch einer objektiv gültigen Erklärung, wenn auch vielleicht (heute noch) nicht empirisch objektivierbar. Welche unangemessene Überheblichkeit drückt sich in diesem Terminus »subjektive Krankheitstheorien« aus!

Die Diagnose – »Todesurteil« und/oder erleichternde Gewissheit?

Auch die korrekte medizinische Diagnose hat aus Patientensicht ihre Geschichte. Dubiel erzählt von seinem Stöbern in medizinischen Büchern schon etwa ein Jahr vorher, von einer Untersuchung bei einem Neurologen, die beunruhigende Ergebnisse brachte, aber nicht zu Ende geführt wurde, und schließlich nach dem Zusammenbruch die definitive Diagnose in der Uni-Klinik aus dem Mund des Chefs: »Es gibt überhaupt keinen Zweifel. Sie haben Parkinson« (S. 27).

Was hat einer – positiv oder negativ – dazugewonnen, der eine solche Diagnose bekommen hat? »Die erste und zugleich nachhaltigste Empfindung, die die Diagnose Parkinson auslöste, war die einer tiefen narzisstischen Kränkung [...], die in ihrer Schwere durch keine mir von Menschen je zugefügte übertroffen wurde« (S. 37). Teils war es auch eine Erleichterung: »Nachdem für mich das Wort Parkinson einmal in der Welt war, konnten vor allem die ständige Müdigkeit und die panischen Angstzustände nicht länger als Hypochondrien eines schweren Neurotikers abgetan werden«. Ferner: »Die Diagnose brachte Ordnung in eine zufällig scheinende

Serie von Symptomen« (S. 28). Die Diagnose ordnet nicht nur das Wissen, sondern auch das Erleben: »Von dem Tag an, da ich die Diagnose akzeptiert hatte, hörten die Kopf- und Rückenschmerzen, die mich mein bisheriges Leben mehr oder weniger geplagt hatten, auf [da nicht zum Krankheitsbild gehörig? – d. Verf.]. Auch Stimmungsschwankungen, depressive Verstimmungen, Schüttelfrost, Gliederschmerzen und andere Zeichen von Erkältung nahm ich nicht mehr für sich wahr, sondern als jeweilig misslingende Form des Managements von Parkinson« (S. 29).

Beim Lesen musste ich an Balints Analyse des Organisationsprozesses der Krankheit unter dem Einfluss des Arztes und seiner Diagnose denken: die Krankheit als etwas, das vom Patienten und vom Arzt gemeinsam erzeugt wird.

Weiterhin scheint mir, dass die heutige Medizinische Psychologie, so weit sie überhaupt danach forscht, was die Diagnose mit dem Patienten »macht«, dies nur unter medikozentrischer Perspektive tut: Diagnosenapperzeption als Teil der Patienten-»Compliance«!

Der Krankheitsverlauf aus der Subjektperspektive

Es folgt die eigentliche Krankheitsgeschichte: mit ausgeklügeltem »Tablettenregiment« (bis zu 30 Stück am Tag, nach einem genauen Plan einzunehmen), die Nebenwirkungen, eine Ärzte-Odyssee und die dabei gemachten Erfahrungen (als seriös empfand er vor allem solche, die »sich meinem kindlichen Begehren nach Ordnung, Berechenbarkeit und Eindeutigkeit widersetzten und schlicht imstande waren zuzugeben, wie wenig sie im Grunde wussten«, S. 29).

Ein Hirnschrittmacher wird eingesetzt. Die Schilderung des Erlebens der Operation (bei vollem Bewusstsein!) zählt zum Aufwühlendsten und Grausigsten, das ein Mensch mitteilen kann. Die meisten schweren Operationen – und zwar mehr oder weniger unabhängig davon, ob in Narkose oder nicht, da man offenbar auch im Narkosezustand viel mehr mitbekommt, als die herrschende Meinung (auch und gerade bei den Chirurgen und Anästhesisten) wahrhaben will! – ziehen einen psychischen Schock, eine soge-

nannte Posttraumatische Belastungsstörung, nach sich. Die Erzählung von Dubiel bringt dies dem Leser unheimlich nahe.

Der Schrittmacher erfüllt tatsächlich seinen Zweck, die Beweglichkeit zu verbessern, aber mit gewaltigen Nebenwirkungen:
Während die Beweglichkeit besser wird, verschlechtert sich das
Sprachvermögen – für einen Universitätsprofessor eine wahrhaft ein-
schneidende Behinderung.

Die letzten Kapitel schildern die wenigstens partielle Resti-
tution: die zunehmend bessere Meisterung des Alltags mit der
»Gehirnprothese«, bis hin zum Wiedereinstieg in den Beruf, das
Autofahren usw. Eindrucksvoll der Schluss: Er muss bei einer akademischen Diskussion das Wort ergreifen, weil sein Sohn das von
ihm erwartet, und entschließt sich, den Schrittmacher kurzfristig
abzuschalten.

Dubiels Krankheitserfahrung als Bildungsprozess

Ich will anhand von Dubiels autobiographischer Erzählung von
seiner Krankheit eine Kontroverse mit Schulze weiter vorantrei-
ben, welche die Perspektive betrifft, unter der pädagogische Biographieforschung sich autobiographischen Erzähltexten nähert.
Nach Schulze ist das leitende Interesse auf die biographischen
Lernprozesse, nach meiner Auffassung auf die autobiographischen
Bildungsprozesse gerichtet.

Es gibt in Dubiels Erzählung zahlreiche Stellen, an denen er
ausführt, was er im Umgang mit seiner Krankheit und durch
sein Leben mit der Krankheit *gelernt* hat. Ich will nur eine solche
Lernerfahrung herausgreifen: Zu Anfang hatte er sich ein striktes
Redeverbot über seine Krankheit auferlegt, was bei ihm zu einem
Gefühl der Ich-Spaltung führte und ihn so wütend und un-
geschickt agieren ließ, dass er sich aus einer leitenden Stelle an
einem wissenschaftlichen Institut geradezu hinauskatapultierte.
Er wechselte in die USA und erfuhr, wie viel duldsamer die Menschen dort mit sozialen Stigmata aller Art umgehen. Er lernte,
seine Krankheit nicht mehr zu verheimlichen, die ohnehin immer
weniger zu verheimlichen war: »Jetzt habe ich Parkinson im

13. Jahr, und seit einiger Zeit nötigt mich die Sichtbarkeit meiner Symptome, mein Geheimnis, vielleicht *das* Geheimnis meines Lebens offen zu legen« (S. 120). Er erzählt, dass er es schon in gesunden Tagen immer mit den Geheimnissen hatte. Durch die Erfahrung seiner Krankheit lernt er somit etwas, was als Erkenntnis weit über diese hinaus für die konkrete Lebensmeisterung von Bedeutung ist: nicht verheimlichen und verbergen wollen, was ohnehin offensichtlich ist. Das wäre biographisches Lernen im Sinn von Schulze.

Für mich ist ein anderer Aspekt bedeutsam. Was hier autobiographisch mitgeteilt wird, ist eine menschliche Extremerfahrung, in der ein Ich zunächst einmal sich selbst verloren geht. Gerade durch diesen Extremcharakter legitimiert sich diese Erzählung als erzählenswert – vergleichbar etwa der ebenfalls autobiographischen Erzählung des (gleichfalls) studierten Soziologen Reemtsma über seine Entführungsschicksale.

Noch in einem anderen Punkt berührt sich die Thematik dieser beiden Bücher. Hier wie dort ist die eigentlich zentrale Frage: Was wird aus dem Ich unter den Bedingungen der Extrembelastung? Reemtsma nahm aus seiner Entführungserfahrung die Erkenntnis mit, dass es einen Ich-Kern nicht gibt, der durch alle Belastung hindurch mit sich identisch wäre (und bliebe). Bei Dubiel stellt sich die Frage noch zugespitzter: Ist das Ich identisch mit dem Gehirn (wie Gehirnforscher gern behaupten)? Wenn es so wäre: Was wird aus dem Ich unter den Bedingungen der fortschreitenden Parkinson-Krankheit – und mehr noch: unter der Bedingung der Implantation eines apparativen Gehirnstimulators?

Ganz zu Beginn der Erkrankung hatte er eine bezeichnende Szene am Flughafen berichtet. Er winkt vom Fenster aus seiner früheren Italienisch-Lektorin zu, die unten zu ihrem Flugzeug geht, ihren Begleiter auf Dubiel aufmerksam macht und in offenbar ironischer Absicht dessen abgehackte Handbewegung imitiert: »Durch ihre Spiegelung meiner Geste wurde mir sofort klar, daß mein Ausdrucksverhalten aus der Perspektive eines externen Beobachters schon längst nicht mehr dem inneren Bild entsprach, das ich – wie jeder Mensch – von mir hatte« (S. 20).

Die Ausdrucksmotorik vermittelt nur noch eine »karikaturhaft verzerrte Repräsentation der Intention an der Außenwelt« – durch deren Reaktion dem Subjekt ein Gefühl der Kluft zwischen der gefühlten Intention und dem, was von ihr sichtbar wird, gegeben wird, sozusagen ein organisch begründetes Entfremdungserleben. Ein Ich geht sich verloren.

Später, nach der Operation, sind es vor allem die Störungen der Sprache, die seine Ausdrucksabsicht konterkarieren, und das erlebt er besonders einschneidend: »Sprachstörungen sind für die Betroffenen deswegen so dramatisch, weil sie ein Stigma sind, das unmittelbar und nachhaltig diskreditiert« (S. 127 f.). Bei allem Verständnis für das Schwerwiegende gerade dieser Beeinträchtigung stellt sich doch die Frage: Drängen sich bei der Interpretation seines Zustands – wie konnte es bei einem Professor der Soziologie anders sein? – soziologische Interpretationsmuster allzu dominant in den Vordergrund?

Wenn ich von biographischen Bildungsprozessen rede, geht es mir um Erfahrungen, durch die das Ich sich neu positioniert, d.h. in diesem konkreten Fall: sich wiederfindet, ohne dass ein konkretes Lernergebnis benannt werden kann bzw. muss.

Ganz am Ende seines Buches berichtet Dubiel etwas in dieser Art. Er benötigt seine Tabletten und den Hirnschrittmacher, um im Alltag funktionieren zu können. Aber: »Ein neurologisch Erkrankter wird durch langfristige Tabletteneinnahme zum Zombie, durch den Schrittmacher zu Frankensteins Monster« (S. 139).

In dieser vorhin erwähnten besonderen Situation, in der es ihm darauf ankommt, sich als »er selbst« vor seinem Sohn zu präsentieren, beschließt er, für eine kurze Rede den Schrittmacher abzuschalten. Er weiß nicht, ob es »zu einem Zusammenbruch oder zu einem Schwächeanfall« kommen wird, indessen: »Es ging gut. Es ging sogar ausgezeichnet. [...] Ich war zumindest für die etwa zehn Minuten, die ich sprach, wieder der Alte. [...] Eine wilde Freude überkam mich [...]. Die Möglichkeit, die Fernsteuerung meines Schrittmachers durch die Bedienung eines Knopfes für einige Zeit abzustellen, in der ich so klar und prägnant reden konnte wie früher, sicherte mir das Verbleiben im Beruf und gab mir meinen Stolz und meine professionelle Autorität zurück« (S. 136).

Natürlich kann man mit Schulze sagen: Er hat gelernt, dass er das Gerät, das er zur Lebensbewältigung benötigt, auch zeitweise abstellen kann. Diese Reduktion auf den Lernaspekt wäre nicht gerade falsch, aber sie würde seine Erfahrung banalisieren und trivialisieren. Das Aufregende, das seine »wilde Freude« auslöst, ist doch dies: Ich bin noch da, mich gibt's noch, die Entfremdung ist aufhebbar – so dass ihm, gerade durch die von der Krankheit aufgezwungene apparative Entfremdung, eine Intensität der Ich-Erfahrung zugespielt wird, die ohne diese vielleicht nicht erreichbar gewesen wäre.

6.4.3 Nochmals: Bildet Krankheit?

Die Antwort kann in zwei Varianten gegeben werden. Die eine wurde bereits von Henningsen in seinem Aufsatz »Unglück bildet« skizziert: Das Leiden kann »angeeignet, in das Ganze des individuellen Seins integriert werden, zum Bestandteil der Bildung werden« (Henningsen, 1981, S. 94).

Henningsen bezieht sich u. a. auf die autobiographische Erziehungsgeschichte des amerikanischen Historikers Adams (1838– 1918). Dieser reflektiert darin über seine Scharlacherkrankung mit vier Jahren. »Einige Tage war er so gut wie tot und lebte nur durch sorgfältige Pflege seiner Familie wieder auf.«

Adams selbst hat die Erkrankung als ein Ereignis angesehen, das seinem Leben Richtung gab: Er blieb schwächlich und zart, zog bei Kämpfen den Kürzeren. Und nun kommt es: »Er übertrieb diese Schwächen, als er älter wurde. Die Gewohnheit zu zweifeln, seinem eigenen Urteil zu misstrauen [...], die Neigung, jede Frage als eine offene anzusehen, die Unschlüssigkeit zu handeln usw. usw., alle diese Eigenschaften seien zwar durch das Scharlachfieber gewiß nicht verursacht, aber doch gesteigert worden« (zit. nach S. 95).

Interessant ist dieser zuerst zitierte Satz: »Er übertrieb diese Schwächen, als er älter wurde.« Es scheint, als habe die Krankheit nicht nur etwas mit ihm, sondern auch er etwas mit der Krankheit gemacht. Nach Henningsen: »[...] nicht das ist bildend, was einem Individuum irgendwie zustößt (und von außen registriert werden könnte); bildend ist, was dieses Individuum zu einem Bestandteil seiner selbst macht, indem es darüber nachdenkt, mit sich und anderen darüber spricht, sich des Widerfahrenen innewird und sich daran erinnert, was es in sich hineinverwandelt, zu einem Eigenen macht, integriert« (S. 93).

Das ist die eine Seite: Ich kann etwas mit der Krankheit, die mir zustößt, »machen«. Aber es gilt weiterhin auch die Umkehrung: Die Krankheit »macht« etwas mit mir. Auch die Krankheit würde ich zum Bildungsprozess rechnen, wie Thomas Mann im »Zauberberg« seinem Hans Castorp in den Mund legte: »Wer nachher davon hört, stellt es sich schrecklich vor, vergißt aber, daß die Krankheit [...] sich ihren Mann schon so zurichtet, daß sie miteinander auskommen können. Da gibt es sensorische Herabminderungen, Gnadennarkosen, Erleichterungsmaßnahmen der Natur« (Mann, 1924, S. 669).

Einige haben bereits Krankheit als Thema autobiographischer Erzählung behandelt (Lucius-Hoene, 1998; Hanses, 1998), einige auch unter der von mir postulierten bildungstheoretischen Perspektive (Biendarra, 2005). Bei allen diesen Erörterungen steht die erstere Alternative im Mittelpunkt: Was »macht« der Mensch mit seiner Krankheit – kommunikationsstrategisch oder coping-strategisch (»wie gehe ich mit meiner Krankheit um?«) – wie bewältige ich meine Krankheit?

Die andere, die Thomas-Mann-Perspektive – wie richtet sich die Krankheit ihren Mann oder ihre Frau zu? – bleibt demgegenüber chronisch unterbelichtet. Der Bildungsprozess, wie er sich aus Dubiels Geschichte herauslesen lässt, ist gewissermaßen dialektisch angelegt: Er macht etwas mit dem, was die Krankheit mit ihm macht. Das ist, anders als bei Henningsen, Tun und Erleiden, Aktivität und Passivität zugleich.

Krankheit und Leiden können in diesem Sinn bildend wirken, müssen es aber nicht. Deswegen überzeugt Henningsens Titel »Unglück bildet« nicht, weil er eine Art Zwangsläufigkeit suggeriert, als ob das Unglück selber uns irgendwie läutern und veredeln würde, was bei ihm, wie der Text zeigt, gar nicht gemeint ist.

Dabei wissen wir doch alle, dass Krankheit und Unglück auch lähmen, abstumpfen, in die Resignation oder in den Suff treiben können – keine Spur von einer zwangsläufig bildenden Wirkung. Nicht die Krankheit als solche bildet; sie bringt uns in eine Situation, die uns unter Umständen Neues abverlangt und zu Umstellungen des Lebenskonzepts und der Positionierung des Ich nötigt. Ich würde darum eher sagen: Krankheit schafft eine Situation, die als Aufgabe, meinetwegen als Bildungsaufgabe, begriffen werden kann.

6.5 Auf das Ende zugehen

Zu meinem 60. Geburtstag hielt ich mir, indem ich zugleich das Lebensgefühl berühmter Leute wie Thomas Mann und Sigmund Freud um deren 60. Geburtstag herum zu vergegenwärtigen suchte, eine »Rede an mich selbst mit 60 Jahren«, worin ich als gemeinsame Befindlichkeit dieser Altersgruppe benannte: Alle sind noch rüstig, stehen im Leben, sind an der Arbeit – mit der Grenze vor Augen.

Seither sind zwölf Jahre vergangen. Die Grenze ist teils näher gerückt, teils schon überschritten. Überschritten, insofern ich von der Uni-Tätigkeit »entpflichtet« bin und auch die psychotherapeutische Tätigkeit sich schmerzlich ausdünnt. Die letzte Grenze, das Lebensende, hat noch keine konkrete Gestalt angenommen. So weit ich weiß, bin ich bis dato gesund. Ich will diese Publikation zum Anlass nehmen, meine damaligen Überlegungen fortzuschreiben – zu einer Art weiterer »Rede an mich selbst mit 72 Jahren«.

6.5.1 Grimms Märchen: Die Boten des Todes

Das Märchen erzählt von einem Mann, der dem Tod zu Hilfe kam, als diesen ein Riese beinahe selbst zu Tode prügelte. Zum Dank dafür gab ihm der Tod die Versicherung, dass er ihn nicht ohne Vorwarnung holen werde. Der Mann lebte daraufhin sorglos und in Freuden, bis eines Tages der Tod vor ihm stand und sagte: Komm mit, deine Zeit ist um (Grimm und Grimm, 1819/o. J., Bd. 3, S. 149 ff.).

Der Mann empört sich: »Hast du mir nicht versprochen, daß du mir, bevor du selber kämest, deine Boten senden wolltest?« Der Tod antwortet: »Habe ich dir nicht einen Boten über den andern geschickt? Kam nicht das Fieber? [...] Hat der Schwindel dir nicht den Kopf betäubt? [...] Über das alles, hat nicht mein leiblicher Bruder, der Schlaf, dich jeden Abend an mich erinnert?« Der Mann, so heißt es, wusste darauf nichts mehr zu erwidern, er »ergab sich in sein Geschick und ging mit dem Tod fort«.

Ich denke viel an den Tod. Weil ich noch von keiner Todeskrankheit weiß, habe ich kein konkretes Bild von ihm vor Augen. Wird er plötzlich kommen, als Herzinfarkt oder Schlaganfall? Oder wird es gehen wie in diesem Märchen, dass die Todeskrankheit, z. B. ein Krebs, sich über zunächst diskrete Anzeichen bemerkbar machen wird? Oder wird die Kenntnis von einer solchen Krankheit als Diagnose aus mehr oder weniger heiterem Himmel, als medizinischer Überfall über mich hereinbrechen?

»Die Boten des Todes« ist kein echtes Märchen; es hat eher den Legendencharakter einer frommen Betrachtung. Wir selbst sind zunächst der Riese, dem der Tod nichts anhaben kann, der den Tod tötet (bzw. töten zu können wenigstens glaubt). Das ist die Position, wie sie Freud charakterisiert: Im Grunde seines Herzens ist jeder von der eigenen Unsterblichkeit überzeugt. Dann sind wir, in einem nächsten Schritt, der junge Mann, der das Versprechen, das der Tod ihm gibt, auf seine Art zu schätzen weiß: »Immer ein Gewinn, daß ich weiß, wann du kommst, und so lange wenigstens vor dir sicher bin.« Also, unsterblich wenigstens auf Zeit. Aber auch diese Sicherheit ist trügerisch, weil die Zeichen, auf die man zu achten hat, von subtilerer Art sind.

Und schließlich sieht man doch, dass es anders läuft in der Welt, auch wohl oder übel anders laufen muss; denn, weiter mit den Worten des Märchens, wo kämen wir denn hin, wenn niemand mehr stürbe auf der Welt? »Sie wird so mit Menschen angefüllt werden, daß sie nicht mehr Platz haben, nebeneinander zu stehen.« Also heißt es: Platz machen. Das Märchen, das eigentlich eine fromme Legende ist, verkündet Ergebung. Die Zeichen erkennen und dann ohne Widerrede fortgehen.

Wozu überhaupt auf diese Vorzeichen oder Vorboten des Todes achten? Ist es nicht viel besser, sich nicht mit Vorwissen und Vorzeichen herumzuquälen, sondern einfach und ohne Vorwarnung umzufallen, wenn denn schon gestorben werden muss?

Hier liegt das eigentlich Christlich-Legendenhafte in dieser Geschichte: Auf den Tod soll man vorbereitet sein, um seine Dinge in der Welt, vor allem aber mit Gott zu ordnen. Die christliche Frömmigkeit betete im liturgischen Abendgebet darum, vom plötzlichen Tod verschont zu werden, um nicht unvorbereitet vor das göttliche Gericht treten zu müssen. Es gab eine spezielle ars moriendi, eine Kunst des Sterbens, in die sich einzuüben die eigentliche Bildungsaufgabe in diesem christlichen Kosmos angesichts des Todes war.

6.5.2 »Das Sterben denken ...« – revisited

Mein Buch »Das Sterben denken um des Lebens willen« erschien 1984. Das Kapitel »Katastrophen in der Analyse«, das sozusagen die Keimzelle darstellte (so wie der Züricher Vortrag »Das Leben bildet« die Keimzelle dieses gegenwärtigen Buches ist), wurde 1978 auf einem Psychoanalytiker-Kongress in Stuttgart vorgetragen.

Es war in meinen Augen mein wichtigstes Buch. Ich habe dort am Konsequentesten durchgeführt, was mir als Grundgedanke all meines Schreibens vorschwebte: eigene Lebenserfahrung so zu thematisieren und mit wissenschaftlichen Einsichten in Beziehung zu setzen, dass diese subjektive und persönliche Erfahrung mitteilenswert wird, weil sie durch Reflexion so aufbereitet ist, dass auch andere sich in ihr wiederfinden können.

Die Grundthese war im Motto aus Kellers Erzählung »Das Fähnlein der sieben Aufrechten« versteckt: »Wie es dem Mann geziemt, in kräftiger Lebensmitte zuweilen an den Tod zu denken.«

Aus diesem Satz leitete ich die These ab: Wir sind aufgrund der uns
bekannten Tatsache, dass wir einmal sterben müssen, gezwungen,
die Begrenztheit unseres Lebens und den letztendlich unausweich-
lichen Tod mental zu antizipieren, das Sterben »zu denken« – und
zwar »um des Lebens willen«. Ich stellte mir vor, diese mentale
Todesantizipation steigere die Intensität des Leben-Könnens und
-Wollens. Die Vermeidung der Antizipation, dachte ich weiter,
stehe unter infausten Vorzeichen, die Verweigerung der mentalen
Antizipation erzwinge vom Leben drastischere Memento mori:
Krankheiten oder soziale Katastrophen.

Einer ersten Revision habe ich die These bereits in der erweiterten Ausgabe von 1995 unterzogen: Die Hoffnung auf Lebenssteigerung durch die Todesantizipation hat getrogen; vielmehr hat sie
mich eher verrückt und depressiv gemacht wie damals die »Kluge
Else«, um ein weiteres Grimm'sches Märchen zu bemühen, die sich
alle möglichen Unglücksfälle ausdachte: »wenn ich den Hans
kriege, und wir kriegen ein Kind, und das ist groß, und wir schi-
cken das Kind in den Keller, daß es hier soll Bier zapfen, so fällt
ihm die Kreuzhacke auf den Kopf und schlägt's tot. Da saß sie und
weinte und schrie aus Leibeskräften über das bevorstehende Unglück« (Grimm und Grimm, 1819/o. J., Bd. 1, S. 212).

Das war, wie ich damals schrieb, Todesantizipation, aber nicht
gerade von der lebensförderlichen Art. Ganz falsch war die These
aber wohl doch nicht; ein Stück Lebenswillen im Sinne des »carpe
diem« und des Gedichts von Goes »Sieben Leben möchte ich
haben« hat sie doch aktiviert.

Die Frage ist nun, mit 72 Jahren, wo auf Lebenssteigerung keine
große Hoffnung mehr zu setzen ist: Was wird aus der Todesantizipation? Hat sie noch einen sinnvollen Platz im Leben? Oder wäre es
besser, sofern ich kann, den Tod einfach zu vergessen und mein
Leben Tag für Tag zu leben – wenn es zu Ende ist, werde ich das
schon früh genug merken!

Es geht gar nicht, selbst wenn ich wollte. Man macht ein Testa-
ment (ich habe noch keines gemacht, aber eine Patientenverfügung
habe ich unterschrieben), man spielt mit im Wahnsinnsspiel der
sogenannten Krebsvorsorge, die bekanntlich kaum einen lebens-

verlängernden Effekt hat, sondern mehr ein modernes Memento-mori-Ritual darstellt. Man kauft eine Ferienwohnung und fragt sich insgeheim: Lohnt sich das überhaupt noch? Man fängt also unweigerlich an, das eigene Ende mental zu antizipieren, indem man es als eine zwar nicht kalendarisch bezifferbare Größe, mit der aber dennoch zu rechnen ist, ins Lebenskalkül einbezieht. Das ist jedenfalls eine andere, realistischere Art, »das Sterben zu denken«, als sie mir damals vorschwebte, als ich das Buch schrieb.

Gibt es heute noch eine ars moriendi, oder allgemeiner: Gibt es spezifische Lebensmodi, die es erlauben, diese letzte, einem verbleibende Zeit, seien es Monate, Jahre oder gar noch ein Jahrzehnt oder mehr, einigermaßen erfreulich zu verbringen?

Der erste Rat, den ich mir gebe: Kein Wort von dem glauben, was die Altersforscher sagen, und schon gar nicht ihren Ratschlägen folgen.

Ein Beispiel von »Schwadronier-Forschung«; diesmal geht es um die »Generation 50+«. »Auch psychisch und sozial sind die heute 50- bis 70-Jährigen enorm fit. Sie sind in der Regel beispiellos ich-stark, selbstbewusst und mit sich selbst zufrieden. [...] Sie sind sexuell aktiv, verfügen über gute Beziehungen zu ihren (Ehe-)Partnern und entwickeln ein wohltuend selbstbewusstes Verhältnis zum Alter. Sie reiben sich kaum an der Tatsache, dass sie altern. Ihr Lebensalter hat bei den Betroffenen auch auf der Selbstwahrnehmungsebene nichts mehr mit Altern im herkömmlichen Sinn zu tun. [...] Da verwundert es auch nicht, dass in Lebensentwürfen 50+ das Alt-Sein längst ausgeklammert ist« (Otten und Melsheimer in Lebensentwürfe, 2009, S. 32 f.). Das ist eben der springende Punkt.

Der zweite Rat: keinen Platz im Leben freiwillig räumen. Ich schreibe dieses Buch, weil ich so etwas immer getan habe, und so lange mir der Kugelschreiber nicht aus der Hand fällt, weiterhin tun will. Ich will mich einmischen, will weiterhin präsent sein, wenigstens im Buchhandelskatalog, will die Leute ärgern, indem ich zum Ausdruck bringe, wie blödsinnig ich die Welt und vor allem die Wissenschaft finde, d. h. konkret die Sozialwissenschaften, in denen ich zu Hause bin, und dort vor allem die Psychologie, die Pädagogik, die Psychoanalyse heute. Ich will stolz darauf sein, dass

ich »von gestern« bin, und in der zaghaften Hoffnung, noch einmal
eine Wende zu erleben, in der das Gestern das Heute überholt und
seinerseits zum Gestern macht.

Daneben, drittens, doch so etwas wie Trauerarbeit leisten:
Denn ich weiß ja auch, es wird nicht ewig so gehen. Es wird nicht
mehr lange dauern, bis ich ein Hörgerät brauche. Über kurz oder
lang wird sich vermutlich doch eine Krankheit manifestieren, die
mich letzten Endes zu Tode bringt, obwohl es mir natürlich viel
lieber wäre, wenn sich keine zeigt und ich einfach zu gegebener
Zeit »an Altersschwäche« sterbe, wie das früher hieß. Aber ich
kann es mir nicht aussuchen. Das gibt Grund zur Trauer – und zur
Angst vor dem Kommenden.

Nicht nur Trauerarbeit, sondern auch, viertens, Angstarbeit ist
deshalb zu leisten. Ich habe Angst vor dem Sterben, aber auch vor
dem Tod, vor dem Nicht-mehr-Sein. Ich glaube, die meisten oder
alle Menschen haben diese Angst; sie geben es nur nicht zu, um
ihren Mitmenschen nicht auf die Nerven zu fallen. Denn einen
Menschen in Angst zu sehen, macht rat- und hilflos; es rüttelt an
den eigenen Abwehrmechanismen.

Was mein Grund-Ich angeht, benimmt es sich gegenwärtig ab-
solut dysfunktional zu der Tatsache, dass ich 72 Jahre alt bin und
mich offenbar mit diesem Faktum abzufinden habe.

Meine früheren, teils kontraphobischen Lebenstechniken grei-
fen nicht mehr. Die einzige kontraphobische Methode, die mir
geblieben ist, ist das Joggen. Damit kann ich mir immer wieder,
wenigstens für kurze Zeit, bestätigen, dass ich noch nicht völlig am
Ende bin. Meine Angst ist im Grunde eine fürchterliche Wut. Ich
fühle mich auf völlig unvernünftige Weise betrogen. Gewusst habe
ich immer, dass ich mal sterben werde, von der Emotion her habe
ich es nicht geglaubt. Aber jetzt, wo das Unvermeidliche näher
rückt, denke ich: Nein, so haben wir nicht gewettet!

Ich bin überzeugt: Alt werden und Sterben ist eine Schweinerei.
Das muss man laut sagen; ohne die Maske von Ergebung, die viele
Alte meinen zur Schau tragen zu müssen. Eigentlich ist es mir ganz
recht, dass ich so unvernünftig bin. Darin spüre ich mich wenigstens noch.

Ich denke mir: Die zur Schau getragene Gelassenheit ist der mildeste dieser Abwehrmechanismen gegen die Todesangst, der schärfste ist die Altersdemenz: nur nicht mitbekommen, was da auf einen zukommt.

6.5.3 Bildet auch der Tod?

Natürlich bildet nicht der Tod als eingetretenes Faktum; da gibt es nichts mehr zu »bilden«. Gemeint ist vielmehr der Tod im Erwartungshorizont – entweder im abstrakten (nach dem Syllogismus: Alle Menschen sind sterblich, also muss auch ich wohl sterblich sein) oder im konkreten, wenn der eigene Tod aufgrund einer Krankheit abzusehen ist (aber nicht nur Krankheit kommt in Betracht, auch an zum Tode Verurteilte ist zu denken oder an Selbstmordattentäter, Amokläufer u. a.).

Eine ars moriendi wie in der christlichen Tradition gibt es sicher nicht mehr; der Aufruf des besagten Stichworts im Internet fördert neben kulturhistorischen allenfalls sinistre Hinweise zutage. Ergiebiger ist das Stichwort »Death Education«. Ein Internet-Lexikon der Psychologie (http://Psychology48.com) teilt mit: »Death Education bezeichnet alle planvollen und zielgerichteten Veranstaltungen, die den Teilnehmern Kenntnisse über die Todesthematik vermitteln und/oder ihren Umgang mit Sterben, Tod und Trauer(n) durch Abbau von Ängsten erleichtern (sollen).« Solche Kurse richten sich an professionell Interessierte ebenso wie an Personen ohne professionellen Bezug zum Thema, z. B. Studenten: »In den USA ist Death Education seit geraumer Zeit selbstverständlicher Bestandteil der Lehrpläne von Schulen und Hochschulen.«

Die Kurse haben sich teils die Vermittlung von Kenntnissen, teils mehr die Veränderung emotionaler Einstellungen, den Abbau von Ängsten zum Ziel gesetzt. Die empirisch überprüfbaren Effekte scheinen nach Ausweis des Lexikons etwas uneindeutig; vor allem ist die Frage dauerhafter und langfristiger Wirkungen offen. Das kann aus ganz offensichtlichen Gründen nicht anders sein.

Reaktionen auf antizipierte Todesbedrohung sind von so eminent vitaler Wichtigkeit, dass gar nichts anderes als eine tiefe biologische Verankerung vorstellbar ist. Notizen über aktuelle neubiologische Forschungsergebnisse bestätigen dies:

»Menschen sind beim Gedanken an ihren eigenen Tod nur deswegen nicht vor Angst wie gelähmt, weil eine Art psychologisches Immunsystem sie davor schützt: Sobald sich jemand mit der eigenen Sterblichkeit auseinandersetzt, beschwört dieser Abwehrmechanismus automatisch positive Assoziationen herauf«, wie zwei nicht genannte amerikanische Psychologen feststellen konnten. Die Angstreaktionen werden anscheinend durch das Zusammenspiel zweier (antagonistischer?) Zonen im Zwischenhirn reguliert (Bild der Wissenschaft, 24. 10. 2007 und 10. 7. 2008) – womit gleichzeitig meine vorhin aufgeworfene Frage eine befriedigende Antwort findet: Das Ganze ist biologisch tief verankert, Todesangst ist eine angeborene, archaische Reaktionsbereitschaft, die bereits beim jungen Säugling zum Zuge zu kommen scheint (Max Stern, 1972) – nur die Abwehr funktioniert eben unterschiedlich gut.

Diese Gegebenheiten beleuchten den ganzen Wahnwitz des Versuchs, dem Verhältnis des Einzelnen zum eigenen Tod mit formalen institutionalisierten Lernprogrammen beizukommen; es ist das Musterbeispiel eines Problems, das sich, wenn überhaupt, nur auf der Grundlage informeller biographischer Lern- und Bildungsprozesse – und zwar von frühester Kindheit an! – regelt: Die Säuglinge Max Sterns haben noch die Chance, jenes Lebensvertrauen zu entwickeln, das sich, wie später Hüther gezeigt hat, in Strukturbildungen im Gehirn niederschlägt.

Lern- *und* Bildungsprozesse: Wer diese Stabilisierungsphase im frühen Lebensalter schicksalhaft versäumt hat, dem bleibt nur, sich zur abstrakten oder konkreten Todesbedrohung mit seinem Ich, wie es nun einmal ist, mit seinem »Nervenkostüm« und dessen Reaktionsbereitschaften zu positionieren, ein echter Bildungsprozess in meinem Sinn – mein Leben, wie es nun einmal war und ist, bildet mich auch in meinem Zugehen auf das Lebensende, den Tod.

Rilkes Gebet »O Herr, gieb jedem seinen eignen Tod« (Rilke, 1903/1966, S. 103) ist Ausdruck dieser Erkenntnis, dass der Tod etwas Ureigenes ist, der Schlusspunkt eines je individuellen biographischen Prozesses – wenn er nicht ent-eignet wird durch medizinische Organisation des Sterbeprozesses (vgl. Nuland, 1994) oder durch menschengemachtes Massensterben.

Da der zu erwartende Tod ein biographisch individuelles Ereignis ist, positioniert sich das Ich ihm gegenüber individuell. Wie es sich positionieren *soll*, lässt sich nicht normieren. Wie solche Positionierungen konkret aussehen, lässt sich wieder nur individuell im autobiographischen Dokument erfassen, z. B. anhand der auch hier in exemplarische Lebens- und Sterbensgeschichte Freuds. Seine Krankheitsgeschichte als Bildungsgeschichte habe ich kürzlich nachgezeichnet (Bittner, 2009); im gegenwärtigen Zusammenhang ist speziell seine Positionierung zum Tod von Interesse.

Der eigene Tod war für Freud lebenslang ein Thema (ließ auch er vielleicht die nötigen Abwehrmechanismen vermissen?). Er vertiefte sich schon früh in allerhand Zahlenspielereien, um zu erraten, wann er sterben würde. Seine Abhandlungen über das Verhältnis zum Tod stammen aus der Zeit des Ersten Weltkriegs, als er um das Leben seiner Söhne im Feld fürchten musste. Mit der Krebsdiagnose 1923 konfrontiert, nahm er sie zunächst mit ironischer Distanz auf und zitierte Bernard Shaw: »Don't try to live forever – you will not succeed« (zit. nach Schur, 1973/1982, S. 426).

Den eigentlichen Weg auf das Lebensende zu, nach 16 Jahren Krebs, hat sein Hausarzt Schur minutiös aufgezeichnet, bis zum letzten Schritt, als er ihm nach einer schon lange zuvor getroffenen Absprache die tödliche Dosis Morphium injizierte.

Freud wollte vor seinem Tod sein letztes Werk »Der Mann Moses und die monotheistische Religion« noch gedruckt sehen, was auch gelang. Er las in den letzten Monaten zwei literarische Werke, die ihm sein eigenes Auf-den-Tod-Zugehen poetisch spiegelten: die Erzählung einer weithin unbekannten Autorin Rachel Berdach, »Der Kaiser, die Weisen und der Tod«, die ihn offenbar tief bewegte, und Balzacs Novelle »Das Chagrinleder«. Bis fast zum Ende führte er Analysen durch, trotz aller zunehmenden Müdigkeit und Schwäche. Schur schließt seinen Bericht mit einem Zitat aus Freuds »Zeitgemäßes über Krieg und Tod«: »Dem Verstorbenen selbst bringen wir ein besonderes Verhalten entgegen, fast wie eine Bewunderung für einen, der etwas sehr Schwieriges zustande gebracht hat« (Freud, 1915b, S. 342).

Das Leben ist demnach ein Bildungsprozess voller Bewährungsproben, die zu bestehen sind – bis zum Ende.

7 Quo vadis, Biographieforschung?

Das ausgiebige Verweilen beim Bildungsdenken der Deutschen Klassik mit seinem Interesse für biographische Verläufe, wie es sich z. B. im Bildungsroman niederschlug, und bei der Psychoanalyse mit ihren Krankengeschichten, die nach Freuds Worten »wie Novellen zu lesen« sind, sollte dem Leser nahebringen, dass Biographieforschung nicht einfach eine qualitativ-empirische Methode unter anderen ist, sondern dass sie mit dem Kernbereich pädagogischen Denkens im Zusammenhang steht: mit dem Blick auf den Edukanden als Individualität, als Subjekt mit seinem Gewordensein und seinen Werdemöglichkeiten.

Der Lebensverlauf, so die allgemeine Auffassung, wird interpunktiert von markanten Lebensentscheidungen: Berufs- bzw. Studienwahl, Wahl bzw. Wechsel des Wohnorts, Heirat, Scheidung usw. Diese weithin sichtbaren Markierungen des Lebensverlaufs aber, so meine psychoanalytische Perspektive, fallen nicht einfach vom Himmel. Sie bereiten sich im Subjekt von längerer oder kürzerer Hand vor, in Form teils bewusster Abwägungen, größeren Teils aber in »unbewussten« subliminal ablaufenden Prozessen von Situationsabschätzungen und -bewertungen. Die relativ zeitlich überdauernden Muster solcherart subliminal ablaufender Prozesse habe ich früher einmal als die »Konstrukteure der Biographie« bezeichnet (Bittner, 1979a/1993, S. 234), die aber, wie ich heute hinzufüge, nicht personifiziert oder homunkulisiert werden sollten. Vielmehr handelt es sich um biographisch erworbene Erfahrungs- und Bewertungskonglomerate, die nicht ein für allemal feststehen, sondern immer wieder umgeschrieben werden.

Diese Art von Erfahrungsbildung schreibe ich, um den qualitativen Unterschied derart subliminaler Abschätzungen von der bewussten, von expliziten Handlungsgründen geleiteten Abwägung zu betonen, einem in den vorangegangenen Kapiteln eingeführten Proto-Subjekt zu, dessen Bildungsgeschichte das eigentliche Interesse einer psychoanalytisch inspirierten pädagogischen Biographieforschung gelten muss. Einige Skizzen solch subliminaler Prozesse von Erfahrungsbildung habe ich im vorangegangenen Kapitel aufzuweisen versucht, die der empirischen sozialwissenschaftlichen Biographieforschung zumeist entgehen, der geisteswissenschaftlichen Hermeneutik zwar nicht prinzipiell unzugänglich sind, aber dort doch nicht im Fokus des Interesses stehen. Auf dem Hintergrund solch unterschiedlicher theoretisch-methodischer Positionen nun also der abschließende Versuch einer Bestandaufnahme und eines kritischen Ausblicks.

Ich skizziere im Folgenden

- die Geschichte und den gegenwärtigen Stand des Biographieninteresses in den Sozialwissenschaften, wie er sich mir heute darstellt, näherhin,
- das Dilemma einer pädagogischen Biographieforschung, hin- und hergerissen zwischen qualitativ-empirischer Sozialforschung und philosophisch-geisteswissenschaftlicher Hermeneutik,
- meinen persönlichen, von der Psychoanalyse herkommenden methodischen Zugang zum Verständnis biographischer Subjekte und Prozesse
- und schalte mich auf diesem Hintergrund in die aktuelle Diskussion um den Musterfall einer Frau P. ein, der für einen vergleichenden theoretisch-methodologischen Diskurs zwischen den verschiedenen »Schulen« pädagogischer Biographieforschung ausgewählt wurde.

7.1 Das Biographieninteresse in den Sozialwissenschaften

Die Biographie- bzw. Autobiographieforschung ist heute im gesamten Bereich der Human- und Sozialwissenschaften verbreitet. Überall wird autobiographisches Erzählmaterial verwendet, sei es in Gestalt persönlicher Dokumente, Tagebuchaufzeichnungen oder mündlicher sogenannter narrativer Interviews.

Der Soziologe Fuchs-Heinritz (1984/2000) hat einen Überblick über die Verwendung biographischen Materials in den Humanwissenschaften gegeben. In der Soziologie sei bei den Klassikern, ob Marx, Durkheim oder Weber, nichts dergleichen zu finden, das biographische Individuelle galt hier eher als anstößig, weil es doch gerade darum ging, dessen gesellschaftliche Bedingtheit nachzuweisen.

Ein erster bedeutender Impuls sei von der Psychoanalyse mit ihren breit und biographisch angelegten Krankengeschichten her gekommen. Noch nie zuvor sei auf die Erforschung eines einzelnen Menschenlebens so viel Zeit und Mühe verwendet worden wie hier. Methodisch interessant an der Psychoanalyse sei vor allem ihre Kritik der Erinnerung gewesen (Erinnerungsverfälschungen, Deckerinnerungen).

Auch die Kritik an der Psychoanalyse sei für die Biographieforschung fruchtbar geworden, z. B. bei dem amerikanischen Psychologen Allport, der die Auffassung vertrat, dass keineswegs nur die frühe Kindheit biographisch bedeutsam sei. Außerdem müsse man zuerst die bewusst erlebte Lebensgeschichte erforschen und nicht gleich das Unbewusste bemühen. Personal documents als biographische Quellen spielten bei Allport eine bedeutende Rolle.

Fuchs-Heinritz würdigt ferner aus der Frühzeit der biographischen Forschung die Beiträge der Ethnologie und Kriminologie, z. B. Biographien von Indianerhäuptlingen, kriminologische Studien über große Verbrecher.

Den Beginn biographischer Forschung in der Soziologie sieht er in einer Untersuchung von Thomas und Znaniezky aus dem Jahr 1918 über polnische Bauern zuerst in der Heimat, später als Auswanderer in den USA. Als Grundlage der Darstellung dienten hier Lebensberichte der Betroffenen. Den Autoren schwebte eine Sozialwissenschaft vor, die objektive und subjektive Elemente des sozialen Lebens zugleich berücksichtigte. Im Rahmen der Chicago-Schule der Soziologie folgten weitere Studien mit ähnlicher Methodik: über Immigranten, Lebensformen devianter Gruppen, Minderheiten, Studien aufgrund von Fürsorgeakten – alles aus der Stadt Chicago, dem »Laboratorium« der biographisierenden Sozialforschung.

In den 1930er Jahren kam der Rückschlag: Kritik an Biographienstudien wurde laut; statistisches Material wurde gefordert. Case method sei nicht wissenschaftlich, personal documents nicht überprüfbar. Es war ein Streit um nomothetische und idiographische Wissenschaftspositionen, vermittelnd auch hier wiederum der Psychologe Allport.

In Deutschland gab es parallele Entwicklungen, Interesse für Arbeiterbiographien in den 1920er Jahren und Widerspruch dagegen. Allein in der Psychologie und Pädagogik jener Zeit wurde biographisches Material als legitime Datengrundlage allgemein akzeptiert. Nach dem Zweiten Weltkrieg fand die Biographik durch Thomae Eingang in die Psychologie; in der Medizin wurde sie durch von Weizsäcker, Plügge, die »Heidelberger Schule« eingeführt. Aus der Pädagogik der Zeit nach dem Zweiten Weltkrieg erwähnt er Henningsen, Schulze, Marotzki; aus der Volkskunde Bausinger, der Erzählungen aus dem Leben als Quellen benutzte. In der Geschichtswissenschaft etablierte sich die Methode der oral history, d. h. der Beleuchtung von geschichtlichen Ereignissen der jüngeren Vergangenheit im Spiegel der Erinnerung noch lebender Zeitzeugen.

Die Neuintensivierung des biographischen Forschens in den Sozialwissenschaften seit den 1970er Jahren habe zum einen theoretische Gründe, die Wiederentdeckung des subjektiven Faktors nach einer Phase abgehobenen Theoretisierens in der Studentenbewegung, zum anderen hätten aber auch die verbesserten technischen Aufzeichnungsmöglichkeiten (Tonbandgeräte) eine wichtige Rolle für die Verbreitung des narrativen Interviews gespielt.

Ich entnehme aus dieser verdienstvollen Übersicht Folgendes: Seit den Anfangszeiten der empirischen Sozialforschung steht das Interesse für autobiographische Materialien quer zum Anspruch auf methodisch-exakte Wissenschaftlichkeit. Die Pioniere der Biographieforschung hatten das Gefühl, aus den Biographien von Indianerhäuptlingen, aus den Erzählungen polnischer Bauern etc. mehr und Substantielleres über das Leben dieser Leute zu erfahren als durch theoretisch und methodisch »korrektes« Vorgehen nach dem Sittenkodex der jeweiligen Disziplin. Dieser subversive Impetus, mit dem man damals angetreten ist, scheint mir, ist der heutigen sozialwissenschaftlichen Biographieforschung weithin abhanden gekommen. Unter dem Druck, sich als »wissenschaftlich« zu legitimieren, stellt sie sich theoriegeleitet und methodenorientiert (um nicht zu sagen: methoden-fetischistisch) dar und begibt sich damit ihrer besonderen Stärke, Unerwartetes zu Tage zu fördern.

Ich will dies anhand der heute wohl bekanntesten methodologischen Anleitung zur Auswertung narrativer Interviews von Lucius-Hoene und Deppermann (2002) detaillierter darlegen. Besonders imponiert, dass diese Anleitung sozusagen »aus einem Guss« ist. Zugrunde liegt eine in sich konsistente Theorie (»biographische Narration als Identitätskonstruktion«), die bis in die kleinsten Details konkreter Textanalyse ausgearbeitet wurde.

Wer so klar Position bezieht wie die Autoren, macht den Widerspruch freilich leicht. Ich sehe drei diskussionsbedürftige Punkte:

1. Wie schon mehrfach angeklungen, die Frage nach Recht und Grenze des konstruktivistischen Paradigmas: Ist jede autobiographische Mitteilung Identitätskonstruktion, und wenn ja, erschöpft sie sich darin? Lucius-Hoene und Deppermann nennen selbst noch weitere Funktionen der autobiographischen Erzählung: den Rückgriff auf biographisches Wissen, die Auseinandersetzung mit sich selbst. Sie sehen aber nicht, dass diese »weiteren Funktionen« sich der Identitätskonstruktion nicht umstandslos einfügen.

   Wenn ich z. B. die aktuellen Forschungen über Kriegserlebnisse der heute älteren Generation vergegenwärtige und mich dabei frage: »Wie war das bei mir? Was für Erinnerungen habe ich an den Krieg?«, dann geht es kaum um Identitätskonstruktion, sondern um die Aktivierung biographischen Wissens. Oder bei Peter Hellers Einleitungsfrage: »Das warst du. Bist du das noch?« Hier ist die Intention die Selbstklärung, die Frage nach der Identität bzw. Nicht-Identität seines jetzigen Ich mit dem Kindheits-Ich – eher als der Versuch, dem Leser ein bestimmtes, wunschgemäßes Ich-Bild zu kommunizieren.

2. Auch wenn die Autoren die Bedeutung der Erzählanlässe erwähnen, berücksichtigen sie in der Praxis ihrer Textanalysen

doch kaum deren Einfluss auf den Erzähltext – was seinen Grund darin findet, dass sie ausnahmslos narrative Interviews analysieren, d. h., dass allen eine annähernd identische Erzählsituation zugrunde liegt oder, überspitzt ausgedrückt, gar keine wirkliche Erzählsituation. Den einzigen Erzählanlass stellt die Aufforderung des Interviewers dar, etwas zu erzählen. Dies ist gewiss kein Motiv für sehr weitreichende oder tiefschürfende Selbst-Explorationen.

Völlig anders ist die Erzählsituation, wo ich mit meiner Erzählung selbst ein Ziel verfolge: was ich z. B. einer Frau erzähle, deren Aufmerksamkeit ich gewinnen will, oder vor Gericht oder beim Arzt oder Psychotherapeuten. In diesem letzteren Fall ist es, wie Freud einmal schrieb, die pure Notwendigkeit, die »Göttin Ananke«, die zur tiefergehenden Selbst-Eröffnung zwingt.

3. Was schließlich überleitet zu einem letzten Kritikpunkt: die Beschränkung der Textanalyse nach Lucius-Hoene und Deppermann auf den verbalen, den manifesten Text, der mit allen Ähs und Ohs und interponierten Schnaufern akribisch protokolliert und ausgewertet wird. Was fehlt, ist die Berücksichtigung alles Inhaltlichen sowie insbesondere von (unbewussten) Subtext-Elementen aller Art – internalen ebenso wie situativen.

So spiegelt dieses Buch besonders deutlich den gegenwärtigen Stand der Methodik sozialwissenschaftlicher Biographieforschung mit seinen Stärken und Schwächen:

- Die Stärke liegt in einer theorieunterlegten exakten (im konkreten Fall: sprechanalytischen) Methodik, einer imponierenden »Wissenschaftlichkeit«;

- die Schwäche hingegen im Mangel dessen, was vor allem Freuds Zugang zu seinen Krankengeschichten auszeichnete: der »gleichschwebenden Aufmerksamkeit«, die die Erzählung (mit allem, was sie ausmacht: Inhalt, sprachliche Form und außersprachliche Begleitkommunikation) auf sich zukommen, sich von ihr bewegen und zu eigenen Gedanken anregen lässt. Diese intuitive Zugangsweise geht freilich auf Kosten der Überprüfbarkeit nach makellosen wissenschaftlichen Standards. Darin sehe ich das (vermutlich unlösbare)

Dilemma: Wollen wir interessante biographische Texte, aus denen wir etwas Neues erfahren; oder geht es uns vorwiegend darum, Allerweltstexte möglichst kunstgerecht zu »tranchieren«? Beides zugleich ist wohl nicht zu haben.

7.2 Die pädagogische Biographieforschung

Dem umfassenden Rückblick von Schulze (2006c) auf die Vorgeschichte und die Geschichte der pädagogischen Biographieforschung nebst Ausblicken auf ihre weitere Entwicklung ist hier nichts hinzuzufügen. Er hat bereits auf das Dilemma hingewiesen, das auch mich beschäftigt: das Spannungsverhältnis zwischen dem Streben der Empiriker nach Objektivität und der Hermeneutiker nach Fruchtbarkeit und Transparenz der Interpretationen (S. 48).

Im besonderen Maße exemplarisch scheint mir die umfangreiche Arbeit von Marotzki zu sein, die bei Schulze nur gestreift wird und an der dieses Dilemma hier in etwas größerer Ausführlichkeit aufgewiesen werden soll. Marotzki will in seinem »Entwurf einer strukturalen Bildungstheorie« (1990) zwei aus Projekterfahrungen resultierende Problemstellungen zusammen führen:
- das überwiegend sozialwissenschaftlich-empirische Interesse an der Dokumentierung erzählter menschlicher Lebensläufe und
- das theoretische Interesse an einer »Reformulierung des Bildungsbegriffs« (S. 17) unter den Vorzeichen von Moderne und Postmoderne.

Er greift die Beck'sche Individualisierungsthese auf und ergänzt sie durch die These der Kontingenzsteigerung: »Ein zunehmender Zwang zur Kontingenzbewältigung führt zwangsläufig zu einem Gestaltwandel der Lebensführung. Freisetzung aus überkommenen Sicherheiten, Stabilisierungsverlust lösen ausgeprägte Suchbewegungen der Subjekte aus« (S. 27). In einem nächsten Schritt sucht er das Verhältnis von Lern- und Bildungsprozessen zu be-

stimmen und definiert: »Solche Lernprozesse, die sich auf die Veränderung von Interpunktionsprozessen von Erfahrung und damit
auf die Konstruktionsprinzipien der Weltanforderung beziehen,
möchte ich Bildungsprozesse nennen.« Diese wirken sich auf das
Weltverhältnis und, »dadurch bedingt, auch auf das Selbstverhält-
nis der Subjekte« aus (S. 41). Für solche Interpunktions- und Kons-
truktionsveränderungen, -wandlungen, -brüche führt er im Weiteren die Bezeichnung »Modalisierungen« ein, die er von Schütze
übernimmt. Dieser bezeichnet damit »den Wechsel der dominan-
ten Ordnungsstruktur, und damit den Wechsel im Modus von
Selbst- und Weltreferenz« (S. 144); wie er sich – und damit ist die
Wende zur qualitativ-empirischen Biographieforschung vollzogen
– in autobiographischen Interviews aufweisen lässt.

Diesen theoretisch anspruchsvollen Ansatz will er an einem einzigen (!), allerdings extensiv dokumentierten und kommentierten
Interviewbeispiel vor Augen führen. In diesem Interview erzählt
eine junge Frau, wie sie in ihren Lebensentscheidungen hin- und
hergerissen war zwischen dem Selbst-Anspruch einer beruflichen
Karriere als Gymnasiallehrerin und dem Wunsch nach kreativer
Selbstentfaltung, nach Beziehung und Kind. Sie geht nach dem ersten Staatsexamen für ein Jahr nach Irland, nimmt eine Beziehung
mit einem Iren auf, beginnt in Deutschland ihr Referendariat. Nach
einer Fehlgeburt bricht sie das Referendariat ab, geht wieder nach
Irland, wird dort erneut schwanger; eine Tochter wird geboren.

Aufgrund der Lektüre eines Buches von Alice Miller in der Zeit
zwischen Examen und Referendariat, als sie in Irland war, sei die
Entscheidung für ein eigenes Kind gefallen – die aber zunächst mit
einer Fehlgeburt endete. Erst im zweiten Anlauf klappte es.

Marotzki sieht die entscheidende »Modalisierung« in der Alice-
Miller-Lektüre. Dem hat Fröhlich (unveröffentlicht) in einer Re-
Interpretation entgegengehalten, Marotzki habe sich hier »weniger
für die Dramatik der Ereignisse, sondern mehr für die argumentative Struktur [interessiert], mit der der Wunsch der Schwanger-
schaft plausibel gemacht wird«. »Eine Lebensgeschichte als
Bildungsprozess zu rekonstruieren, kann sich nicht darauf be-
schränken, Qualität, Grad und Plausibilität ihrer Argumentation

zu fokussieren.« »Leben als Bildungsprozess« – so Fröhlichs Antithese – »das ist nicht nur, bewusste Entscheidungen zu treffen und
sie mit reflexiv stimmigen Handlungsbegründungen zu versehen
[...], sondern schlicht und einfach das Erleben und Erleiden bestimmter Ereignisse des je konkreten Lebens.« Nicht Alice Miller,
sondern der Kinderwunsch, dem sie – meinetwegen unter dem
Einfluss der Alice-Miller-Lektüre – Raum gibt, bringt die eigentliche und grundlegende »Neu-Interpunktion« in ihr Leben. Oder, in
meinen Worten: Schwanger wird das Proto-Subjekt; die biographische Reflexion schiebt nur die Begründungen nach.

Das Dilemma der Arbeit von Marotzki ist, dass die Synthese
von theoretischer Spekulation und empirischer Methodik nicht so
recht geglückt ist. Einerseits produziert die Arbeit in traditionell
geisteswissenschaftlicher Manier einen Theorieüberhang, der in
der konkreten Interpretation seiner Fallgeschichte überhaupt nicht
zum Zuge kommt; andererseits bleibt diese Interpretation, dem
empirischen Objektivitäts- und Exaktheitsideal geschuldet, in einer hypergenauen Textdokumentation stecken, während die eigentliche Interpretationsleistung eher farblos bleibt.

Während meines Schreibens an diesem Text erscheint Schulzes
Beitrag zum Handbuch der qualitativen Forschungsmethoden in
völlig neuer Version (Schulze, 2010). Zum Teil löst er das hier auf-
gewiesene Dilemma: Die geisteswissenschaftliche Hermeneutik
und die der qualitativen Sozialforschung sind eben zweierlei; die
erziehungswissenschaftliche Biographieforschung hat sich ins
Fahrwasser der qualitativ-empirischen Forschung begeben; zum
Schaden der Sache wird oft – wie z.B. in dem eben behandelten
Text von Marotzki – unterstellt, die beiden Zugänge seien »irgendwie« doch identisch oder zumindest kompatibel.

So verdienstvoll die klärende Grenzziehung von Schulze in diesem
Punkt auch ist, lassen seine Ausführungen ihrerseits Fragen offen.

1. Im Wesentlichen unbeantwortet bleibt in diesem Text die Frage
    nach dem Pädagogischen an der sogenannten pädagogischen
    Biographieforschung, näherhin der Alternative: biographische
    Lern- oder Bildungsprozesse? Hier muss man sich weiterhin an
    seine früheren Ausführungen halten, wie im Kapitel 1.1 erörtert.

2. Unbeantwortet bleibt weiter die Frage nach dem Verhältnis von pädagogischem und psychoanalytischem Biographieninteresse. So sympathisch die Lockerheit ist, mit der er auf psychoanalytische Interpretationsgesichtspunkte zugreift, wenn sie ihm gerade ins Konzept passen – wie sagte er doch früher einmal: Er wolle bei der Psychoanalyse »klauen« gehen –, kann dies im Rahmen einer elaborierten Methodologie wohl doch nicht das letzte Wort sein. Sein neuer Text führt in dieser Hinsicht jedenfalls nicht weiter.

3. Schulze schildert konkret seine Herangehensweise an autobiographische Texte. Er exemplifiziert dies an einem Beispiel, das uns hier im Folgenden noch ausführlicher beschäftigen wird. Ich breche deshalb an dieser Stelle die Auseinandersetzung zunächst ab und komme im Zusammenhang mit dem besagten Beispiel auf sie zurück.

7.3 Eigene Orientierungspunkte

Zuvor aber scheint es mir angezeigt, meine eigene Herangehensweise zu skizzieren, die in der Fragestellung pädagogisch, in der Methodologie psychoanalytisch konzipiert ist. Die Anfänge meines pädagogischen Biographieninteresses fallen zusammen mit dem Tübinger Kongress der DGfE und der dortigen von Baacke und Schulze initiierten Arbeitsgruppe. Mein Beitrag dort war psychoanalytisch und zugleich polemisch: Ich wollte Autobiographien – damals im Schwange: Bornemans »Ur-Szene« (1977) und Mosers »Gottesvergiftung« (1976) – gegen den Strich lesen; ich wollte aufweisen, wie sich Ich-Erzähler auch mit noch so viel Psychoanalyse im Kopf in ihren Geschichten verfehlen können. Mir schwebte eine Autobiographik vor, die hinter die Deckerinnerungen, d. h. hinter das umstandslos Erzählbare zurückgeht, die den unbewussten Konstrukteuren der je eigenen Biographie nahekommt, dem tieferen Grund des eigenen Ich. Als Positivbeispiele in dieser Richtung

Eigene Orientierungspunkte

nannte ich Goethes Skizze des »Dämonischen« am Schluss von »Dichtung und Wahrheit« und Jungs Andeutungen über seine »Persönlichkeit Nr. 2«.

Exemplarisch waren mir auch damals schon Freuds Krankengeschichten. Ich unterstellte ein »neues Paradigma«, für das Freud mit diesen Geschichten den Grund gelegt habe, das sich etwa auf die Formel bringen ließe: »Wenn es gelänge, einen einzigen menschlichen Lebenslauf in seinem ›so und nicht anders‹ vollständig durchsichtig zu machen, wüßten wir zugleich alles Wissenswerte über alle nur erdenklichen menschlichen Lebensläufe.« Mir war klar, dass dies ein ideales Regulativ, eine uneinholbare Utopie war: »die Quadratur des Zirkels, der Stein der Weisen, den die Analytiker suchen« (Bittner, 1979c/1991, S. 65).[5] Dieser Satz ist von Empirikern kritisiert worden. Ich gebe ja zu: Es war eine Phantasterei – wie die Suche der Alchemisten nach dem Stein der Weisen –, aber ich denke immer noch, eine fruchtbare Phantasterei, um aus dem Datenwust der Empiriker heraus auf eine andere Ebene zu kommen.

Der zweite theoretische Gewährsmann, den ich fand, als Freuds Bedeutung zeitweise für mich verblasste, was Dilthey, vor allem mit seiner späten Schrift zur »Kritik der historischen Vernunft«, worin er der Selbstbiographie sozusagen die Funktion eines archimedischen Punktes für alles historische Auffassen zuschreibt: In der Selbstbiographie »faßt das Selbst seinen Lebenslauf so auf, dass es sich die menschlichen Substrate, geschichtlichen Beziehungen, in die es verwebt ist, zum Bewusstsein bringt [...] Die Besinnung eines Menschen über sich selbst bleibt Richtpunkt und Grundlage« (1907–1910/1979, S. 204).

Hier sah ich eine Erkenntnis Freuds vorweggenommen: Wer menschliche Lebensäußerungen und -prozesse verstehen will, kann dies nur auf der Grundlage eines vertieften Verstehens der je eigenen tun. Als Dilthey-Adept bin ich ein ego-zentrischer, als Psychoanalytiker – im Unterschied z.B. zu Marotzki, aber auch zu

---

5 Beim Wiederlesen fällt mir auf: Etwas Ähnliches muss Freud vorgeschwebt haben, als er den früher (vgl. Bittner, 2006d) von mir heftig kritisierten Satz schrieb: »Nun ich das einmalig erfahren habe, kann ich bei jeder ähnlichen Inanspruchnahme [...] voraussetzen, es sei wieder [...]« (Freud, 1895d, S. 308 f.). Warum nur habe ich mich darüber so echauffiert?

Schulze – ein eher praktischer Biographienleser und -interpret. Mein paradigmatisches Material ist nicht das narrative Interview, sondern das psychoanalytische Sprechstunden-Interview, was nicht besagen soll, dass diese Zugangsweise nur in klinischen Kontexten praktizierbar wäre, sondern lediglich, dass die Gesichtspunkte, die mir beim Biographie-Verstehen wichtig sind, sich aus Erfahrungen in der klinischen Interviewsituation herleiten.

All dies ist – und damit bin ich wieder beim Dilemma der Biographieforschung – weit von einer »ordentlichen« wissenschaftlichen Methode entfernt. Immerhin lassen sich einige Punkte angeben, auf die sich hier die Aufmerksamkeit beim Biographienlesen richtet.

1. Zuerst einmal bin *ich* da. Ich treffe mit meiner Biographie und der daraus gewonnenen Lebenserfahrung auf die Biographie und Lebenserfahrung des Erzählers. Meine Biographie hilft mir im Wiederfinden von Ähnlichem und Unterscheiden von Unterschiedlichem zum – subjektiv und objektiv – besseren Verständnis. Dies berührt sich mit Schulzes Interpretationsprinzip der »doppelten Subjektivität« (Schulze, 2006c).
Ein gutes Beispiel finde ich in Rüdiger Bittners Interpretation von Freuds »Rattenmann« (1997), wo er eigene Kindheitserlebnisse zu Hilfe nimmt, um sich die Erzählung des Freud-Patienten plausibel zu machen, oder in Schulzes Bezugnahme auf eigene Erinnerungen an die Hand des Vaters, mit denen er sich eine autobiographische Erzählung einer jungen Frau nahebringt, die vom gleichen Thema handelt.
Der Autobiographieforscher, den ich mir vorstelle, ist somit immer zugleich als Autobiograph anwesend.

2. Der Erzähler hat ein *Anliegen* an mich, den Zuhörer: Eine Störung im Lebensprozess, die er behoben sehen möchte, z. B. eine Angst vor Krebs. Um dieses Anliegen herum erzählt er seine Geschichte. Er berichtet etwa von seiner Oma, die an Krebs gestorben ist, als er noch ein Kind war, von aktuellen Krebsfällen im näheren Umkreis und darüber hinaus noch eine Menge anderes, von seinen Eltern, seiner Schullaufbahn usw. Diese ganze Erzählung steht jedoch unter der teils expliziten, teils impliziten Vorgabe, sein aktuelles Anliegen verständlich zu machen.

Das ist also meine Ausgangsfrage: Welches aktuelle Anliegen verbindet der autobiographische Erzähler mit seinem Bericht? Im narrativen Interview à la Schütze, Marotzki und Co. entfällt dieser Punkt weitgehend: Hier ist das »Anliegen« zumeist nur, dem Interviewer gefällig zu sein und ihm Material zu liefern.

3. Um das Anliegen herum gruppieren sich die relevanten bzw. für relevant gehaltenen Lebensereignisse (»Schlüsselerlebnisse«). Bei meiner Art von Biographien-Hören geht es primär um die Ereignisse selbst (ähnlich wie bei Schulze); zugleich natürlich auch – jedoch nur hilfsweise – um deren verbale Präsentation. Sprach- und Textanalyse sind nur Hilfsmittel zum Verständnis, nicht Selbstzweck.

4. Jenseits des aktuell Erzählten will ich hinter den Text kommen, zum Subtext durchdringen, die Grundstimmung des Erzählers einfangen: in den primär-symbolischen Kosmos von Sinn- und Bedeutungszuschreibungen eintreten, der den manifesten Text durchzieht. Was bewegt den Erzähler und hält sein Leben in Gang, was tötet umgekehrt seinen Lebensnerv ab? Auf das Beispiel von Krebsangst bezogen: Welche Proto-Symbolik kommt in diesem gefürchteten Krebsszenario zum Ausdruck?

5. Alle diese Gesichtspunkte sind zwar aus dem Paradigma des klinisch-analytischen Interviews abgeleitet, sind aber darüber hinaus anwendbar – unter der einen Bedingung: Es muss ein originäres Erzählanliegen identifizierbar sein, an dem sich die Verstehensbemühung abarbeiten kann.

7.4 Frau P. und das bis heute fortbestehende Dilemma der Biographieforschung

Dass das oben konstatierte Dilemma der sozialwissenschaftlichen und speziell der pädagogischen Biographieforschung fortbesteht, lässt sich an einer jüngeren Veröffentlichung aufweisen. Die DGfE-Kommissionen für Pädagogische Biographieforschung und für

Psychoanalytische Pädagogik trafen sich zu einer gemeinsamen
Tagung, deren Ergebnisse vorliegen (ZQF, 2008)[6]. Die Aufgabe war,
dass ein vorgegebenes biographisches Interview mit einer 19-jähri-
gen Frau P. von allen Beiträgern von ihrem jeweiligen theoretischen und methodischen Ansatz her kommentiert werden sollte.
Die Veröffentlichung gibt mir Gelegenheit, meine Zugangsweise in
diesem Spektrum der pädagogischen Biographieinterpretationen
zu positionieren.

7.4.1 Die autobiographische Erzählung der Frau P.: Einleitungssätze und Interpretationsperspektiven

Der vorgegebene Erzähltext umfasst an die 20 Druckseiten, er ist
für eine ins Detail gehende Bearbeitung viel zu lang. Die beiden für
mich ansprechendsten vorliegenden Interpretationen von Schulze
und von Würker und Dörr behelfen sich damit, dass sie einige
wenige Schlüsselerlebnisse herausgreifen und den Rest vernachläs-
sigen. Ich finde, sie tun gut daran.

Ich erinnere mich gern an eine Übung, die der Psychoanalytiker Wolfgang Loch in seinen Supervisionen mit uns Ausbildungs-
kandidaten veranstaltete: von einer Analysenstunde nur die ersten
fünf Sätze zur Diskussion stellen. Etwas mehr darf es vielleicht
sein; trotzdem war es immer wieder frappierend zu erleben, wie
viel schon aus einem so kurzen Textstück zu entnehmen ist.

Ich konzentriere mich also bei meinem Verstehensversuch auf
einige wenige Absätze von den ersten zwei Seiten (I = Interviewer,
P = Frau P.):

»I: Ja, ich möchte Sie dann bitten, mir Ihre Lebensgeschichte zu
erzählen, alles, was Ihnen so einfällt.

P: Alles? Ja, das wird aber nicht ganz einfach.

I: Hhm, fangen Sie ruhig einfach mal an.

---

6 Das Themenheft »Zugänge zu Erinnerungen« (ZQF, 2008) umfasst den In-
terview-Text und acht Einzelinterpretationen dazu.

P: Ja, also angefangen hat es irgendwie schon in der Grundschule, so von wegen rote Haare unn, also irgendwie schon komplett so abgestoßen worden. In der fünften Klasse gings dann weiter, weil ich geraucht habe schon. In der achten Klasse fings dann an, weil ich ne Streberin bin, ich war meistens die einzigste, die Hausaufgaben hatte,

I: Hhm.

P: Unn dann kam ich halt in ne Psychiatrie, dann war ich en Psycho gewesen, weil in da Stadt kennt man das nicht, dass man in ne Psychiatrie muss. Unn das ganze angefangen hat eigentlich damit, dass meine Schwester damals ausgezogen ist und ich ein super Verhältnis zu ihr hatte und ich dann von ne Schülerdisko abgehauen bin. Ich habe auch noch ne Krankheit gekriecht, en Calciumabsturz bekommen, dadurch, dass sie abgehauen ist. Und em [...] ja, dann bin ich halt abgehauen, unn bin ziemlich in weiter Ferne gelandet, irgendwo auf der Straße, bin ich zusammengebrochen morgens, da war ich fünfzehn. Dann haben mich Passanten gefunden, die mich ins Schutzhaus gebracht haben.

I: Hhm.

P: Unn da hab ich dann gesagt, dass ich nicht mehr nach Haus will, war irgendwie der komplette Abstoß, da will ich nicht mehr hin. Unn da hab ich drei Monate da gelebt gehabt. Ich kam in en falsches Milieu rein, also sprich Punks, Straßenleute, die ich dann halt durch ne Freundin kennen gelernt hatte, und auch Drogenverkehr kam. Ich war die ganzen Tage nur am Ritzen an mir, also meine Arme aufgeschnitten. War depressiv, unn kaum noch was mit mir los.

[...]

P: Unn dann bekam ich halt ne Einweisung in die Kinder- und Jugendpsychiatrie. Dort war ich dann sechs Monate, hab Therapie gehabt, auch mit meinen Eltern zusammen.

I: Hhm.

P: Und ähm nach den sechs Monaten wurd ich wieder nach Hause entlassen. Meine Eltern haben sich en bisschen geändert gehabt. Die Schüler haben mir zwei Wochen Zeit gegeben, um mich zu

zeigen, weil ich mich sehr stark verändert hatte vom Aussehen
und vom Charakter her. Mein Klassenlehrer hat auch noch gesagt, dass ich in na Kinder- und Jugendpsychiatrie war, obwohl
er das normalerweise nicht durfte. Meinte die Klasse halt dann
nach drei Monate später, ich wär angeblich auf en Strich gegangen, ich wär heroinabhängig gewesen, unn halt der absolute
Psycho. Unn das ging anderthalb Jahre so. Ich konnt mich nicht
dagegen wehren, ich bin öfter abgehauen wieder von zu Hause.
[...]

I: Hhm

P: Dann wurd das so extrem, dass ich von der Sch/ von der Klas-
     senfahrt abgehauen bin, unn gesagt habe, ne ich kann nicht
     mehr. Und dann hab ich auf na Brücke gestanden und wollt
     runter springen. Dann war ich so in Trance gewesen, dass ich/
     ich stand da nur noch, hab da runtergekuckt auf das Wasser,
     war gar nix mehr« (ZQF, S. 1 f.)

»Ja, ich möchte Sie dann bitten, mir Ihre Lebensgeschichte zu erzählen, alles, was Ihnen so einfällt.« Diese Erzählaufforderung des
Interviewers macht die Geschichte für einen Verstehensversuch in
meinem Sinn schon beinahe unbrauchbar. Ich erfahre nicht, *wer*
auffordert (erst hinterher sickert durch: Es war ein Mann), ebenso
bleibt undeutlich, womit die Erzählaufforderung begründet wird,
d. h. welches aktuelle Anliegen der Erzählerin ihre Erzählung
strukturiert. Mir bleibt also nur übrig, ein Erzählanliegen zu un-
terstellen: Dass sie die Gelegenheit benutzt, um ein wenig Klarheit
über ihren ziemlich verworrenen Lebensgang zu gewinnen. Die etwas irritierende, wohl bei Freud entliehene Aufforderung, *alles zu
erzählen, was Ihnen so einfällt,* womit die Erwartung einer assozia-
tiven, unstrukturierten Erzählweise signalisiert wird, ist dafür
vielleicht eher kontraproduktiv. Die Antwort der Erzählerin ist mir
gut nachvollziehbar: »Alles? Ja, das wird aber nicht ganz einfach.«
In der Tat!

     Sie fängt dann aber doch »einfach mal an«. Also angefangen
habe es »irgendwie schon in der Grundschule, so von wegen rote
Haare [...], also irgendwie schon komplett so abgestoßen worden.«

»Es« hat so angefangen. Was? Zunächst einmal das Abgestoßen-, das Ausgegrenztsein, das Aus-dem-Rahmen-Fallen, und zwar negativ wie auch positiv: »Weil ich geraucht habe, schon.« Aber auch: »Ich war meistens die einzigste, die Hausaufgaben hatte.« Kurz und gut, schon in der Grundschule war sie anders als die anderen und deshalb »abgestoßen«.

Der Gipfel des Andersseins war dann, dass sie »en Psycho« war, dass sie in »ne Psychiatrie« kam, »weil in da Stadt kennt man das nicht, daß man in ne Psychiatrie muß«. Aber das steht schon auf einem anderen Blatt als das frühe Rauchen und die roten Haare.

Hier wird eine neue Dimension des Andersseins konstelliert. Was erzählt wird, ist die Geschichte von einer, die sich zur »Psycho« bildete und deren (vorläufiger) Zielort die Psychiatrie war. Die Geschichte von einer, die auszog, nicht das Fürchten zu lernen wie im Märchen, sondern in die Psychiatrie zu kommen – was nicht etwa so zu verstehen ist, als wäre das ihr bewusstes Ziel gewesen, aber ihr Leben, das bildet, wie ich behaupte, bildete sie eben zur »Psycho«, die in die Psychiatrie musste.

Die Bildung zur Außenseiterin begann schon in der Grundschule; für die Bildung zur Psycho gibt es noch einen spezielleren Anfang in der Pubertät: »Daß meine Schwester damals ausgezogen ist [...] und ich dann von ne Schülerdisko abgehauen bin.« Dadurch, dass die Schwester abgehauen ist, hat die Erzählerin »auch noch ne Krankheit gekriecht, en Calciumabsturz«. Dann ist sie »halt abgehauen, und in ziemlich weiter Ferne gelandet, irgendwo auf der Straße [...] zusammengebrochen, da war ich fünfzehn«.

Zuerst heißt es, die Schwester sei – mit 18 Jahren – »ausgezogen«, was ja eigentlich nicht ungewöhnlich ist. Drei Zeilen später, nach Erwähnung des eigenen Calciumabsturzes, heißt es dann, die Schwester sei »abgehauen«, wodurch ihr eigenes zielloses Weglaufen damit motiviert wird, dass sie eigentlich nur dasselbe getan habe wie die Schwester, dass sie damit aber in »ziemlich weiter Ferne gelandet« und dort »zusammengebrochen« sei.

Den Ausdruck »Calciumabsturz« habe ich weder im Pschyrembel noch im Internet gefunden, wohl aber die hypokalzämische und die tetanische Krise, teils mit Schilderungen von Betroffenen,

die auch auf erhebliche psychische Alterationen hindeuten: Angst,
sogar Halluzinationen werden als mögliche Erscheinungen berichtet. Im Kern steht eine neuromuskuläre Übererregbarkeit mit
Krämpfen und Steifigkeit, die übrigens auch den wenig später berichteten Anfall der Erzählerin im Haus des Lehrers (ZQF, 2008,
S. 124, Zeile 10 ff.) erklären könnte. Mit Recht sagt Ohlbrecht in
ihrem Beitrag: Im Sinn der objektiven Hermeneutik Oevermanns
gelten auch körperliche Symptome »als Protokolle von Lebenspraxis, die auf ihre Sinnträgerschaft hin gelesen werden können«
(S. 69) – aber um diese zu entschlüsseln, müsste man doch mehr
ins Detail gehen. Keiner der Interpretationsbeiträge, so weit ich
sehe, hat das getan.

Auch Krankheit bildet in meinem Verständnis: Jedenfalls muss
ihr die Calciumkrise (wenn es überhaupt eine war, es gibt ganz
ähnliche psychosomatische Symptome; aber letzten Endes gilt das
gleich viel) das Gefühl von etwas Unvorhersehbarem, nicht Steuer-
barem in ihr selbst vermittelt haben. Der Körper ist in einem pri-
mären Sinn »das Ich«: Was meinem Körper geschieht, das geschieht
unmittelbar mir und »bildet« mich (vgl. Kap. 6.4).

Schon diese wenigen, in den ersten Zeilen dieses langen Interviews berichteten Ereignisse können auf ihre Sinnträgerschaft oder
ihre Proto-Symbolik hin gelesen werden: die »abgehauene« Schwester,
der Calciumabsturz, bei dem mehr abgestürzt zu sein scheint als nur
das Calcium, das Landen »in ziemlich weiter Ferne« und der letzt-
endliche Zusammenbruch – das ist eine vermutlich tatsachengemäß
wahre, aber zugleich hochsymbolische und poetische Geschichte.

Zu den proto-symbolischen Handlungen von Frau P. gehört vor
allem ihr eigenes »Abhauen«. Schulze bemerkt zwar, vordergründig
zutreffend, die Bewegung des »Abhauens« sei in seiner Richtung
nur von einem »weg«, nicht von einem »wohin« bestimmt – anders
als in der Geschichte von Thomas Bernhard, die er zum Vergleich
heranzieht. Solches planloses Weglaufen wie bei Frau P., meint
Schulze weiter, führe in der heutigen Welt nirgends mehr hin.

Er hat soweit recht. Aber auf der proto-symbolischen Ebene,
der einzigen, über die manche Menschen ihre Orientierung finden,
sieht es anders aus: Wer wegläuft, sucht zwar nichts Bestimmtes,

aber doch einen Ort, wo es besser ist als da, wo man ist. Weglaufen, bekannt auch als delinquentes Symptom, wäre somit nach Winnicott ein »Zeichen von Hoffnung«, dass es »das Gute« doch noch irgendwo gibt – man weiß eben nur nicht, wo. Die Kernaussage dieses Textabschnitts: In der Grundschule war sie auffällig durch äußere Anzeichen (rote Haare) und Verhaltensweisen (frühes Rauchen, aber auch Hausaufgabenmachen), jetzt in der Pubertät macht sich sozusagen ihre Psyche selbständig und geht eigene Wege; sie kann nicht mehr davon ausgehen, dass sie immer weiß, was sie tut: weglaufen, ritzen, Drogen, von der Brücke springen usw. Jetzt ist sie »halt der absolute Psycho«. Sie erlebt eine Art Trance, als sie auf der Brücke steht und herunterspringen will: »Ich stand da nur noch, hab heruntergeguckt auf das Wasser, war gar nix mehr.«

Ich kann mich da ganz gut hineinversetzen: Ich fühle mich auch manchmal als Psycho, kenne solche Zustände, wo die Psyche anders will als die Common-Sense-Vernunft, wenn auch unter anderen Erscheinungsformen als bei der Erzählerin.

Das unterscheidet meinen Zugang zu dieser Erzählung, bei aller Zustimmung im Einzelnen, von den Überlegungen Datlers und seiner Arbeitsgruppe, die mehr oder weniger auf eine psychoanalytisch saubere, sehr »mentalisierte« Strukturdiagnose der Pathologie der Erzählerin hinauslaufen. Dieser Zugang ist mir zu defektorientiert: Sie neige zur Spaltung, mentalisiere kaum usw.

Der Begriff »Mentalisierung« soll, nach einem sehr ausführlichen, anscheinend aus erster Hand der Forscher selbst stammenden Wikipedia-Artikel (zu dem ich schließlich meine Zuflucht nahm, als sich mir beim Lesen der Originalarbeiten langsam alles im Kreis zu drehen anfing), die Fähigkeit bezeichnen, »das eigene Verhalten und das Verhalten anderer Menschen durch Zuschreibung mentaler Zustände zu interpretieren«. Das habe weiterhin zur Folge, dass sich das Kind zunehmend als Urheber seines eigenen Tuns begreift. Ebenso würden Affekte im Zuge der fortschreitenden Mentalisierung als solche erkannt (rhetorische Frage des Wikipedia-Autors: Woher soll das kleine Kind auch sonst wissen, dass das, was es jetzt empfindet, Angst ist?). Es erfährt diese nach der Theorie über den »markierten« Gefühlsausdruck der Mutter.

Das Problem bei der Beschreibung solch frühester, vorsprachlicher Entwicklungsphasen scheint mir zu sein, dass sich die Wissenschaft notwendig zu deren Beschreibung der erwachsenen mentalen Prozesse, insbesondere der erwachsenen »durchmentalisierten« Wissenschaftlersprache bedienen muss. Sie konstruiert diese frühen Prozesse deshalb allzu leicht per Analogieschluss »nach ihrem eigenen Bild und Gleichnis«.

Diese Theorie, die weite Teile der heutigen Psychoanalyse in helle Begeisterung versetzt, ist mir deshalb zu mentalistisch bzw. kognitivistisch. Affekte erscheinen hier vorwiegend als etwas, das der Regulierung bedarf, nicht etwa als etwas, das seinerseits eine Regulationsfunktion besitzt, wie dies z. B. in Montessoris Konzept der Konzentration bzw. der Polarisation der Aufmerksamkeit der Fall ist.

Ich mag keine Leute, die zu viel »mentalisieren«, und auch nicht dieses ganze Mentalisierungskonzept, das darauf aus ist, alle Affekte zu regulieren. Mary Target, die diese Konzepte mit Fonagy zusammen entwickelt hat, sinnierte einmal in einem Spiegel-Interview darüber, dass z. B. die Sexualität nicht zu sehr »mentalisiert« werden dürfe, sonst gehe die ganze Triebenergie verloren. Ich glaube, sie hat Recht, nicht nur in Bezug auf die Sexualität.[7]

Frau P. – die Bezeichnung passt überhaupt nicht zu ihr. Sie ist allein der modernen Gender-Korrektheit geschuldet: ein Mädchen, eine Jung-Frau allenfalls, ein aus dem Nest gefallener Vogel, der sich in der Welt nicht auskennt, mit sich selbst noch weniger, und nirgends Halt findet, am wenigstens in sich selber. Spaltung, wie sie ihr von der Datler-Gruppe attestiert wird, ist schon ein viel zu aktiver Habitus; ihr Ich ist der mehr oder weniger passive Schauplatz von Geschehnissen, die mit und an ihr geschehen. Ganz unbewusst *tut* sie auch das eine oder andere, z. B. immer wieder zum Bahnhof gehen, wo sie schon mehrfach Männer kennen gelernt hat, die sie hinterher missbraucht oder vergewaltigt haben (vgl. Würker und

---

7   Besser anfreunden kann ich mich mit einer neuerdings von Haubl skizzierten Variante des Mentalisierungskonzepts, die auch das kreative Potential gerade *nicht* lückenlos kontrollierter Affekte und Triebbedürfnisse würdigt (Haubl, 2008, insbesondere S. 260).

Dörr). Dies alles »mangelnder Mentalisierung« zur Last zu legen, heißt in meinen Augen, Ursache und Folge zu verwechseln.

Die größte thematische Nähe und zugleich der größte inhaltliche Widerspruch ergeben sich zwischen meinen Überlegungen und denen von Schmerfeld: Bildung als Integration nicht symbolisierbarer innerer Zustände – unbegreiflicherweise bei ihm mit einem Fragezeichen versehen, obwohl es sich, wie der Text ergibt, um eine nicht weiter hinterfragte Behauptung handelt: Das Nicht-Symbolisierte perpetuiere die Muster der Lebensbewältigung, erst eine Symbolisierung des Nicht-Symbolisierten führe »zur Veränderung der Muster, also zur Bildung« (ZQF, S. 101). Das ist ein ausgesprochen normativer Bildungsbegriff, nach dem dieses erzählte Leben der Frau P. bewertet, »gewogen« und mit logischer Konsequenz »zu leicht befunden« werden muss.

Ich denke anders: Sie hat sich in ihrem bisherigen Leben zur »Psycho« gebildet; der Endbahnhof dieses Bildungsprozesses war die Psychiatrie (übrigens, genau genommen, die Kinder- und Jugendpsychiatrie). Aber sie ist ja erst 19 Jahre alt, weitere Lebenslauf- und Bildungsetappen zeichnen sich ab: eine Ausbildung zur Bürokraft, die allerdings im autobiographischen Bericht kaum angesprochen wird. Vielleicht ist das bisher auch nur eine rein äußerlich-administrative Maßnahme; ihre chaotische Seele scheint dort noch nicht so recht angekommen zu sein.

7.4.2 Die Interpretationsansätze der pädagogischen Biographieforschung

Die Interpreten und Interpretengruppen, die sich vor mir an diesen Interviews versucht haben, zerfallen für mich in drei Gruppierungen:
– die psychoanalytischen (Würker und Dörr, Datler et al., Schmerfeld),
– die qualitativ-empirischen (Ohlbrecht, von Felden, Kiegelmann, auch Grell – die ich zuerst bei der Gruppe der psychoanalytischen hatte)
– und schließlich Schulze, der ein Fall für sich ist.

Die psychoanalytischen Interpretationsansätze

Die klassische psychoanalytische Krankengeschichte, habe ich an früherer Stelle geschrieben, war subsumptiv und theoriebestätigend konzipiert: »Zu realisieren wäre die strikte Unterscheidung zwischen subsumptiver theorienbestätigender Verwendung von und hermeneutischem Umgang mit Geschichten. Die traditionelle Psychoanalyse [...] hat aus der theorienbestätigenden Verwendung ihrer Fallgeschichten bis heute nicht herausgefunden« (Bittner, 2004c, S. 50).

Diese Sätze kamen mir beim Lesen der Interpretationen von Würker und Dörr, Datler et al. und Schmerfeld (in ZQF, 2008) erneut in den Sinn. Würker und Dörr nennen gleich im ersten Satz Lorenzer als theoretischen Gewährsmann. Bei Datler et al. muss man länger suchen. Als die drei theoretischen Schlüsselbegriffe aber kristallisieren sich bei der Lektüre Fragmentierung, Spaltung und Mentalisierung heraus – der theoretische Bezugsrahmen wird somit definiert durch Fonagy und Target auf der einen Seite, durch Tavistock-Clinic-vermittelten Neo-Kleinianismus auf der anderen Seite. Endlich Schmerfeld: Außerpsychoanalytische Theorieelemente bezieht er von Kokemohr und Marotzki; psychoanalytisch bezieht er sich auf die Borderline-Theorie und die Ur-Melanie-Klein mit ihrer paranoid-schizoiden Position.

Diesen Theoriestücken wird Frau P. diagnostisch-subsumptiv als ein »Fall von« zugeordnet. Am wenigsten bei Würker und Dörr: Sie lassen die prägnanten und symbolstarken Geschichten von der Kette der Mutter, der Familie in der Badewanne und der Hamstertötung für sich selbst sprechen. Hier wirkte der mit Lorenzer gesetzte theoretische Rahmen nicht merklich beengend – allerdings muss man auch sagen: Von Lorenzer wurde nicht viel Gebrauch gemacht.

Markenzeichen und Gefahr psychoanalytischer Biographienanalyse ist nach wie vor, wie in Freuds Krankengeschichten, die theoriegeleitete Subsumption.

Ein zweites gemeinsames Merkmal springt ins Auge: Alle drei Beiträge stützen sich auf die Ergebnisse von Gruppendiskussionen in einem größeren Kreis, zumeist mit Studenten, unter verschiedenen Bezeichnungen: workshop, work discussion, Projektgruppe. Ziel dieser Gruppendiskussionen ist es wohl, ein breiteres Spektrum von Reaktionen auf den Text zu gewinnen, obwohl der argumentative Stellenwert dieser eingesammelten Reaktionen dann wieder etwas dunkel bleibt.

Im Hintergrund scheint die alte Idee der Balint-Gruppe zu stehen, die gelegentlich (z. B. von Thomä und Kächele, 1985, S. 93) in Zweifel gezogene Annahme, im Gruppenprozess bilde sich die unbewusste Problematik des Patienten ab: am deutlichsten vielleicht bei Schmerfeld – die Gruppe spaltete sich in zwei Lager, dies wird mit der Problematik von Frau P. in Verbindung gebracht (ZQF, S. 106 f.).

Auch dieses nach-Freud'sche psychoanalytische Schibboleth von der höheren Weisheit der Gruppe, die das Unbewusste an den Tag bringt, müsste heute auf den Prüfstand.

Qualitativ-empirische Zugänge

Die qualitativ-empirischen Beiträge haben statt eines theoretischen einen wissenschaftsmethodischen Bezugsrahmen, von dem her sie sich legitimieren: Grell gibt eine tabellarische Übersicht über ihre Forschungsbezüge (S. 31). Ohlbrecht beruft sich auf Oevermann, von Felden auf Schütze, Kiegelmann auf den Voice-Approach. Ihre Analysen der Fallgeschichte von Frau P. legitimieren sich aus der korrekten und nicht weiter hinterfragten Anwendung der jeweiligen Methode.

Schulze – ein positiver Sonderfall

Mein Gesamteindruck ist somit etwas deprimierend: Die Psychoanalytiker legitimieren ihre Aussagen über Frau P. überwiegend von der Autorität einer Theorie, die »qualitativen Empiriker« von einer korrekt angewandten Methode her. Frau P. wird zum Subsumptions- bzw. zum Anwendungsfall. Das Interesse für Frau P. als ein menschliches Gegenüber wird überlagert von Tendenzen zur Selbstlegitimierung vor einer Fachöffentlichkeit.

Hier ist Schulze auf erfrischende Weise anders. Auch er kommt nicht umhin, eine Vorbemerkung über »Material und Methode« vorauszuschicken; er bestimmt seine Position als die einer »geisteswissenschaftlich begründeten, offen, flexibel und reflexiv verfahrenden Hermeneutik« – wobei mit dieser Positionsbestimmung, hat man Gadamer im Hinterkopf, die »Methode« eigentlich schon ad absurdum geführt ist, weil es eben um die »Wahrheit«, nicht um die »Methode« geht. »Ich halte mich offen für das, was mir aus dem Text, den ich interpretiere, entgegenkommt. [...] Ich habe Umrisse und Bruchstücke einer Biographietheorie im Kopf. Kategorien und Gesichtspunkte. Und ich weiß existentiell, was es bedeutet, eine Biographie zu haben« usw. (S. 17). Ich brauche nicht den ganzen Passus zu zitieren, den ich mir Wort für Wort zu eigen machen kann.

Dann schreitet Schulze fort zu seiner Analyse zweier Topoi, die er »Abhauen« und »Plattsitzen« nennt. Die erste Analyse finde ich wunderbar, die letztere etwas zusammengestückelt aus mehreren Elementen. Aber das macht nichts: Es ist *seine* Analyse, sein Sich-Hinstellen vor die Erzählung dieses Mädchens, ohne Theoriebestätigungs- und Methodenabsicherungsrituale. Einfach er und der Text.

Wobei ich die Topos-Analyse in Aktion, wie hier vorgeführt, gelungener finde als ihre Beschreibung als »Methode«, die er seinerzeit (2006b) gegeben hat und mit der ich mich oben (Kap. 1.2) auseinandergesetzt habe. Wenn etwas Derartiges zur »Methode« erklärt wird, dann wird es immer schon denaturiert. Deshalb habe ich von der Kritik an der Topos-Analyse, die ich oben übte (bevor ich diesen jetzigen Text kannte), auch jetzt nichts zurückzunehmen.

Ich stelle, um die Kontroverse von dort noch einmal aufzugreifen, mit Befriedigung fest, dass die »biographischen Lernprozesse«, für die er theoretisch so vehement streitet, hier keine nennenswerte Rolle spielen (ebenso wenig wie die »biographischen Bildungsprozesse«, die mein Steckenpferd sind). Was ich nach wie vor finde: Über das »Ich« dieser jungen Frau, ob es da ist, ob es fehlt, wo es »sitzt« und wie es sie zum Ausdruck bringt, weiß er nur wenig zu sagen. Das ist mein Thema, nicht seins. Nun gut: Diese Zugangsweise ist jeweils persönlich gefärbt; es ist nicht der Sinn meiner

Laudatio, zur Schulze-Nachahmung aufzurufen. Damit wäre alles wieder zerstört.

Nachahmung nur insoweit: »Ich halte mich offen für das, was mir aus dem Text, den ich interpretiere, entgegenkommt.« Das wird für den einen das eine, für den anderen das andere sein. Nur so bleibt der Umgang mit Biographie lebendig.

An diesem konkreten Beispiel der Frau P. und der Interpretationen hierzu wollte ich das Dilemma der pädagogischen Biographieforschung exemplifizieren: Verhalte ich mich theoriebestätigend subsumptiv (wie bei der Mehrzahl der psychoanalytischen Beiträge), methodologisch korrekt (wie die zünftigen Biographieforscher), oder halte ich mich, wie Schulze, offen für das, was mir aus dem Text entgegenkommt: eine Position, die ich, ungeachtet der Unterschiede im Einzelnen, auch für mich in Anspruch nehme, wenn ich dem biographischen Proto-Subjekt in seinen Inszenierungen und Symbolisierungen und damit in seinen Bildungsprozessen nachgehe.

Literatur

Ammerslahn, H. (2003). Imagination und Wahrheit. Goethes Künstler-Bildungsroman Wilhelm Meisters Lehrjahre. Struktur, Symbolik, Poetologie. Würzburg: Königshausen & Neumann.

Balint, M., Balint, E. (1976). Psychotherapeutische Techniken in der Medizin (2. Auflage). Stuttgart: Klett.

Bally, G. (1961). Einführung in die Psychoanalyse Sigmund Freuds. Mit Originaltexten Freuds. Reinbek: Rowohlt.

Bartmann, S., Tiefel, S. (2008). »Biographische Ressourcen« und »Biographische Reflexion«: zwei sich ergänzende Heuristiken zur erziehungswissenschaftlich orientierten Analyse individueller Erinnerungs- bzw. Biographiearbeit. In M. Dörr et al. (Hrsg.), Erinnerung, Reflexion, Geschichte. Erinnerung aus psychoanalytischer und biographietheoretischer Perspektive. Wiesbaden: VS.

Beck, U. (1986). Risikogesellschaft. Der Weg in eine andere Moderne. Frankfurt a. M.: Suhrkamp.

Benjamin, W. (1974). Berliner Chronik. Frankfurt a. M.: Suhrkamp.

Benjamin, W. (1987). Berliner Kindheit um neunzehnhundert. Frankfurt a. M.: Suhrkamp.

Benner, D. (1989/1995). Wilhelm von Humboldts Bildungstheorie. Eine problemgeschichtliche Studie zum Begründungszusammenhang neuzeitlicher Bildungsreform (2. Auflage). Weinheim und München: Juventa.

Bernhard, E. (1974). Mythobiographie. Stuttgart: Klett.

Bernhard, T. (1982/2004). Ein Kind (18. Auflage). München: dtv.

Biendarra, I. (2005). Krankheit als Bildungsereignis? Würzburg: Königshausen & Neumann.

Bischof, N. (1985). Das Rätsel Ödipus. Die biologischen Wurzeln des Urkonflikts von Individualität und Autonomie. München: Piper.

Bittner, G. (1961). Verlieren und Verzichten. Wege zum Menschen, 13: 385–390.

Bittner, G. (1977). Tarnungen des Ich. Studien zu einer subjektorientierten Abwehrlehre. Fellbach: Bonz.

Bittner, G. (1979). Gehorsam und Ungehorsam. In G. Bittner (Hrsg.), Tiefenpsychologie und Kleinkinderziehung. Paderborn: Schöningh.

Bittner, G. (1979a/1993). Zur psychoanalytischen Dimension biographischer Erzählungen. In D. Baacke, T. Schulze (Hrsg.), Aus Geschichten lernen. Zur Einübung pädagogischen Verstehens (2. Auflage). Weinheim und München: Juventa.

Bittner, G. (1979b). Über die sogenannte »Sozialisation« in der Familie. In G. Bittner (Hrsg.), Tiefenpsychologie und Kleinkinderziehung. Paderborn: Schöningh.

Bittner, G. (1979c/1991). Sigmund Freud. In H. Scheuerl (Hrsg.), Klassiker der Pädagogik, Bd. 2 (2. Auflage). München: Beck.

Bittner, G. (1983). Kommentar. In G. Bittner, P. Heller (Hrsg.), Eine Kinderanalyse bei Anna Freud (1929–1932). Würzburg: Königshausen & Neumann.

Bittner, G. (1984/1995). Das Sterben denken um des Lebens willen (2. erw. Auflage). Frankfurt a. M.: Fischer Tb.

Bittner, G. (1988). Das Unbewußte – ein Mensch im Menschen? Würzburg: Königshausen & Neumann.

Bittner, G. (1992/1993). Ich bin, du bist, er (sie, es) ist ... Über die linguistischen und psychologischen Bedingungen der Möglichkeit, ich zu sagen; nebst pädagogischen Folgerungen. Scheidewege, 22: 134–150.

Bittner, G. (1993/1994). Patientenorientierte Medizin? Scheidewege, 23: 339–355.

Bittner, G. (Hrsg.) (1994). Biographien im Umbruch. Würzburg: Königshausen & Neumann.

Bittner, G. (1995). Unerzählbare Geschichten. Liebe als Thema autobiographischer Texte. Wege zum Menschen, 47: 215–230.

Bittner, G. (1996). Kinder in die Welt, die Welt in die Kinder setzen. Zur Einführung in die pädagogische Aufgabe. Stuttgart: Kohlhammer.

Bittner, G. (1997). »Das Kot der Welt, in welches ich mich vertieft ...«. Pestalozzi als autobiographischer Denker. Zeitschrift für Pädagogik, 43: 357–374.

Bittner, G. (1998/1999). Die Utopie einer Befreiung und ihr Scheitern. Scheidewege, 28: 1–26.

Bittner, G. (2001). Der Erwachsene. Multiples Ich in multipler Welt. Stuttgart: Kohlhammer.

Bittner, G. (2003). Kein Mensch kann für mich fühlen: ich bin. Über Paradoxien, Komplexitäten und Multiplizitäten des Ich-Gefühls. Würzburg: Königshausen & Neumann.

Bittner, G. (2004a). Nur »etwas« mehr als Deutung? Über »enactments« und »moments of meeting«. Zeitschrift für Individualpsychologie, 29: 344–359.

Bittner, G. (2004b). »Nicht gekleidet, nicht nackend ...«. Über Klugheit in der Liebe. In B. Boothe (Hrsg.), Macht und Witz im Liebesleben. Märchen, Phantasie und Paarkonflikt. Würzburg: Königshausen & Neumann.

Bittner, G. (2004c). Was kann man »aus Geschichten lernen«? In W. Datler, B. Müller, U. Finger-Trescher (Hrsg.), Sie sind wie Novellen zu lesen. Zur Bedeutung von Falldarstellungen in der Psychoanalytischen Pädagogik. Gießen: Psychosozial.

Bittner, G. (2006a). »Das Leben bildet«. Über biographische Primärerfahrung als konstitutives Element informeller Bildungsprozesse. In V. Fröhlich, R. Göppel (Hrsg.), Bildung als Reflexion über die Lebenszeit. Gießen: Psychosozial.

Bittner, G. (Hrsg.) (2006b). Ich bin mein Erinnern. Über autobiographisches und kollektives Gedächtnis. Würzburg: Königshausen & Neumann.

Bittner, G. (2006c). »Gesundsein kann man (nicht?) lernen« – Plädoyer für eine subjekt- und biographieorientierte Gesundheitsbildung. In H.-J. Pusch, I. Biendarra (Hrsg.), Gesundheitsbildung im Lebenslauf. Verstehen – Informieren – Umsetzen. Würzburg: Königshausen & Neumann.

Bittner, G. (2006d).»Professor der Selbergeschichte«. In G. Bittner (Hrsg.), Ich bin mein Erinnern. Über autobiographisches und kollektives Gedächtnis. Würzburg: Königshausen & Neumann.

Bittner, G. (2007). »Meine Existenz als relative Ganzheit leben und aushalten« – Individuation als Bildungsprozess. In H. Hierdeis, H. J. Walter (Hrsg.), Bildung, Beziehung, Psychoanalyse. Beiträge zu einem psychoanalytischen Bildungsverständnis. Bad Heilbrunn: Klinkhardt.

Bittner, G. (2008a). Müssen wir unsere Arbeit neu denken? Neue Hirnforschungsergebnisse und Beratung. Informationen für Erziehungsberatungsstellen, 1: 14–23.

Bittner, G. (2008b). »... so handle ich eben.« Handlungserklärung zwischen »Scheingesims« (Wittgenstein) und »innerer Rechenmaschine« (Ferenczi). In G. Bittner, V. Fröhlich (Hrsg.), Ich handelte wie ein Mensch, nicht wie ein Formalist. Pädagogisches Handeln im Kontext aktueller Handlungsdiskurse. Würzburg: Königshausen & Neumann.

Bittner, G. (2009). Hiob bleibt un-erhört: Leiden gehört zum Leben. In I. Biendarra, L. Horch (Hrsg.), Lebenswege. Im Labyrinth des Lebens. Würzburg: Echter.

Bittner, G. (2010). Der Weg ins Leben – eine Polarreise »mit Karten von den oberitalienischen Seen« (S. Freud)? In M. Dörr, B. Herz (Hrsg.), »Unkulturen« in Bildung und Erziehung. Wiesbaden: VS.

Bittner, G., Heller, P. (Hrsg.) (1983). Eine Kinderanalyse bei Anna Freud (1929–1932). Würzburg: Königshausen & Neumann.

Bittner, I. (1981). Aus der Analyse eines neunjährigen Jungen. In G. Bittner (Hrsg.), Selbstwerden des Kindes. Ein neues tiefenpsychologisches Konzept. Fellbach: Bonz.

Bittner, R. (1997). Für die Geschichten. Wie man den »Rattenmann« verstehen kann. In V. Fröhlich, R. Göppel (Hrsg.), Paradoxien des Ich. Beiträge zu einer subjektorientierten Pädagogik. Würzburg: Königshausen & Neumann.

Bittner, R. (2006). Handeln aus Gründen, Handeln aus unbewussten Gründen. Psychotherapie und Sozialwissenschaft, 8: 69–82.

Blanckenburg, Ch. F. v. (1774). Versuch über den Roman.

Blankertz, H. (1974). Bildung – Bildungstheorie. In C. Wulf (Hrsg.), Wörterbuch der Erziehung. München: Piper.

Blod, G. (2003). »Lebensmärchen«. Goethes Dichtung und Wahrheit als poetischer und poetologischer Text. Würzburg: Königshausen & Neumann.

Böhm, W. (1994). Zur Kritik der androgynen (Un-)Vernunft. In H. Meesmann, B. Sill (Hrsg.), androgyn. »Jeder Mensch in sich ein Paar!?«. Weinheim: Deutscher Studien Verlag.

Böhm, W. (2005). Bildung. In W. Böhm (Hrsg.), Wörterbuch der Pädagogik (16. Auflage). Stuttgart: Kröner.

Bohleber, W. (1989). Psychoanalyse, romantische Naturphilosophie und deutsches idealistisches Denken. Psyche – Z. Psychoanal., 43: 506–521.

Borneman, E. (1977). Die Ur-Szene. Eine Selbstanalyse. Frankfurt a. M.: Fischer.

Bühler, K. (1934/1982). Sprachtheorie. Die Darstellungsfunktion der Sprache. Stuttgart u. New York: Fischer.

Cersowsky, P. (2005). Patrick Süskind: Das Parfum. Die Geschichte eines Mörders. In S. Schneider (Hrsg.), Lektüren für das 21. Jahrhundert. Klassiker und Bestseller der deutschen Literatur von 1900 bis heute. Würzburg: Königshausen & Neumann.

Conrad, K. (1958/1966). Die beginnende Schizophrenie. Versuch einer Gestaltanalyse des Wahns (2. Auflage). Stuttgart: Thieme.

Daams, A. (2002). Scheitern. Anthologie zum Wettbewerb. Kleve: Edition anderswo.

Datler, W. (1995). Bilden und Heilen. Auf dem Weg zu einer pädagogischen Theorie psychoanalytischer Praxis. Mainz: Grünewald.

Datler, W. (2006). Die psychoanalytische Behandlung – ein Bildungsprozess? Pädagogische Bemerkungen zur Reflexion von Lebensvollzügen in der psychoanalytischen Kur. In V. Fröhlich, R. Göppel (Hrsg.), Bildung als Reflexion über die Lebenszeit. Gießen: Psychosozial.

Datler, M., Datler, W. (2008). Hat sich die Psychoanalyse von der »Erinnerungsarbeit« verabschiedet? Akzentverschiebungen in der psychoanalytischen Theoriebildung, Technik und Forschungspraxis und deren Relevanz für Biographieforschung. In M. Dörr et al. (Hrsg.), Erinnerung, Reflexion, Geschichte. Erinnerung aus psychoanalytischer und biographietheoretischer Perspektive. Wiesbaden: VS.

Dilthey, W. (1906/1988). Der Bildungsroman. In R. Selbmann (Hrsg.), Zur Geschichte des deutschen Bildungsromans. Darmstadt: Wiss. Buchgesellschaft.

Dilthey, W. (1907–1910/1979). Der Aufbau der geschichtlichen Welt in den Geisteswissenschaften. In W. Dilthey (Hrsg.), Gesammelte Schriften, Bd. VII. Göttingen: Vandenhoeck & Ruprecht.

Dörr, M. et al. (Hrsg.) (2008). Erinnerung, Reflexion, Geschichte. Erinnerung aus psychoanalytischer und biographietheoretischer Perspektive. Wiesbaden: VS.

Dubiel, H. (2006). Tief im Hirn. München: Kunstmann.

Eichendorff, J. Freiherr von (o. J.). Die zwei Gesellen. In R. Dietze (Hrsg.), Eichendorffs Werke, Bd. 1. Leipzig u. Wien: Bibliograph. Institut.

Eissler, K. R. (1983/1985). Goethe. Eine psychoanalytische Studie 1775–1786. 2 Bde. Frankfurt a. M.: Stroemfeld/ Roter Stern.

Flitner, W. (Hrsg.) (1948/1962). Goethes pädagogische Ideen. Die Pädagogische Provinz neben verwandten Texten (2. Auflage). Düsseldorf u. München: Küpper vorm. Bondi.

Freud, A. (1983). Anna Freuds Sammlung von Notizen und Materialien. In G. Bittner, P. Heller (Hrsg.), Eine Kinderanalyse bei Anna Freud (1929–1932). Würzburg: Königshausen & Neumann.

Freud, S. (1892–1893a). Ein Fall von hypnotischer Heilung nebst Bemerkungen über die Entstehung hysterischer Symptome durch den »Gegenwillen«. GW I. Frankfurt a. M.: Fischer.

Freud, S. (1895d). Studien über Hysterie. GW I. Frankfurt a. M.: Fischer.

Freud, S. (1899a). Über Deckerinnerungen, GW IV. Frankfurt a. M.: Fischer.

Freud, S. (1900a). Die Traumdeutung, GW II/III. Frankfurt a. M.: Fischer.

Freud, S. (1905e/1971). Bruchstück einer Hysterie-Analyse. GW V. Frankfurt a. M.: Fischer.

Freud, S. (1905d). Drei Abhandlungen zur Sexualtheorie. GW V. Frankfurt a. M.: Fischer.

Freud, S. (1909b). Analyse der Phobie eines fünfjährigen Knaben. GW VII. Frankfurt a. M.: Fischer.

Freud, S. (1909d). Bemerkungen über einen Fall von Zwangsneurose. GW VII. Frankfurt a. M.: Fischer.

Freud, S. (1911c). Psychoanalytische Bemerkungen über einen autobiographisch beschriebenen Fall von Paranoia (Dementia paranoides). GW VIII. Frankfurt a. M.: Fischer.

Freud, S. (1912a). Über die allgemeinste Erniedrigung des Liebeslebens. GW VIII. Frankfurt a. M.: Fischer.

Freud, S. (1912–1913a). Totem und Tabu. GW IX. Frankfurt a. M.: Fischer.

Freud, S. (1915b). Zeitgemäßes über Krieg und Tod. GW X. Frankfurt a. M.: Fischer.

Freud, S. (1916–1917a). Vorlesungen zur Einführung in die Psychoanalyse. GW XI. Frankfurt a. M.: Fischer.

Freud, S. (1916–1917g). Trauer und Melancholie. GW X. Frankfurt a. M.: Fischer.

Freud, S. (1917b). Eine Kindheitserinnerung aus »Dichtung und Wahrheit«. GW XI. Frankfurt a. M.: Fischer.

Freud, S. (1918b). Aus der Geschichte der infantilen Neurose. GW XII. Frankfurt a. M.:Fischer.

Freud, S. (1923b). Das Ich und das Es. GW XIII. Frankfurt a. M.: Fischer.

Freud, S. (1923d). Eine Teufelsneurose im siebzehnten Jahrhundert. GW XIII. Frankfurt a. M.: Fischer.

Freud, S. (1940e). Die Ichspaltung im Abwehrvorgang. GW XVII. Frankfurt a. M.: Fischer.

Freud, S. (1962). Aus den Anfängen der Psychoanalyse 1897–1902. Briefe an Wilhelm Fließ. Frankfurt a. M.: Fischer.

Freud, S., Pfister, O. (1963). Briefe 1909–1939. Frankfurt a. M.: Fischer.

Freud, S., Jung, C. G. (1974). Briefwechsel. Hrsg. v. W. McGuire, W. Sauerländer. Frankfurt a. M.: Fischer.

Fröhlich, V. (2006). Bildung als (Er-)leben oder als Reflexion? Anfragen an die pädagogische Biographieforschung. In V. Fröhlich, R. Göppel (Hrsg.), Bildung als Reflexion über die Lebenszeit. Gießen: Psychosozial.

Fröhlich, V. (2010). Subjektgenese als biographischer Prozess-Perspektiven der pädagogischen Biographieforschung und der Psychoanalyse. In G. Bittner et al. (Hrsg.), Allgemeine Pädagogik und Psychoanalytische Pädagogik im Dialog. Opladen: Barbara Budrich.

Fröhlich, V. (o. J.). Bildung als (Er-)Leben oder als Reflexion? Anfragen an die pädagogische Biographieforschung. (ausführlichere Fassung unveröffentlicht)

Fröhlich, V., Göppel, R. (2006) (Hrsg.). Bildung als Reflexion über die Lebenszeit. Gießen: Psychosozial.

Fuchs-Heinritz, W. (1984/2000). Biographische Forschung (2. Auflage). Opladen: Westdeutscher Verlag.

Gamm, H.-J. (1980). Das pädagogische Erbe Goethes. Eine Verteidigung gegen seine Verehrer. Frankfurt a. M.: Campus.

Gamm, H.-J. (1987). Trauerarbeit in der Familie von Humboldt. Psyche – Z. Psychoanal., 41: 1097–1122.

Geier, M. (2009). Die Brüder Humboldt. Eine Biographie. Reinbek: Rowohlt.

Giesecke, H. (1999). Nicht das Leben, nur die Bildung bildet. Psychologie heute, 9/1999: 54–59.

Goethe, J. W. v. (1981 ff.). Werke. Hamburger Ausgabe in 14 Bänden. Hrsg. v. E. Trunz, Neubearbeitung. München: Beck.

Gorz, A. (1980). Der Verräter. Mit dem Essay »Über das Altern«. Zürich: Rotpunkt.

Gorz, A. (2007/2009). Brief an D. Geschichte einer Liebe. München: btb.

Grimm, J., Grimm, W. (1819/o. J.). Kinder- und Hausmärchen. Frankfurt a. M.: Zweitausendeins.

Grimm, J., Grimm, W. (1893). Deutsches Wörterbuch, Bd. 8. Leipzig: Hirzel.

Gruen, A. (2000). Der Fremde in uns. Stuttgart: Klett-Cotta.

Grünbaum, A. (1988). Die Grundlagen der Psychoanalyse. Eine philosophische Kritik. Stuttgart: Reclam.

Hacking, J. (1996). Multiple Persönlichkeit. Zur Geschichte der Seele in der Moderne. München: Hanser.

Härtling, P. (1990). Herzwand. Mein Roman. Frankfurt a. M.: Luchterhand.

Härtling, P. (2003/2005). Leben lernen. Erinnerungen. München: dtv.

Hanses, A. (1996). Epilepsie als biographische Konstruktion. Eine Analyse von Erkrankungsprozessen und Gesundungsprozessen anfallskranker Menschen anhand erzählter Lebensgeschichten. Bremen: Donat.

Hanses, A. (1998). Biographie und Epilepsie. Forderungen an eine soziale Arbeit zur Unterstützung einer Biographizität anfallskranker Menschen. In A. Stark (Hrsg.), Leben mit chronischer Erkrankung des Zentralnervensystems. Tübingen: Dgvt.

Haubl, R. (2008). Die allmähliche Verfertigung von Lebensgeschichten im sozio-kulturellen Erinnerungsprozess. In M. Dörr et al. (Hrsg.), Erinnerung, Reflexion, Geschichte. Erinnerung aus psychoanalytischer und biographietheoretischer Perspektive. Wiesbaden: VS.

Heller, P. (1983). Vorbemerkung. In G. Bittner, P. Heller (Hrsg.), Eine Kinderanalyse bei Anna Freud (1929–1932). Würzburg: Königshausen & Neumann.

Heller, P. (1983). Nachwort. In G. Bittner, P. Heller (Hrsg.), Eine Kinderanalyse bei Anna Freud (1929–1932). Würzburg: Königshausen & Neumann.

Henningsen, J. (1981). Autobiographie und Erziehungswissenschaft. Fünf Studien. Essen: neue pädagogische Bemühungen.

Herrmann, U. (1987). Biographische Konstruktionen und das gelebte Leben. Prolegomena zu einer Biographie- und Lebenslaufforschung in pädagogischer Absicht. Zeitschrift für Pädagogik, (33): 303–323.

Herrmann, U. (1991). »Innenansichten«. Erinnerte Lebensgeschichte und geschichtliche Lebenserinnerung, oder: Pädagogische Reflexion und ihr »Sitz im Leben«. In C. Berg (Hrsg.), Kinderwelten. Frankfurt a. M.: Suhrkamp.

Hesse, H. (1938/1974). Kindheit des Zauberers. Frankfurt a. M.: Insel.

Hillman, J. (1979). Die Psychologie: monotheistisch oder polytheistisch. Gorgo. Zeitschrift für archetypische Psychologie und bildhaftes Denken, 1: 1–21.

Hillman, J. (1986). Die Heilung erfinden. Eine psychotherapeutische Poetik. Zürich: Schweizer Spiegel.

Hirschmüller, A. (1991). Freuds Begegnung mit der Psychiatrie. Von der Hirnmythologie zur Neurosenlehre. Tübingen: Kimmerle.

Hopfner, J. (1999). Das Subjekt im neuzeitlichen Erziehungsdenken. Ansätze zur Überwindung grundlegender Dichotomien bei Herbart und Schleiermacher. Weinheim u. München: Juventa.

Humboldt, W. v. (1847/1910). Briefe an eine Freundin. Zum ersten Male nach den Originalen herausgegeben von Albert Leitzmann, 2 Bde. (4. Auflage). Leipzig: Insel.

Humboldt, W. v. (1903–1936). Gesammelte Schriften. 17 Bde. Berlin: B. Behrs.

Humboldt, W. v., Arndt, E. M. (1893). Briefe an Johanna Motherby. http://gutenberg.spiegel.de/index.php?id=5&xid=3981&kapitel=7&cHash=3890 5b4818chap006#gb_found

Humboldt, W. v., Humboldt, C. v. (1907–1918). Wilhelm und Caroline von Humboldt in ihren Briefen (Neudruck 1968). Hrsg. v. A. v. Sydow. Osnabrück: Zeller.

Hurry, A. (2002). Psychoanalyse und Entwicklungsförderung von Kindern. Frankfurt a. M.: Brandes und Apsel.

Jacobs, J. (1974). Selbstmord bei Jugendlichen. Erklärung Verhinderung Hilfe. München: Kösel.

Jean Paul (1820/1975). Selberlebensbeschreibung. In Jean Paul, Werke in 12 Bänden. Hrsg. von N. Miller, Bd. 12. München u. a.: Hanser.

Jens, W. (1991). Sigmund Freud – Porträt eines Schriftstellers. Psyche – Z. Psychoanal., 45: 949–966.

Jung, C. G. (1962). Erinnerungen, Träume, Gedanken. Hrsg. v. A. Jaffé. Zürich u. Stuttgart: Rascher.

Jung, C. G. (2009). Das Rote Buch. Hrsg. v. S. Shamdasi. Düsseldorf: Patmos.

Kaehler, S. (1927). Wilhelm v. Humboldt und der Staat. Ein Beitrag zur Geschichte deutscher Lebensgestaltung um 1800. München u. Berlin: Oldenbourg.

Kardiner, A. (1945/1963). The Psychological Frontiers of Society (8. Auflage). New York: Columbia University Press.

Kaysen, S. (1994). Seelensprung. Bericht aus einer parallelen Welt. Hamburg: Hoffmann und Campe.

Kehlmann, D. (2005). Die Vermessung der Welt. Reinbek: Rowohlt.

Kerz-Rühling, I. (2000/2008). Nachträglichkeit. In W. Mertens, B. Waldvogel (Hrsg.), Handbuch psychoanalytischer Grundbegriffe (3. Auflage). Stuttgart: Kohlhammer.

Klafki, W. (1985). Überlegungen zur klassischen Bildungstheorie in ihrer Bedeutung für ein zeitgemäßes Konzept allgemeiner Bildung. In W. Klafki, Neue Studien zur Bildungstheorie und Didaktik. Weinheim: Beltz.

Klafki, W. (1986). Die Bedeutung der klassischen Bildungstheorien für ein zeitgemäßes Konzept allgemeiner Bildung. Zeitschrift für Pädagogik, 32: 455–476.

Kluge, A. (2002). Etymologisches Wörterbuch der deutschen Sprache, bearbeitet von Elmar Seebold. Berlin u. New York: de Gruyter.

Koch, C. (2007). Das Nicht-Bewußte oder der Zombie in uns. In A. Sentker, F. Wigger (Hrsg.), Rätsel Ich. Gehirn, Gefühl, Bewusstsein. Berlin u. Heidelberg: Spektrum.

Koch, L. (2002). Personalstrukturen. In W. Harth-Peter, U. Wehner, F. Grell (Hrsg.), Prinzip Person. Würzburg: Ergon.

Körner, J. (2003). Die argumentationszugängliche Kasuistik. Forum der Psychoanalyse, 19: 28–35.

Körner, J. (2008). Erinnern oder »Zurückphantasieren«? Über Nachträglichkeit« in der Psychoanalyse. In M. Dörr et al. (Hrsg.) (2008), Erinnerung, Reflexion, Geschichte. Erinnerung aus psychoanalytischer und biographietheoretischer Perspektive. Wiesbaden: VS.

Kotre, J. (1996). Weiße Handschuhe. Wie das Gedächtnis Lebensgeschichten schreibt. München: Hanser.

Kraft, H. (2006). Tabu, Political Correctness und ihre Witze. In H. Radeck (Hrsg.), Tabu. Welche Grenzen sollten wir überschreiten? Hofgeismar: Evangelische Akademie.

Kraft, H. (2008). Tabu. In W. Mertens, B. Waldvogel (Hrsg.), Handbuch psychoanalytischer Grundbegriffe (3. Auflage). Stuttgart: Kohlhammer.

Lacan, J. (1966/1973). Das Seminar über E. A. Poes »Der entwendete Brief«. In J. Lacan (Hrsg.), Schriften, Bd. I. Olten: Walter.

Lebensentwürfe (2009). Aus Politik und Zeitgeschichte. Beilage zur Wochenzeitung Das Parlament, 41.

le Fort, G. v. (1949). Der Kranz der Engel. München: Ehrenwirth.

Linke, D. (2003/2005): Religion als Risiko. Geist, Glaube und Gehirn (7. Auflage). Reinbek: Rowohlt.

Loch, W. (1979). Lebenslauf und Erziehung. Essen: neue deutsche Schule.

Lorenzer, A. (1971). Symbol, Interaktion und Praxis. In A. Lorenzer et al. (Hrsg.), Psychoanalyse als Sozialwissenschaft. Frankfurt a. M.: Suhrkamp.

Lorenzer, A. (1979). Die Analyse der subjektiven Struktur von Lebensläufen und das gesellschaftlich Objektive. In D. Baacke, T. Schulze (Hrsg.), Aus Geschichten lernen. München: Juventa.

Lucius-Hoene, G. (1998). Erzählen von Krankheit und Behinderung. Zeitschrift für Psychotherapie, Psychosomatik, medizinische Psychologie, 48: 108–113.

Lucius-Hoene, G., Deppermann, A. (2002/2004). Rekonstruktion narrativer Identität. Ein Arbeitsbuch zur Analyse narrativer Interviews (2. Auflage). Wiesbaden: VS.

Mann, T. (1924/1966). Der Zauberberg. München: Fischer.

Mann, T. (1954/1987). Bekenntnisse des Hochstaplers Felix Krull. Der Memoiren erster Teil. Frankfurt a. M.: Fischer TB.

Mann, T. (1962). Briefe 1889–1936. Frankfurt a. M.: Fischer.

Marbaise, M. (2008). »Scheitern« – Zur Analyse einer Bewertungskategorie eigenen Lebens und Handelns. In G. Bittner, V. Fröhlich (Hrsg.), Ich handelte wie ein Mensch, nicht wie ein Formalist. Pädagogisches Handeln im Kontext aktueller Handlungsdiskurse. Würzburg: Königshausen & Neumann.

Markowitsch, H.-J., Welzer, H. (2005). Das autobiographische Gedächtnis. Hirnorganische Grundlagen und biosoziale Entwicklung. Stuttgart: Klett-Cotta.

Marotzki, W. (1990). Entwurf einer strukturalen Bildungstheorie. Biographietheoretische Auslegung von Bildungsprozessen in hochkomplexen Gesellschaften. Weinheim: Beltz.

Menze, C. (1965). Wilhelm von Humboldts Lehre und Bild vom Menschen. Ratingen: Henn.

Metzger, W. (1949). Die Grundlagen der Erziehung zu schöpferischer Freiheit. Frankfurt a. M.: Klostermann.

Meyer, A. (1979/1991). Wilhelm von Humboldt (1767–1835). In H. Scheuerl (Hrsg.), Klassiker der Pädagogik, Bd. 1 (2. Auflage). München: Beck.

Moritz, K. P. (1782/1978). Vorschlag zu einem Magazin einer Erfahrungs-Seelenkunde. In K. P. M. (Hrsg.), Gnothi sauton oder Magazin zur Erfahrungsseelenkunde als ein Lesebuch für Gelehrte und Ungelehrte, Bd. 1. Lindau: Antiqua.

Moser, T. (1976). Gottesvergiftung. Frankfurt a. M.: Suhrkamp.

Neisser, U., Fivush, R. (1994). The Remembering Self. Construction and Accuracy in Self-Narrative. Cambridge: UP.

Neumann, E. (1980). Herrschafts- und Sexualsymbolik. Grundlagen einer alternativen Symbolforschung. Stuttgart: Kohlhammer.

Nießeler, A. (2003). Formen symbolischer Weltaneignung. Zur pädagogischen Bedeutung von Ernst Cassirers Kulturphilosophie. Würzburg: Ergon.

Nietzsche, F. (1872/1980). Über die Zukunft unserer Bildungsanstalten. Vortrag IV. In F. Nietzsche: Sämtliche Werke, Kritische Studienausgabe, Bd. 1. München: dtv.

Nietzsche, F. (1883/1980). Also sprach Zarathustra. In F. Nietzsche: Sämtliche Werke, Kritische Studienausgabe, Bd. 4. München: dtv.

Nipkow, K.-E. (1960). Die Individualität als pädagogisches Problem bei Pestalozzi, Humboldt und Schleiermacher. Weinheim u. a.: Beltz.

Nuland, S. B. (1994). Wie wir sterben. Ein Ende in Würde? München: Kindler.

Pauen, M., Roth, G. (Hrsg.) (2001). Neurowissenschaften und Philosophie. München: Fink.

Paul, H. (2002). Deutsches Wörterbuch (10. Auflage). Tübingen: Niemeyer.

Perls, F. S. (1974). Gestalt-Therapie in Aktion. Stuttgart: Klett.

Pestalozzi, J. H. (1797/1938). Meine Nachforschungen über den Gang der Natur in der Entwicklung des Menschengeschlechts. In J. H. Pestalozzi: Sämtliche Werke, Bd. 12. Berlin: de Gruyter.

Pestalozzi, J. H. (1826/1976). Schwanengesang. In J. H. Pestalozzi: Sämtliche Werke, Bd. 28. Zürich: Orell Füssli.

Pestalozzi, J. H. (1949). Sämtliche Briefe, Bd. 3. Zürich: Orell Füssli.

Plügge, H. (1962). Wohlbefinden und Missfinden. Heidelberg: Quelle & Meyer.

Pohlen, M. (2006). Freuds Analyse. Die Sitzungsprotokolle Ernst Blums. Reinbek: Rowohlt.

Pschyrembel. Klinisches Wörterbuch (1994) (257. Auflage). Berlin: de Gruyter.

Radeck, H. (Hrsg.) (2006). Tabu. Welche Grenzen sollten wir überschreiten? Hofgeismar: Evangelische Akademie.

Rank, O. (1909). Der Mythos von der Geburt des Helden. Leipzig u. Wien: Int. Psychoanalytischer Verlag.

Reble, A. (1951/1981). Geschichte der Pädagogik. Frankfurt a. M. u. a.: Ullstein-Tb.

Reemtsma, J. P. (1997). Im Keller. Reinbek: Rowohlt.

Rehm, W. (1968). Die psychoanalytische Erziehungslehre. München: Piper.

Rilke, R. M. (1903/1966). Das Buch von Armut und vom Tode. In R. M. Rilke: Werke in drei Bänden, Bd. 1. Frankfurt a. M.: Insel.

Rombach, H. (1987). Strukturanthropologie. »Der menschliche Mensch«. Freiburg u. München: Alber.

Rosenstrauch, H. (2009). Wahlverwandt und ebenbürtig. Caroline und Wilhelm von Humboldt. Frankfurt a. M.: Eichborn.

Roth, G. (1987). Erkenntnis und Realität. Das reale Gehirn und seine Wirklichkeit. In S. J. Schmidt (Hrsg.), Der Diskurs des Radikalen Konstruktivismus. Frankfurt a. M.: Stw.

Roth, G. (2001). Die neurobiologischen Grundlagen von Geist und Bewusstsein. In M. Pauen, G. Roth (Hrsg.), Neurowissenschaften und Philosophie. München: Fink.

Roth, P. (2002). Der menschliche Makel. Übers. v. D. van Gunsteren. München u. Wien: Hanser.

Rousseau, J.-J. (1782/2003). Träumereien eines einsamen Spaziergängers. Stuttgart: Reclam.

Schäfer, G. E. (1995). Bildungsprozesse im Kindesalter. Selbstbildung, Erfahrung und Lernen in der frühen Kindheit. München: Juventa.

Schmidt, S. J. (Hrsg.) (1987). Der Diskurs des Radikalen Konstruktivismus. Frankfurt a. M.: Stw.

Schneider, P. (2008). Rebellion und Wahn. Mein '68. Eine autobiographische Erzählung. Köln: Kiepenheuer & Witsch.

Schottlaender, F. (1947). Die Mutter als Schicksal. Stuttgart: Klett.

Schottlaender, F. (1959). Das Ich und seine Welt. Stuttgart: Klett.

Schreber, D. P. (1903/1973). Denkwürdigkeiten eines Nervenkranken. Hrsg. u. eingel. v. S. M. Weber. Frankfurt a. M. u. a.: Ullstein.

Schulze, T. (1979). Autobiographie und Lebensgeschichte. In D. Baacke, T. Schulze (Hrsg.), Aus Geschichten lernen. Zur Einübung pädagogischen Verstehens (2. Auflage). Weinheim u. München: Juventa.

Schulze, T. (2006a). Bildung, Bewusstheit und biographischer Prozess. Reflexionen im lebensgeschichtlichen Lernen. In V. Fröhlich, R. Göppel (Hrsg.), Bildung als Reflexion über die Lebenszeit. Gießen: Psychosozial.

Schulze, T. (2006b). Ereignis und Erfahrung. Vorschläge zur Analyse biographischer Topoi. In G. Bittner (Hrsg.), Ich bin mein Erinnern. Über autobiographisches und kollektives Gedächtnis. Würzburg: Königshausen & Neumann.

Schulze, T. (2006c). Biographieforschung in der Erziehungswissenschaft. Gegenstandsbereich und Bedeutung. In H.-H. Krüger, W. Marotzki (Hrsg.), Handbuch erziehungswissenschaftliche Biographieforschung. Wiesbaden: VS.

Schulze, T. (2010). Zur Interpretation autobiographischer Texte in der erziehungswissenschaftlichen Biographieforschung. In B. Friebertshäuser, A. Langer, A. Prengel (Hrsg.), Handbuch Qualitativer Forschungsmethoden in der Erziehungswissenschaft (3. Auflage). Weinheim u. München: Juventa.

Schur, M. (1973/1982). Sigmund Freud. Leben und Sterben. Frankfurt a. M.: Suhrkamp.

Scurla, H. (1976/1984). Wilhelm v. Humboldt Reformator – Wissenschaftler – Philosoph. München: Heyne Tb.

Seidlin, O. (1963/1965). Eichendorffs »Zwei Gesellen«. In J. Schillemeit (Hrsg.), Interpretationen, Bd. I. Deutsche Lyrik von Weckherlin bis Benn. Frankfurt a. M.: Fischer-Taschenbuch-Verlag.

Selbmann, R. (1984/1994). Der deutsche Bildungsroman (2. Auflage). Stuttgart u. a.: Metzler.

Sentker, A., Wigger, F. (Hrsg.) (2007). Rätsel Ich. Gehirn, Gefühl, Bewusstsein. Berlin u. Heidelberg: Spektrum.

Spranger, E. (1959). »Das Leben bildet«. Analyse von Pestalozzis »Schwanengesang«. In E. Spranger, Pestalozzis Denkformen. Heidelberg: Quelle & Meyer.

Stenger, U. (2002). Schöpferische Prozesse. Phänomenologisch-anthropologische Analysen zur Konstitution von Ich und Welt. Weinheim u. München: Juventa.

Stenger, U. (2003). Bild-Erfahrungen. In V. Fröhlich, U. Stenger (Hrsg.), Das Unsichtbare sichtbar machen. Bildungsprozesse und Subjektgenese durch Bilder und Geschichten. Weinheim u. München: Juventa.

Stern, D. N. et al. (2002). Nicht-deutende Mechanismen in der psychoanalytischen Therapie. Das »Etwas-Mehr« als Deutung. Psyche – Z. Psychoanal., 56: 974–1006.

Stern, M. M. (1972). Trauma, Todesangst und Furcht vor dem Tod. Psyche – Z. Psychoanal., 26: 901–928.

Sturma, D. (Hrsg.) (2006). Philosophie und Neurowissenschaft. Frankfurt a. M.: Suhrkamp.

Süskind, P. (1985/1994). Das Parfum. Die Geschichte eines Mörders. Zürich: Diogenes.

Trübners Deutsches Wörterbuch (1939). Bd. 1. Berlin: de Gruyter.

Weisz, P. (2005). Beziehungserfahrung und Bildungstheorie. Die klassische Bildungstheorie im Lichte der Briefe Caroline und Wilhelm von Humboldts. Frankfurt a. M. u. a.: Peter Lang.

Weizsäcker, V. v. (1956). Pathosophie. Göttingen: Vandenhoeck & Ruprecht.

Winnicott, D. W. (1964). Book review: Memories, Dreams, Reflections by C.G. Jung. International Journal of Psychoanalysis, 45: 450–455.

Winnicott, D. W. (1974). Ich-Verzerrung in Form des wahren und falschen Selbst. In D. W. Winnicott (Hrsg.), Reifungsprozesse und fördernde Umwelt. Studien zur Theorie der emotionalen Entwicklung. München: Kindler.

Wittgenstein, L. (1921/1998). Tractatus logico-philosophicus, Logisch-philosophische Abhandlung. Frankfurt a. M.: Suhrkamp.

ZQF – Zeitschrift für Qualitative Forschung (2008). Schwerpunkt: Zugänge zu Erinnerungen. Hrsg. v. M. Dörr, H. v. Felden, W. Marotzki, Heft 1 + 2: 5–140.